图书在版编目（CIP）数据

我的公关人生 /（美）夏博新著；姜忠伟译 . -- 北京：中信出版社，2020.6
书名原文：The Business of Persuasion: Harold Burson on Public Relations
ISBN 978-7-5217-1238-4

Ⅰ. ①我… Ⅱ. ①夏… ②姜… Ⅲ. ①夏博新—传记 Ⅳ. ① K837.125.38

中国版本图书馆 CIP 数据核字（2019）第 288508 号

The Business of Persuasion: Harold Burson on Public Relations
Copyright © 2017 by Harold Burson
Chinese translation copyright © 2020 by CITIC Press Corporation
ALL RIGHTS RESERVED

我的公关人生
著　　者：[美] 夏博新
译　　者：姜忠伟
出版发行：中信出版集团股份有限公司
　　　　　（北京市朝阳区惠新东街甲 4 号富盛大厦 2 座　邮编　100029）
承 印 者：北京通州皇家印刷厂

开　　本：880mm×1230mm　1/32　　印　张：12
插　　页：8　　　　　　　　　　　　字　数：216 千字
版　　次：2020 年 6 月第 1 版　　　　印　次：2020 年 6 月第 1 次印刷
京权图字：01-2019-4765　　　　　　广告经营许可证：京朝工商广字第 8087 号
书　　号：ISBN 978-7-5217-1238-4
定　　价：69.00 元

版权所有·侵权必究
如有印刷、装订问题，本公司负责调换。
服务热线：400-600-8099
投稿邮箱：author@citicpub.com

THE
BUSINESS
O 我的公关人生 F
PERSUASION

Harold Burson
on Public Relations

［美］夏博新（Harold Burson）_著　姜忠伟_译

中信出版集团｜北京

致我 63 年的生活伴侣，比我更出色的另一半——贝蒂·福斯特·博新（1925—2010）

致我的商业伙伴和一生的朋友——威廉·马斯特勒（1914—1988）

致六大洲成千上万的博雅人，他们奉献了自己的忠诚和才华，对我和博雅公关具有莫大的意义

目录

推荐序一 ____XI
推荐序二 ____XIII

第一章 /001
决定性梦想，决定性时刻

好的父母，对的时间 ___003
"多知道一点" ___008
"叫我罗恩。""好的，总统先生。" ___008
讲述我的故事：关于手稿的一点说明 ___015

第二章 /019
充分利用大学时光

在学校里工作是我真正的教育 ___021
我第一次接触公关 ___022
报道东南联盟球赛 ___024
成为一个多面手培养了我所有的才华 ___025
监管他人与授权的力量 ___028
说实话让我获得了采访福克纳的机会 ___030
报道争议性事件 ___032
我的第一次大型公关战役 ___034

我的公关人生

第三章 /041
从记者到公关

报道战时基建扩张 ___044

让客户消息灵通 ___047

从项目层面到企业级公关 ___051

企业政治速成课 ___053

用事实反击指控 ___055

企业文化的重要性 ___059

公关是关于人际关系的 ___060

通知美国家庭 ___062

第四章 /067
在军队中发掘技能和才华

每个人都有可能想出好点子 ___070

我第一次尝试管理一门生意 ___073

用我的关系网获得新工作 ___075

新闻营：报道新闻和鼓舞士气 ___077

第五章 /083

高光时刻：报道纽伦堡审判

从报纸到广播，拓展我的技能 ___085

报道最不寻常的事件 ___088

我职业生涯中报道的最大的新闻 ___091

一到达就遇上麻烦 ___093

定义我的角色、目标和观众 ___095

第六章 /103

开始自己的事业：我的创业计划

定义公关 ___106

差异化：B2B 业务 ___109

专业关系网的智慧 ___111

成长的公司，壮大的家庭 ___114

意外之喜 ___116

改变一生的推荐 ___118

罗克韦尔和他的西科斯基直升机 ___119

B 计划：德尔塔手动自助工具箱 ___121

第二次推荐 ___123

我的公关人生

第七章 /127
整合营销

全球拓展计划 ___129
客户获取：增长战略 ___132
开拓新型公司结构 ___133
服务克拉克装备公司 ___135
重演林肯在库珀联合学院的演讲 ___141
为海湾石油经理做危机培训 ___143

第八章 /147
走向全球：增长战略 2.0

进入欧洲（1961 年）___149
终于，在伦敦开分公司 ___151
德国、法国、意大利和西班牙 ___154
东欧和苏联 ___155
拓展亚洲业务（1973 年）___157
香港、新加坡和吉隆坡 ___158
东京 ___161
北京 ___164
悉尼与墨尔本 ___167
在拉丁美洲扩张（1976 年）___168
印度、中东与非洲 ___169

第九章 /175
拓宽服务：增长战略 3.0

拓展政府关系领域 ___177

让客户一直知情 ___180

收购食品行业的公关公司泰德·西尔斯公司 ___182

获得我们第一个重要的消费者客户 ___183

雇用女性时我说错了话 ___185

首次进入健康医疗与制药行业 ___187

创意收购：凯维公关 ___188

最早引入新科技 ___190

最早设立平面设计部门 ___191

第十章 /195
与客户一起工作

与可口可乐 CEO 罗伯特·戈伊苏埃塔共进晚餐 ___197

管理可口可乐的客户关系 ___198

美国企业的全球象征 ___200

"没有那么蠢，也没有那么聪明"：新款

可口可乐 ___201

如何解释 8 000 万美元 ___209

对可口可乐和我个人都是巨大的损失 ___210

公关获得一席之地 ___211

V

第十一章 /215
危机管理和有争议的客户

在黑石镇的艰难日子 ___216

泰诺：危机管理的典范 ___223

危机预防的一课：杜邦 ___225

我们失败的例子：石棉工业 ___227

我们选择客户的准则 ___228

为有争议的政府服务 ___230

罗马尼亚的尼古拉·齐奥塞斯库 ___232

印度的悲剧：博帕尔事件 ___233

第十二章 /237
公关的商业属性

行为准则 ___239

我们的愿景 ___240

我们的价值观 ___241

公关的商业模型 ___243

雇用、培训和发展人才 ___247

广告和自我提升 ___249

让员工知情 ___250

开发新业务 ___251

美林证券：信托行业的传统 ___252

洛杉矶奥运会火炬接力：美国电话电报公司 ___255

第十三章 /261
企业在社会中的角色

工业与慈善的典范 ___263

现代企业对社会的责任 ___266

企业的本质 ___269

合理收益 vs 最大收益 ___271

新的社会契约 ___273

第十四章 /275
公共服务是一门好生意

肯尼迪艺术中心 ___277

美国艺术委员会 ___279

美国新闻总署的公关顾问委员会 ___279

经济教育理事会 ___280

总统新闻秘书和助理 ___282

纽约经济俱乐部 ___286

奥林匹克运动 ___288

我的公关人生

第十五章 /293
企业文化和 CEO 继任

合并的理由 ___297

打量追求者：扬罗必凯和奥美 ___299

一个共同的目标，一种文化的契合 ___301

对我 CEO 生涯的自我评估 ___302

我的管理风格和我的团队 ___305

接替我担任 CEO 的人 ___309

第十六章 /313
不再担任CEO：你去干什么？

与戴维·洛克菲勒一起工作 ___315

埃克森公司油轮泄漏事件应急处理的事后评估 ___317

我们最大的悲剧：为什么是托马斯·莫瑟？ ___318

数字时代的美国邮政服务 ___320

"叛逆者"标志旗在密西西比大学校园消失 ___323

美国革命博物馆 ___332

仍然去办公室 ___334

VIII

第十七章 /337
领导一个全球化的公司

认同的目的 ___339

做生意的方式在改变 ___341

宏观局势 ___342

公关的未来 ___343

我对有抱负的 CEO 的建议 ___347

后记：家庭的角色 ___351

推荐序一

赵文权

蓝色光标创始人

为别人的书写序，对我来说总是一件诚惶诚恐的事情，我一直认为这是前辈和长者才能做的事情，但是接到这本书的邀约时，我还是欣然答应了。一方面，这本书的作者夏博新先生是全球公关行业的一个传奇，是我本人非常敬仰的前辈，他是一个对于全球公关行业的从业者都很励志的存在；另一方面，掐指一算，我自己在这个行业也已经从业 25 年，在中国的公关领域也可以算得上前辈和长者了。

博雅公关是一家非常专业的公司，也是我心目中令人尊敬的企业。20 多年前创办蓝色光标之初，我们的目标就是要做一家中国的博雅。算起来，蓝色光标和博雅还是有一些渊源的，我们曾经共同服务过一些顶尖的客户，比如思科公司。

我对博雅公关的创始人夏博新老先生，真正可谓久仰大名，但是其实了解并不多，看了这本书，我才算是对他和他一手创办的博雅公关有了深入的认知。"二战"之后，1946 年，夏博新在纽约创办了他自己的公关公司，他那个时候 25 岁，博雅从专业服务于面向企业的客户起步，和马斯特勒公司合并之后，很快做到美国公关行业的第一名并长期保持，随后又把业务逐步扩展到全球市场。

更加重要的是，这本书中展现出来的夏博新先生关于公关的一些根本的理念很宝贵。我们对专业性的强调，道德为先的理念，对于客户和专业服务公司之间关系的观点，都很类似。我想，这也是我们两家公司虽然成立时间相差整整50年，但都能够在短时间内成为行业翘楚，并且长期不衰的重要原因吧。

夏博新先生在世时已年近百岁，但依然活跃在我们这个行业，参加博雅公关的活动，走访遍布全球的博雅办公室，这一点我恐怕自己是万万做不到的，但是老先生由此表现出来的是对这个行业的热爱，他对于亲手创办的企业呵护备至，我想在这一点上我们又是高度一致的了。

这本书是夏博新先生对自己职业生涯的回顾，阐述了他个人关于公关行业和企业经营的一些重要的观点，文字平实简洁。我由此也能感受到，长期从事公关行业对老先生深入骨髓的影响，以及老先生个人的性格特点。我猜想他一定是一位很平和、很质朴的长者。

这本书对于公关行业的从业者，对于有兴趣了解一位百岁传奇老人以及一家全球顶尖的公关公司故事的人来说，是一本必读之书。我个人在阅读此书的时候感觉到，阅读本身就代表了我对这位作者的无限敬意！心有戚戚焉，就是这样一种感觉。最后，我再次向这位年龄几乎是我的两倍的行业前辈表示我个人最大的崇敬之意！沧海变迁，潮起潮落，这个世界永远精彩。

推荐序二

赵大力

中国国际公共关系协会常务副会长兼秘书长

2013 年 4 月在美国出差时，我有幸在纽约曼哈顿的博雅公司总部拜访了夏博新先生，并与他共进午餐。时年九旬的夏博新先生精神矍铄，每日依然坚持用半天时间工作。谈及过往，夏老兴致盎然，半个多世纪的从业故事娓娓道来，讲到与多位美国总统的交往，他的阅历与智慧让人肃然起敬。令人赞叹的是，夏博新先生十分关注中国经济的发展与公关市场的潜力。我与他就中国行业市场的发展进行了深入的交流。今日看来，夏博新先生对中国发展的预判是极具远见的。

当前，公共关系在中国乃至世界范围内都受到越来越高的重视，行业发展前景更加广阔，行业自身内涵也更加丰富，这一切离不开夏博新先生这样的行业奠基者和开拓者。这本融入了夏博新先生几十年智慧的《我的公关人生》，不仅是对公关行业过去经验的总结，更是对未来发展的眺望与指引。我相信，包括中国公关从业者在内的全球从业者，都将从此书中不断受益。

第一章

决定性梦想，
决定性时刻

我的公关人生

当我回首人生近百载岁月时，我惊奇地发现，生命里发生的一系列事件无形中将我引向了公共关系行业，这个行业成为我工作生涯里的舞台中心。我人生的每个阶段，从童年、中学、大学、第一份工作、参军到创业，再到与比尔·马斯特勒的公司合并，无一不为我铺好了下一步路。这么多年来，我一直以为这种进步是偶然事件，但冥冥中可能确实有一只手在指引我走向正确之路。仔细观察时间棱镜折射出的光芒之后，我能够看到自己的努力：从青少年时期开始，我就知道我想从自己的人生里获得什么，这种自我认知让我有了明确的前进方向。

我的理想是去报社工作，所以我从初中就开始努力寻找这种机会。我的终极梦想是到纽约去，成为《纽约时报》的记者。少年时期，我心中始终怀有这种憧憬，幻想着突然有一天，有人会发掘我的才华，给我一个在纽约工作的机会。我不知道这个梦想如何实现，也不知何时能实现，但我坚信它一定会成真。

在青少年时期，我成功抓住机会，为田纳西州孟菲斯市一家在美国南部有影响力的报纸《孟菲斯商业诉求报》做报道。这个

002

宝贵的机会就是一个"决定性时刻"。在决定我命运的众多宝贵机遇中，这是第一个。回顾我 90 多年的人生，我总结出一个能够适用于最低温饱水平线之上的众人的理论。这个理论是：低收入者在一生中会遇到许多能够彻底改变他们生活的机遇，这些机遇可能让他们的生活变得更好或者更差，但太多人在面对这种潜在机遇时，没有意识到这是机遇，而任其白白流失，或者是准备不足，无法恰当地把握机会。

好的父母，对的时间

在我小时候，用马拉的二轮马车或者四轮马车仍然是主流交通工具。商业航空还处于起步阶段，直到 1927 年，查尔斯·林德伯格才独自飞越大西洋。当时送冰人送冰，送奶工送奶，各司其职。在 20 世纪 30 年代，富人为了避暑而去百货公司购物或者去电影院看电影，家用空调在一二十年后才诞生。大多数人出行都靠有轨电车。在我的家乡孟菲斯市，电车的票价是一次 7 美分。巴克·罗杰斯和科幻小说当时大行其道。打字机和加法计算器就是那个时代的高科技商业工具。

从童年起，父母的价值观和正派作风就深深地影响了我。一直以来，我都非常感激他们在我出生前一年从英格兰移民到了美国。我这么说并非对其他国家不敬。美国虽然有其自身的缺陷和矛盾之处，但它是最适合我的环境。

我家的经济状况也就算是刚脱离贫困线。我父亲曾作为英军士兵参与第一次世界大战，在战场上吸入毒气，终生都饱受病痛折磨。他在孟菲斯的第一份工作是送早报。这份工作的收入勉强能支付房租，让我和我的两个妹妹丽塔与贝蒂果腹。虽然贫困，但我们从来没有挨过饿，也从没有流离失所。

我的父母都不是严厉死板的人。虽然我们家很穷，但他们都很爱惜家族的好名声。他们希望我们兄妹三人能够严于律己，不要玷污家族的名誉。他们经常提及与品行端正的人为伍的重要性。作为长子，我是母亲最疼爱的孩子。虽然没有过分苛刻，但母亲对我的期望很高，她认为，没有什么课是我学不会的，也没有什么山是我攀登不上去的。她为我提供了一种安全感，使我终身受益。我的人生目标之一就是赚足够多的钱，让我的父母拥有更多时间享受生活。这个目标在我大学毕业两年后就实现了，我每月给他们寄一张支票，直到我母亲90岁高龄去世。

我开始接触商业是在小学的时候，那是我第一次接触商业重组。我父亲送报纸的工作被高中生取代了。随后，在当地五金商品批发商的帮助下，我父亲开了一家小五金商店，同时也卖马、奶牛和鸡的饲料。对于20世纪20年代中期孟菲斯郊区的居民来说，养这些家畜是很平常的事情。那几年里，五金商店的收入使我们一家人的基本生活有了保障。每个周六，我都会在店里摆商品，打包裹，找零钱。但在大萧条时期，父亲的五金商店倒闭了。

随后，我的母亲承担起了养活一家人的重任。当时在美国南方的许多地方，非裔美国人还不习惯去百货商店买东西。我母亲就想到一个主意，向当时被称为"有色邻居"的非裔美国人售卖商品和服装，并提供送货上门服务。她成功说服一家干货批发公司给了她一小笔贷款。她从顾客那里收到订单后，到批发商那里买商品，然后再送到顾客家里。我一直都把她比作第一位雅芳小姐[①]。如果当时她手里能有一万美元的话，她就会成为第一个零售大王山姆·沃尔顿。她每周都要忙碌四五天，这种忠于工作的态度影响了我的职业观，并且这种影响贯穿了我的一生。

我的父亲非常喜欢孩子。他对小孩非常有耐心，不管是对他自己的孩子还是邻居的孩子都是如此。在我4岁时，他就开始教我阅读。材料就是孟菲斯的报纸，我们一开始先读大号铅字印刷的广告，然后读标题。这也就是为什么我开始上学的时候就已经到了三年级的识字水平。那时候，孟菲斯的公立学校还没有幼儿园。我刚在一年级待了两天，老师就把我送到了二年级，在二年级还没待够一周，我又被送到了三年级。但在三年级我很快就发现自己遇到了一个大问题，我父亲教我认识的都是大写字母，不是手写体的小写字母。追赶三年级同学的艰难岁月，对我来说是一段苦涩的记忆。

在大萧条时期，我家搬到了孟菲斯北部，我进入了初高中都有的休谟高中，现在这所高中因"猫王"埃尔维斯·普雷斯利而出名。我比他早13届，我们俩都是休谟高中名人堂的成员。

在我上七年级的第一天，学校广播里传来一则消息（当时广播还是一项新发明），学校报纸要招收一名志愿者。我立马就去报名

---

① 雅芳小姐，上门推销化妆品的销售人员。——译者注

了。当时负责管理报纸的是珍妮小姐，她告诉我报纸只收高中生。我听后失望之情溢于言表，她注意到了，于是说道："但也没有理由不让初中生参与其中。"这就是我新闻生涯的开端，珍妮小姐成为我走出家门之后的第一任导师。她破例让我成为一名报纸工作者，这为我以后的事业打下了坚实的基础，引导我实现了今天的成就。我全身心投入报纸中，成了老师的宠儿，我总能分到最好的任务，下课后老师还会指导我如何写新闻报道。

在我 14 岁，还是一名初中生的时候，珍妮小姐任命我为《孟菲斯商业诉求报》（周日版）学生版面的学生记者。这个版块是一个学校新闻专栏，主要报道非体育新闻，我拿着自己的文章去找学校版面编辑。几周之后，他让我坐在旁边，一边讲一边给我改文章。他告诉我他为什么要做出改动，同时给我提出宝贵建议，这些让我至今受用。当学年快结束时，他问我想不想当夏季临时送稿人。在那时候，我已经决定要成为一名报社记者了，我的目标是闯荡纽约，为《纽约时报》工作。

我的署名每周都会出现在当地报纸上，这让我成了一个不大不小的名人。有些人会来找我，通常是出于对我的认可，许多高中的课外学生组织都会选举我当学生领袖。14 岁的时候，我就获得了决定版面内容的权力，我可以决定哪些内容能登报，哪些要被删掉。我的专栏有固定版面，我学会了根据所报道事件的新闻价值来分配版面的大小。

我热爱自己作为送稿人的夏季兼职，每天都负责把通讯社中来自电传打字机的内容传递给每个版面的编辑。夏季结束之前，我已经可以写讣告了，并且可以更新棒球联盟的积分榜。最重要的是，我很喜欢在排字间闲逛，看着新闻编辑在报纸页面上排新闻。这里有莱诺铸排机的嘎嘎声，有混合着热铅和香烟的味道，还有绿色的护目镜，这里对我来说就像是天堂一样！

临近高中毕业时我决定上密西西比大学，而我必须自己挣大学的学费。此时我恰好认识了格斯·鲁滨孙，他是《孟菲斯商业诉求报》的一位编辑，也是我碰到的第一个每期《纽约客》都读的人，他对我上大学这件事非常重视。作为密西西比州北部、阿肯色州东部以及田纳西州西部三个地区的编辑，鲁滨孙掌管着一个庞大的特约记者网络，负责报道每个小镇的新闻。当时密西西比大学的特约记者马上要毕业了，这份工作每年有700美元的收入，足够支付我的大学学费和其他开支。鲁滨孙把这份工作给了我，不仅解决了我的经济问题，还让学校里年纪最小的我坐到了一个非常重要的位置上，成为密西西比州北部地区发行量最大的报纸的特约记者。

从孟菲斯格雷霍德汽车站到密西西比的牛津市有78英里[①]，中间我还要在霍利斯普利斯市换乘一次，那里距离我的终点站密西西比大学大概还有20英里。在一条两年多都没铺好的碎石路上乘公交车颠簸了一个小时后，我到达了布雷迪楼，见到了我的室友克利夫·伯克，他来自田纳西州的戴尔斯堡，在孟菲斯市以北80英里处。

这是我新生活的开始，我第一次远离家乡，开始自己生活。从现在开始，我要对自己以后的生活负责。我坚信自己一定会成功。

---

① 1英里≈1.609 3千米。——编者注

"多知道一点"

我父亲十分喜欢读书，什么书都看，尤其喜欢历史和时事方面的内容。他总是渴望获得新知识，也就是说，不管聊天时碰到什么话题，他都知道一点并且能接上话。在我开始上学之前，他就告诫我要以他为榜样："多知道一点对你有好处，儿子。"过了近一个世纪，这些话仍然不时在我耳边回响。

能够以他为榜样，我非常幸运。阅读对我来说，就像吃饭和睡觉一样自然。这么多年来，我都保持着睡前阅读的习惯，每天睡觉之前我会花六七十分钟阅读，有时候读一本写得不错的小说或纪实文学作品，有时候读当天我没来得及读的报纸——《纽约时报》《华尔街日报》《金融时报》中的一份。每个周二的晚上，我都会读前一天送来的《纽约客》杂志。

就像我父亲一样，我一直都在努力多学一点东西，去主动了解这个世界上发生的重大事件。这对我产生了莫大的帮助，不管是在商业里还是在与朋友相处中。甚至可以说，"多知道一点"这5个字浓缩了我的一生，对我无比热爱和珍视的生活产生了无可比拟的影响。

"叫我罗恩。""好的，总统先生。"

在建立博雅公关40年之后的1989年3月，我人生中最大的梦想终于实现了。这是我整个人生故事的辉煌顶点，对我的意义非常

第一章 / 决定性梦想，决定性时刻

之大，所以我要打破自传通常采用的线性时间顺序，把它当作开场白来介绍。

这件事发生在我去探望寡居的老母亲的时候，她当时已经 82 岁，居住在孟菲斯市。当时，刚退休的美国新闻署署长查尔斯·威克代表罗纳德·里根打电话给我，里根当时刚刚卸任美国总统。

里根总统那时跟日本人签了一个演讲的合同，报酬为 200 万美元，《纽约时报》的记者报道了这件事。这个记者在报道中质疑为什么单单一场演讲会有这么高的酬金，怀疑这是里根滥用总统的职权。里根总统就此问题寻求我的建议，问我应该如何应对这种情况。我告诉查尔斯，我第二天会在加利福尼亚，到时可以见面详谈。

这不是我第一次与里根总统打交道了。我跟查尔斯在美国新闻署的公关企业部门顾问委员会共事 8 年，其中 4 年我担任主席。我主办了查尔斯的告别会。我和我的妻子贝蒂与里根总统夫妇一起站在接待区，旁边站着查尔斯的密友们。当晚在泛美航空大厦的晚宴上，我作为主办者就坐在总统旁边。我与总统的高级顾问们非常熟悉，包括总统助理迈克尔·迪弗、新闻发言人拉里·斯皮克斯，以及白宫幕僚长唐·里根、参议员霍华德·贝克，还有白宫办公厅主任肯·杜伯斯坦。

那天晚上，我问里根总统："当你以前总统的身份开始新生活时，最让你烦恼的是什么事情？"

他马上就回答道："要放弃那座宏伟的老房子，还有里面非常舒适的、无懈可击的完美服务。"他说自己需要"一点时间来适应重新随身带钱的生活"，因为他在白宫的时候不需要自己带钱。他希望以后可以穿着更随意一点。不用每天穿西装打领带，这是多么

009

我的公关人生

舒服的一件事！我问他第一次当选的时候，是不是要换一个新衣柜。虽然在他当电影明星的日子里，他有各种各样的衣服，但当选后他买了三套严肃的西装。"当我在希尔顿酒店中枪的时候，我就穿着其中一套，"他说，"在医院里，我的衣服被医生剪开了，没法再修补了。"他告诉我，离开白宫后，他就不会再活跃于政坛了，但不管什么时候，只要他的声音能够对公众的福祉有所帮助，他都不会推辞。退休后，他将通过"巡回演讲"讲故事，因为"人们总是喜欢听故事"，而不是讨论国内或国际事务。他的话听起来像是极力希望自己避免争议。

通常，乘坐飞机的时候是我最放松的时候，因为没有电话要接，没有问题要回答，也没有人要会见，这时我会拿出一本书开始读，或者看一部电影。但这次不行，这趟旅途不行。我开始回想自己一路走来的职业生涯，从一个时薪 14 美分、1 英寸 [①] 专栏的豆腐块特约记者，到为总统提供建议，这是多么大的飞跃。在这趟 4 小时的旅途中，我开始陷入对过去的沉思，这些回忆构成了这本书的内容。

里根总统坚持要兑现自己的诺言，在日本发表演讲。"我自己签了合同，就会遵守诺言，"他解释道，"想想吧，日本电视台已经将我要演讲的消息通知了整个日本商界，如果我取消演讲，日本电视台该有多丢人啊。"在这种情况下，我们就必须进行声誉损伤控制，焦点就是那笔大额酬金。在我的评估中，想要让公众认可那笔报酬

---

① 1 英寸 =2.54 厘米。——编者注

比较困难，换句话说，我们在这一点上没有优势。我们能做的就是减轻自己的劣势。我们为里根总统设定了一个角色，而且安排他为另一个团体进行演讲，分文未取，此外他还参加了其他公开活动。我们以这些实际行动表明，这200万美元将不只是一场演讲的费用。

几个月后里根总统又告诉我，他需要用那笔钱来买房子。他在加利福尼亚州的一些好朋友为他在贝尼尔市买了一栋大房子，不收租金供他们夫妇俩退休后养老居住。然而，里根的法律顾问建议他不要接受免租金的条件，相反，他应该用自己每年大概10万美元的联邦退休金支付房租。这让他回想起了童年时在伊利诺伊州迪克森的生活，那时候他母亲"每个月最恐惧的就是月底，因为租金马上就要到期了，而钱总是不够用"。他从那时起就发誓，这辈子绝不会让自己陷入这种每月为房租所迫的生活。所以现在他需要用这笔演讲费买下这栋房子。

在许多场合，我曾多次与总统的幕僚交流，我很惊讶他们都那么年轻。我得知政府会为前总统提供津贴来支持办公室的运营，当时好像是每年不到30万美元，这对一个受欢迎的总统来说根本不够。由于经验丰富的白宫幕僚卸任后一般都会重返私营企业，所以前总统们会发现自己身边只剩下一些刚毕业的大学生，这些刚毕业的大学生管理前总统的行程，回答记者提问，处理往来信件，决定他们在何时何地说什么。而里根总统以前的新闻秘书马克·温伯格是一个非常聪明的政治迷，他之前已经在白宫团队工作了两年，表现出色。他非常有激情，而且博学，最重要的是，他能够清晰地认识自己，知道自己也有不知道的东西。早些时候，他向我寻求建议，想知道他应该如何应对媒体。

在日本受到了热情接待后，里根总统告诉我，他会"以某种方式补偿我所做出的贡献"。我告诉他，我既不会给他寄账单，也不会接受报酬。能够得到与他并肩而行的殊荣，对我来说已经是莫大的荣幸。从这一刻起，他就把我当成了他的公共关系顾问，虽然是无偿服务，但我还是非常自豪能够担任这一角色。他感谢我过去对他提出的宝贵建议，并且准备好接受我的其他建议。

在接下来的 4 年多里，我与里根总统及他的幕僚保持定期沟通，通常每 6 个星期去他在世纪城的办公室拜访一次。在里根总统卸任后首次回纽约时，总统夫妇邀请我和贝蒂在他们下榻的卡莱尔酒店共进晚餐。我们还曾多次在洛杉矶的其他地方一起用餐，通常是在奇森饭店，这是总统最喜欢的饭店之一。

在我跟里根总统刚建立起这种新型关系的时候，我建议他在面对形形色色的观众进行演讲时，增加一些涉及两党的话题。如果他确认某一两个涉及两党的话题会对全国人民都有影响，同时也会引起政府执法和立法部门的注意，那么我们就应该提前想一两段内容，加到他的演讲里。我觉得通过这种方法，能够吸引媒体关注，同时也有利于公共利益。

是的，现在有两个问题已经困扰了他一段时间。第一，他觉得国会应该废除第二十二修正案，该修正案将总统任期限定为两届。当他看到我在听到这话后脸上露出的微笑时，他说："我知道你在想什么，你以为我不想放弃总统的权力，不想放弃那所舒适的大房子。"但是第二十二修正案即使在他任期内被废除，新情况也不会立即适用于他。"只有两届任期的总统从连任的第二天起就会成为一只跛脚鸭①，"他说，"总统知道这一点，幕僚知道，国会也知道，这样对人民也不是最好的。"他接着说，他相信一个连任了两届的总统的判断，众多选民能正确判断总统第三次连任是否最符合人民的利益。"'二战'时，富兰克林·罗斯福总统认为竞选第三次连任是有必要的，我对此心怀感激。"他说。

第二，里根总统觉得，我们需要根据每10年一次的人口普查来改变国会选区的划分，以此反映人口的变化。他说："每个州都应该设立一个独立于政党之外的独立委员会，其唯一职责就是根据人口普查结果重新划分选区，而不是把这件事留给哪个掌控国家立法机构的党派。"他谴责为了政党利益而改变选区的做法。他认为在划分选区时，应该考虑到地理的完整性。虽然我不完全同意他的观点，但我赞同他的逻辑。他看问题深入透彻，这种能力在他当加利福尼亚州长和美国总统时发挥了巨大作用。

我们的谈话结束时，他告诉我："今天的观众其实不太关心我对政府职权的看法。他们想听的是我的故事，这也是赞助人出钱让我演讲的目的。"

多么伟大的一个故事讲述者！里根总统与罗伯特·林赛合作写自传，林赛是《纽约时报》的记者，在采访完总统之后，他每动笔写一个章节，都会送给总统过目。里根总统会亲自审校每一个章节，然后让我看修订后的版本，看看他对文中某个人的评价是否太

---

① 跛脚鸭，指在美国政治体制下，州长、总统等因任期将尽而导致政令不畅、手中无实权的现象。——译者注

苛刻或过分夸赞了。我觉得他在评价别人时非常严谨，当然偶尔也有特例。在浏览手稿时，我非常敬佩他作为编辑和作家的文笔。这不是说选词的能力，而是他对词汇非常准确到位的使用，以及他讲故事时的叙事感。他有时候会重写一段话，有时候会把好几页推翻重写。里根的自传上市后，在《纽约时报》纪实文学精装书籍畅销榜单上盘踞了 8 周。就市场营销和推广而言，这是第一本引起巨大轰动的总统自传。

许多人问我是否觉察到，或者是什么时候觉察到总统患上了阿尔茨海默病的。其实在 1992 年看到里根总统针对伊朗门事件的视频证词之前，我并没有发现任何迹象。那段视频让我感到非常震惊，那时，他的记忆力已经开始衰退，对仅仅几个星期前尚能轻松应对的问题，他那时却难以招架。1991 年 11 月上旬，总统出席西米谷市里根图书馆的落成典礼时，完全没有表现出任何相关症状。当时我和贝蒂都参加了现场活动。到场的嘉宾包括时任总统乔治·赫伯特·沃克·布什和前总统理查德·尼克松、杰拉尔德·福特、吉米·卡特。里根总统讲得很好，在与嘉宾闲聊时也显得兴致勃勃。这是 5 位总统第一次同时出现在一个活动中。当他们在图书馆前的广场上照相时，我就站在摄影师的旁边。

我最后一次与里根总统互动是在 1994 年 5 月。在一个周末，贝蒂和我正好看到一部他和朗达·弗莱明联合主演的电影，这是我当时最喜欢的电影之一。我给他写了一张便条，告诉他我们对这部电影有多么喜爱。不到一个星期之后，我收到一张手写的感谢信，他在信中表达了对我们的祝福，但其中已经透露出悲伤的气息。

我很高兴还有两位观众能喜欢我的老电影，没想到你和贝蒂这么喜欢它！说实话，我现在不看自己的电影了，因为当看到银幕上那个年轻的小伙子时，我觉得就像在看着一个年纪像我儿子，甚至是我孙子的人。

1994年8月，总统被确诊患上阿尔茨海默病。在确诊三个月后，他写了一封公开信，向公众公布了自己的病情。里根总统病逝于2004年6月。

讲述我的故事：关于手稿的一点说明

虽然我讲的是自己的故事，但其中大部分内容也是博雅公关的故事。我与别人合伙创建了这家全球性的公关公司，工作占据了我的大部分人生。我如今90多岁了，从32岁开始我在大半时间里都与博雅公关紧密联系在一起。在其中40年的时间里，我每周都有一半时间在出差。如果周末不出差的话，我就会与夫人贝蒂、两个儿子斯科特和马克，还有西高地白㹴犬（桑尼及之后的安格斯、杰弗里、罗比）待在一起共度周末。认识我的人都知道，我一生基本上都在为世界上一些最重要的私立和公立机构提供公关咨询和服务。

本书的创作依据主要是我从大学开始到现在专门保存下来的文档、我与同事和朋友的对话、我读过的书籍和文章，还有最重要的——我的记忆。从某种意义上来说，这个过程就跟剥洋葱一样，层层深入，剥得越深，记忆也就越深刻。

本书中引用的文字，大部分都不是逐字引用的原话。相反，它们都经过了重新组织，以反映信息的本质。虽然我花了大量时间核实日期、名字以及地点，但其中还是有可能会出现错误，请允许我因此而致歉。

我还要向那些与我共事但名字没有在本书中出现的同事致歉。他们的工作同样应该得到肯定。最后，在这本书里我会尽最大努力诠释公共关系的含义，向读者展示公共关系在我们日常生活中无所不在的应用。

第一章／决定性梦想，决定性时刻

—————————————— 要点 ——————————————

▶ 在人生里，你越早决定以后要走的职业道路，就会越快实现自己
  的目标，并且比同龄人进步得更快，走得更远。

▶ 尽早开始关注自己的身体。只要你活着，身体就是你生命的一部
  分。在每一次的努力中，都要遵循适可而止的理念。

▶ 你有一双眼睛、两只耳朵，但只有一张嘴，这是有原因的。如果
  你能少说话，多看多听，你就会学到更多东西。

▶ 把阅读当成每日的习惯。每天至少读一个小时的书，或者读一份
  好报纸，也可以读一两本精心编辑的杂志、小说或纪实文学作品。
  对我来说，睡前一小时读书最好。

▶ 如果你能时刻牢记自己最初的目标，那么你就能对已经取得的成
  绩心存感激，并且清楚自己距离目标还有多远。

017

第二章

充分利用大学时光

我的公关人生

　　我的许多同事、客户和朋友都是从著名的常青藤大学毕业的。但我从未因自己毕业于密西西比大学而感到遗憾，这所大学更出名的别称是"奥莱小姐"（Ole Miss）。1936年当我以新生的身份注册入学时，我并不知道这所学校将是最适合我的大学。那个时代的密西西比大学有一个独特之处，能够实现我的目标。它是纯教育和社会实践的混合体，既开明又保守，既包容又拘谨，自由开放又遵循传统。它就像一个飘浮在现实世界里的蚕茧，在过去200多年的大部分时间里都与时代潮流格格不入。我们生活在一个分种族、分等级的社会里，但坚信我们的行为符合美国最神圣文件的精神，那就是，人人生而平等，造物者赋予人们若干不可剥夺的权利，其中包括生命权、自由权和追求幸福的权利。

　　在我看来，选择文科是让我成为合格的记者的第一步，而且让我对最新的事物有所了解。我的目标是获得成为一名报社记者的经验，并成为《纽约时报》的记者。我在高中时候各科成绩全是A，是光荣榜上的好学生，但上了大学，我愿意牺牲一点成绩，为自己的新闻职业生涯做准备。我轻松度过了高中，那些课程对我来说很简单，我只花很少的时间就能完成学习和作业，大学就没有那么容易了，我可以接受自己的各科成绩是 B，甚至偶尔得个 C。

在那时候，密西西比大学没有新闻学院。即使有，我也不太可能报新闻学院。我已经在一份编辑体系健全的日报社里干了两个暑假，在新闻学院里也学不到更多东西了。所以我报考了人文艺术学院，选了政治经济学专业。

在学校里工作是我真正的教育

我学着成为一名合格记者的途径主要有两个。第一个就是我在《孟菲斯商业诉求报》担任特约记者，这份工作让我以本科生的身份处于一个非比寻常的位置。为了赚到一个月 75 美元的工资，我必须每月写大概 15 000 字，也就是每个工作日要写大约 600 字学校里发生的新闻，包括学术和体育新闻——前提是我写的所有报道都能发表。从一开始，我就与校长、大学行政老师、系主任以及教练等保持频繁联系。虽然比同班同学小三岁，但我从来没觉得不自在。从小学开始，我与比我大三岁的同学交流起来就没什么障碍。在两个暑假里，我更是在专业的工作环境中与成年人一起工作。我从来没有因为自己是办公室里年龄最小的人，就觉得自己比别人差。

第二个途径就是我在学生周报《密西西比人》工作。入学的第一周，我去见了总编辑阿尔伯特·桑尼·拉塞尔，他是牛津市本地人，说话轻声细语的，看起来完全能胜任大学周报的编辑工作。他更多的是把我当作平等的同龄人对待，而非年纪小很多的大一新生，他给我的职位是直接向他报告的普通助理，当他需要我的时候我要随叫随到。他让我每周五下午在印刷机旁边和他一起把《密西西比人》报纸送进印刷机，以便赶得上周六早晨分发。所有在最后一刻才会凸显的问题都会在这个环节出现。正如我所预料到的，这份工作涉及的内容多种多样。在很多情况下，我们不得不缩小头版新闻报道的篇幅，来报道突发事件。为了应对版面的变化，我们要写新的标题，压缩或扩充新闻报道。这项工作会一直持续到深夜，直到印刷机开始印刷——不论报纸本身的规模或者影响力如何，这都是一件令人激动的事情。

我第一次接触公关

在开始大学生活后不久，我遇到一个大三学生比利·盖茨，他是《杰克逊每日新闻》的特约记者，人生最大的兴趣就是关注密西西比大学"反叛者"橄榄球队的一切。因为密西西比大学体育部那时候还没有公共关系主管，盖茨就自愿无偿地承担起了这份工作。我们第一次见面时，他的目标是让左截锋"彪形大汉"弗兰克·基纳德成为密西西比大学第一个全美橄榄球运动员。基纳德在密西西比大学时的表现和高中时一样，每场比赛都打满 60 分钟全场，那时候的球员都既能进攻又能防守。比利·盖茨就是基纳德的宣传者，他追踪基纳德的每个拦截和抢断，然后炮制出赞美基纳德在橄榄球场上的功劳的文章。他组织并举办了一场专门针对在全美球队选拔中拥有投票权的知名体育编辑的公关活动。每周盖茨都会给他们邮寄有关基纳德的文章、照片和比赛数据。虽然盖茨希望体育编辑能够刊登他的文章，但他也勉强接受在整个赛季中，编辑们只是一周又一周地读关于基纳德的文章而已。最终他的策略成功了。在1936年，基纳德成为密西西比大学有史以来第一个当选进入全美橄榄球队的球员。

看着比利·盖茨一步步帮基纳德进军全美橄榄球队，这是我第一次接触的公关宣传。对我来说，盖茨是一个对我影响很大的老师，职业素养几乎无人能及。他是我学习的榜样。他不仅是我大学时期最亲密的朋友之一，也是我的导师，更是一位杰出的公关大师，他能够在预算严重不足又没有全国顶级体育资源的情况下继续推进工作。我跟他的接触，影响了我对以后职业生涯方向的选择。

在第一年大学生活行将结束的时候，我渴望能回到《孟菲斯商业诉求报》，在体育部里做初级成员该做的工作。体育部的总编戴维·布卢姆是我的另一个导师。他是那个时代典型的体育编辑，也是一名文笔非常好的记者，他批评我的作品时从来都直言不讳。此外同样重要的是，通过观察他与人打交道，我学到了很多东西，尤其是他总能让别人觉得自己受到重视。他是我认识的第一个亲自接电话的高级管理人员，直到今天我也在坚持这样做。

报道东南联盟球赛

大学第二年，我更为自信地去应对工作。我已经知道了怎么跟新闻人员、教授、行政老师以及学生领袖打交道，并获得他们的信任。我对校园活动的报道越来越频繁，每个月的收入也大概涨了10美元。我的目标是每个月至少挣75美元。

我记者生涯里最激动人心的事情之一就是首次报道东南联盟橄榄球大赛里密西西比大学对阵杜兰大学的新奥尔良站比赛。爬上可能是第一座"蔗糖碗"①体育场的新闻记者席，是我永生难忘的经历，更别提来自其他记者的斜视了，他们好像在问这个孩子跑到这里来干什么。

在新奥尔良为孟菲斯的报纸报道比赛，需要一名现场的电报员不断向编辑部传回比赛的实时情况，我们称之为"进行中的故事"。这就意味着在比赛进行时，你要随时写一两段话来描述重要的比赛情节，比如触地得分或者失球补救。当比赛结束的时候，我只需要写三四段较长的开头和总结即可。我通常半小时内就能搞定，远早于截稿时间。但我第一次报道比赛时，对这样一场不太重要的比赛，我的实时报道至少是普通报道的两倍长。当比赛进行到一半的时候，体育编辑就给我发电报："不用写那么多，你不是在报道'玫瑰碗'。"

《孟菲斯商业诉求报》在这一地区非常有影响力，球员们都密

---

① "蔗糖碗"（Sugar Bowl）和下文的"玫瑰碗"（Rose Bowl）都是年度性的美国大学体育协会橄榄球比赛。在美国，很多大型球场都被修成碗的形状，因此得名。——编者注

切关注着我对他们的报道。我现在才意识到，我当时对球队的报道其实反映了球队教练哈利·梅勒的想法，他经常利用我向他的明星球员传递信息。他喜欢给我出主意，告诉我报道该用什么标题，有些跟我想的差不多，甚至比我想的还要好。在一场没有达到他的标准的练习赛后，他转过身对我说："关于明天的报道我想到了一个不错的开头，比如，'梅勒教练昨天进行了踢球手选拔，很快就得出结论，他还没有发现一个真正的弃踢手'。"但梅勒教练回答我的问题时从来不会撒谎，当我批评他们的时候，他也没有抱怨过。

我开始写校园报道的时候，体育编辑布卢姆给过我一个忠告：在报道中永远不要使用"反叛者"这个外号来指代密西西比大学队。他当时的态度看起来非常坚决，语气也很严肃，我没敢问为什么。南方的体育记者是在 1936 年的橄榄球联赛时开始使用"反叛者"这个外号的。这个外号是通过《密西西比大学周报》投票选出的，用以替代"洪水"这个外号，"洪水"这个外号暗指 1927 年的密西西比河洪灾。数年之后，在黑人民权运动时期，我才意识到布卢姆拒绝"反叛者"这个名称，是因为他认为这个称号贬低了黑人族裔，并且美化了南方脱离联邦的行为。布卢姆来自阿肯色州，是个南方人。这种种族之间的紧张气氛已经酝酿了一个多世纪。

成为一个多面手培养了我所有的才华

我在校园里报道的新闻主题非常广，内容之一就是许多校园社团领导选举。我的编辑鼓励我在写报道的时候添加尽可能多的人名，尤其是那些家乡在报纸流通范围内的人。《孟菲斯商业诉求报》每年都会刊登 300 多个毕业生的名字，还有 200 多个宣誓加入兄弟会及妇女联谊会的人的名字。虽然他们的名字都只能挤在一个很小的版面里，但这对他们来说似乎也没有什么关系。写这种文章让我明白：没人喜欢自己的名字被拼错。所以我检查名字拼写的时候会格外细心，比做其他事情都用心。

我报道的另一个主题就是国际新闻。我在密西西比大学的 4 年里，整个世界正处于非常动荡的时期。希特勒正在德国崛起，还有意大利的墨索里尼和西班牙的佛朗哥。日本正在向中国发起第一轮攻势。我报道了一系列校园演讲者关于德国侵略的讲话。其中一个演讲者是新教师，他是捷克人的后裔。1939 年英国首相张伯伦与希特勒达成绥靖协议，张伯伦称之为"我们这个时代的和平到来了"。在该协议签订的前一年，该教师就发表演讲，指出应警惕与希特勒妥协。另一个演讲者是一位被废黜的巴伐利亚王子，他在这里当了一个月的客座教授。他警告说，美国不会在希特勒的入侵行动中幸免。

当然，我还报道了很多有人情味的新闻。1938 年我采访了校园里仅有的一名外国留学生。他是土耳其人，通过国际留学生项目分配到密西西比大学。我还报道了一个双目失明的学生遭遇的种种困难。他靠一只受过训练的德国牧羊犬引导他在不同的教室间穿梭，就这样他过上了充实的大学生活。我报道过一项密西西比立法机构突然颁布的法令，禁止在州立大学里跳"卡车爵士舞"和"大苹果舞"。我的文章将公众舆论聚焦到了这个无理的法令上，最终法令被密西西比立法机构撤回。此外，我还报道了密西西比大学一个男生被 20 世纪福克斯的星探发现的新闻。在密西西比与田纳西的橄榄球比赛后，星探在皮博迪酒店的走廊看到了这个男生，他简直是加里·库珀与克拉克·盖博的结合体，所以星探邀请他参加试镜。虽然他最后没有通过试镜，但我的文章让昔日的好莱坞明星在密西西比大学的男生女生中更受追捧了。

在 4 年的大学生活里，我只报道了一次与种族有关的事件：1940年 3 月 15 日，《路易斯维尔信使日报》的编辑马克·埃思里奇在一个由兄弟会荣誉领导者赞助的论坛上发言。埃思里奇出生于密西西比的莫瑞迪恩市，也是密西西比大学的校友。他发言的题目是"南方及其前景"。我所写报道的标题是"论坛发言人战胜了愚蠢的南方乡巴佬"。

埃思里奇所说的内容更加尖锐：

> 我们在南方建立优秀文明这件事上惨败，而这本来是南方诸州有能力实现的。如果不承认以上事实，那我们就是不诚实的。对棉花产品及与其共生的其他必需品的浪漫依恋，已经摧毁了我们的土地，也摧毁了我们的坚强精神。

埃思里奇语带轻蔑地讨论南方的佃农体系。他说，没有一个演讲者可以拍着自己的胸脯说："感谢上帝，我们没有农民！"他曾花了 6 个月的时间在中欧考察，从来没有发现哪里的佃农像美国南方的佃农一样处境悲惨，他称美国南方为"实际上的美国殖民地"，并补充道："我们东北部的兄弟们打造了工资歧视的镣铐，现在我们仅靠自己的力量是难以打破它的。事实上，只有当整个国家都认识到这种不公正的情况时，这种情况才会改变。"

埃思里奇认为，南方之所以出现这种问题，主要是美国东海岸人的责任，因为他们控制关税政策、运费，他们催生顾虑。

> 南方必须要像东海岸一样，我们必须意识到：美国的文明无法靠低工资和在经济上奴役一个民族而存在；只要美国仍然让黑人处境堪忧，美国的生活标准就会一直很低。总而言之，南方的民众要意识到，自豪感不是面包、教育的替代品，也不是最基本的文明的替代品。为了获取这些，我们不仅要号召全国其他地区寻求正义，还要寻求帮助。

除了面色沉郁的观众，我不记得这次演讲带来什么其他结果了。行政人员、教师或者学生都没有进行任何讨论，也没有文章对此进行评论。

监管他人与授权的力量

我在密西西比大学学到的最有价值的经验，是在大三过半时早春二月一个寒冷的周末获得的。密西西比大学新闻部的主任是一个喜欢享受社交和奢华生活的人，他本科毕业，30岁出头，拥有一辆黄色的敞篷后座福特跑车。在一个周六的晚上，他在开车绕过一棵年代久远的大橡树时，因为醉酒直接撞向了校长的办公室。校长是一个滴酒不沾的人，据说他当时甚至没有先询问主任的身体状况，就直接把他开除了。

周一早晨我就听到风声，校长想见我。他希望我能够担任新闻部的代理主任。我问他大概要多久才能找到正式的替代者。"很可能要到这学年结束。"他说。这份工作的薪水是每月 75 美元。由于新闻部主任的醉酒行为，我的收入在一个周末内就翻了一番。

新工作最重要的任务就是准备和向学生家乡的报纸发送所谓的"家乡人"新闻稿，比如某人竞选担任某个校内组织的管理者，这种新闻对当地人来说很有吸引力。与此同时，4 名学生参与了一项名为新政倡议的行动，呼吁国家青年管理局帮助大学生支付生活费。一名学生每小时的收入是 25 美分，每个月最多能打工 40 个小时或挣 10 美元，这样挣来的钱仅足够他支付三个星期的伙食费。

这是我第一次体验到管理别人的感觉。我当时才 16 岁，而我的两个直接下属已经 20 多岁，但这根本不是问题。我意识到如果分派别人去做本来要我自己做的事情，比如报道某个领域或者寻找选题，我的工作就会变得更加高效。

这份工作干了一个多月之后，我发现有大约 12 个州的日报和 75 家周刊会刊登有关密西西比大学的文章，内容超越了传统的家乡人新闻范畴，比如有一篇文章介绍了历史建筑莱锡楼，或者介绍某个北方佬也曾是大学早期的校长之一，或者介绍这里有全国最大的望远镜。

我开始问自己："那么，密西西比大学该如何发出自己的声音？"当然，当时我还不知道我已经开始进行定位和信息传递。要

我的公关人生

到半个多世纪之后，这两个词才会进入公共关系学的词典。我把新闻部的工作重点从战术层面——写作和分发新闻稿，转移到了公共关系的战略层面。

说实话让我获得了采访福克纳的机会

我做的最有意义的新闻报道是在 1939 年 11 月采访世界著名作家威廉·福克纳。多年以来，福克纳一直住在牛津市，距离密西西比大学不过半英里的路程。但自从 20 世纪 20 年代因校园工作被密西西比大学开除过两次之后，福克纳已经 12 年没有与学校有过任何联系了。自从我来到密西西比大学，我的目标就是采访这位隐居的作家。我得知他在好莱坞担任编剧，当他需要钱的时候，这份工作能提供丰厚的收入。虽然他的十几部小说都受到了评论界的好评，但没有一部为他挣到大钱。

一天早上，我上完课离开教室时，得知福克纳跟一个姓迪瓦恩的人一起返回了牛津市。我把这个人当成了著名的演技派演员安迪·迪瓦恩。我开始接触迪瓦恩。我的计划很简单：一旦我进入福克纳家里，采访了他的客人，我就会坚持要采访福克纳，而他会因为无法拒绝我而同意接受我的采访。福克纳的女佣接起电话，我说自己找迪瓦恩先生。很快我就知道自己找错人了，因为那位好莱坞明星的标志性特征是非常粗哑的嗓音，而这位迪瓦恩的声音听起来非常悦耳且有修养："我是吉姆·迪瓦恩，我能为您做什么吗？"

030

我选择告诉他事实，我说我是密西西比大学的学生，负责为《孟菲斯商业诉求报》报道新闻，我错把他当作明星安迪·迪瓦恩了。他立即反驳说："即使我是安迪·迪瓦恩，你想采访的人也不是我，而是福克纳。你等一会，我会问问福克纳什么时候可以采访他。"当我听到他说"周五上午 11 点怎么样"的时候，我简直不敢相信。

迪瓦恩先生在福克纳家里，也就是罗恩橡树园里迎接我。就 11 月的天气来说，那天清新凉爽，这是因为风而非寒冷。我在福克纳的客厅里坐下，而迪瓦恩则去"将福克纳从柴房里叫出来"，他说他的大部分作品都是在那儿写的。几分钟之后，一脸不自在的威廉·福克纳出现了，脸上带着有些茫然的表情，我觉得他在想，自己为什么要来这儿。随后我开始问问题。意识到我只是一个没有威胁的学生记者后，福克纳开始放松下来，于是我们交谈了 20 分钟。这个故事占据了报纸上 14 英寸的版面，这也就意味着我得到 1.96 美元的报酬。美联社让我重新编辑这篇报道，并付给我 10 美元。至于标题，我写的是《福克纳在牛津市承认，最好的小说还没有写出来》。

有那么一段时间，对那些想要寻求与这位著名邻居重新建立联系的教职工来说，我就是校园里的小英雄。我的突破很可能会让学校重新与福克纳建立关系，这对学校与福克纳来说都很有价值。在接下来的两年里，我给福克纳打过 4 次电话，想要再次采访他。每次他都很礼貌地回绝，他说自己没有什么新东西可说的了。

当英语系主任通知我，他们打算在 1940 年春天的时候创办密西西比图书博览会时，我建议邀请福克纳作为晚宴主题演讲嘉宾，并且由我负责邀请他。福克纳看起来很高兴得到邀请，但他拒绝做正式的演讲，只是说自己会回答观众的提问。我随后用信件确认了我们电话聊天的内容，里面写明了时间和地点，并且感谢他能够回答问题。得到这种成果，系里的主办方很高兴，我也一样开心。

很快就到了晚宴的时候。由于我们已经大规模宣传过福克纳将到场，晚宴大厅里挤满了人，却少了一个人，那就是福克纳先生。我们将晚宴推迟了15分钟，我打电话到他的家里，但没有人接。晚上6点半了，福克纳还是没有来，我打的第二个电话也没有人接。晚宴组委会匆忙拼凑出了备用计划。时间到了晚上7点，福克纳还是没有来。最终组委会宣布执行备用计划，两名作家与两位英语系教授代替福克纳走上讲台。

第二天，我发给《孟菲斯商业诉求报》的文章标题是《福克纳没有出现，但他仍然是博览会的焦点》。

报道争议性事件

在密西西比大学度过的4年时光里，学校曾经发生过几场比较重要的争议性事件。20世纪30年代早期，学校没能通过学术资质鉴定，因为时任州长西奥多·比尔博进行政治干预，强制任命了各院系的主要职位。那3年里，其他大学和研究生学院都不承认密西西比大学的课程学分。1935年，新州长任命了新的校长阿尔弗雷德·巴茨博士，由他来恢复学校的资质。巴茨是密西西比州学院的二把手，这个学院是政府赠地建立的。巴茨50多岁的年纪，身高一米六八，满头银发。巴茨博士算得上是个严格执行纪律的人，许多教职工和学生都把他叫作"小拿破仑"。他不允许学生在校园里饮酒或者做出越轨行为。许多学院领导都会对运动员的学业有意放水，但他不允许这样做。作为一名律师，他在法学院教一个班，课上讲授的知识非常难。虽然不怎么受欢迎，但他因为领导大家，很快让密西西比大学恢复了之前在学术界的地位而备受尊敬。

然后新任州长老保罗·伯尼·约翰逊打算扩大州高等教育理事会的规模，这样他就能够获得更大权力，控制高校的高层任命和预算。他的儿子小保罗·伯尼·约翰逊24年后也当选州长，当时他跟我住在同一层宿舍楼。作为《密西西比人》周报的署名作者和校园里有名的公众人物，我写了一篇专栏文章谴责州长，因为他正让学校处于危险之中，有可能让密西西比大学在10年里再次不能通过学术资质鉴定。其他媒体也纷纷抗议。在一周之内，约翰逊州长就撤回了法案。虽然州长的儿子从没有承认过，我也没有问过他，但我相信小保罗也同意我的看法。

只有一次，我放弃了一个能够吸引很多读者的新闻素材，因为那会把学校置于不利地位。1940年4月，大约在毕业前5个星期，牛津市当地的警察在牛津历史名人公墓当场抓获一对激情中的男女，男方是密西西比大学法学院名人，女方是校园选美冠军。他们所躺的墓碑是内战中的一位将军的。"这是对同盟军英雄墓地的亵渎。"学生教务长对我说。这两个人我都认识，他们都是毕业班的人。在密西西比州牛津市的一个春夜，恋人之间表达真爱一点也不让人奇怪。我想，这是属于两个人之间的私事，所以我不打算就这个话题写点什么。试想在今天的数字媒体时代，这会是个多么轰动的故事啊！至于亵渎了将军墓地的两个人，他们最后都拿到了学位证，但被禁止参加毕业典礼。此后他们俩很快就结婚了。

我的第一次大型公关战役

在我的大四生活行将结束的时候，学校决定在孟菲斯的剧院里举办一场完整的"艺术节"。我们都希望能把这项活动打造成每年一届的盛事。到时候会有学生歌手和演员表演自己写的歌和短剧。学校与剧院签的合同包含三场夜晚演出及周末白天的两场演出。

10个有影响力的学生（包括我）组成了艺术节活动组，负责安排写原创歌曲和剧本，招募歌手、伴舞与演员；还要负责演出服装、后勤、公关以及其他演出事务。我们预料到学校赞助的年度艺术节会增加密西西比大学的文化多样性，同时也可以为学校宣传服务。虽然没有剧场经验，但我还是接受了推广和宣传艺术节的任务。这是我作为公关人的第一次考验，衡量标准就是孟菲斯剧院卖出的票数，以及随后面向学生、教职工和牛津市民的演出表现。

我轻轻松松联系到了三个能够触及目标客户的主流媒体资源，分别是我们的大学周报《密西西比人》，还有《孟菲斯商业诉求报》以及孟菲斯的午间报纸《弯刀报》。我还联系了包括克拉克斯代尔、图珀洛、格林维尔、哥伦布、西点在内的几个周边城镇的小型日报，还有杰克逊市的两家大报纸。我使用孟菲斯的4个广播电台来宣传艺术节，包括各种采访以及现场报道演出开幕式的形式。

我的目标是将艺术节分解成许多小报道和特写故事。我希望，在为期 10 周的排练和接近饱和程度的报道中，至少有一个故事的热度能够持续到周五晚上的开幕式。

我的第一篇新闻稿的内容是密西西比大学将会创办第一届大学生艺术节，旨在展示学生的戏剧天赋，聚焦大学广泛的兴趣爱好。我的第二篇新闻稿宣布了开始进行学生歌手、舞者以及喜剧表演者的试镜。然后我们发布了演员阵容名单，并向他们每个人家乡的报纸发送本地化的故事。《孟菲斯商业诉求报》用了三行高的大标题"瞎胡闹的校园女孩变成了合唱队的漂亮女生"。（6 个女生穿的短裙长度都很得体。在对外发布之前，大学行政老师审查了所有照片，确保照片得体。）第二篇文章介绍了两名学生原创的歌曲，紧接着是爆料，以创作单曲《冒烟的戒指》而出名的孟菲斯人尤金·吉福德将会负责音乐方面的工作。吉福德刚从卡萨罗马乐团的曲作家职位上退休，这个乐团是当时最有名的乐团之一。仅有两个人以非学生的身份参与排练，而吉福德就是其中之一。

我们的下一个噱头是这是一场"超级社交晚会"。我们宣布孟菲斯市长将会参加；密西西比和田纳西州长已经被邀请；长期担任孟菲斯地区国会议员，现在正担任城市执政委员会成员的沃尔特·克利夫特·钱德勒，将会担任本次晚会的主持人。我们还报道说市长将会发布官方通告。临近演出日期时，我们呼吁公众关注演出的原创编舞。《孟菲斯商业诉求报》使用了一个四行高的大标题"密西西比大学艺术节，大学生们成为合唱团演员"，并展示了参加

我的公关人生

演出的 8 个女孩的照片，她们的短裙长度在膝盖以上。（这在发布前也经过了老师们的认真审查）。《弯刀报》刊登了两栏照片，里面是两个学生，配的标题是"密西西比大学不容错过"。

接下来发生的事情超出了任何公关人最狂野的想象。"来自牧师的抗议"，全大写的新闻标题如是写道。《弯刀报》在开幕之夜的两天前报道了这则新闻：

孟菲斯的浸信会牧师协会要求，密西西比大学的老师应该禁止其学生参加周末在奥芬剧院举办的密西西比大学艺术节表演。牧师协会周一全体通过一项决议，反对周末即将进行的演出。

《孟菲斯商业诉求报》晨报的头版标题是"密西西比教育委员会威胁取消艺术节"，后面的副标题是"理事会今天会面，奥芬剧院经理宣称现在要改变已经太晚，剧团说演出一定要继续"。

学校的周报《密西西比人》是在那天晚上 11 点印刷的，头版标题是"学生演员表示，艺术节必须在周日如期进行"，副标题是"密西西比大学剧团投票决定，根据合同内容进行全部表演，虽然教育委员会可能在今天做出取消艺术节的决定"。

这场意外的头版风波极大地提高了人们对艺术节的兴趣，关注度远超我们的期望。有人问我是否利用了这个噱头来让公众的关注最大化。我承认自己既没有那么聪明能想到这一点，也没有那么大的权势能做到这一点。

理事会支持牧师的要求，但学生演员们也坚持要进行周末的两场演出。而奥芬剧院已经卖了票并进行了宣传推广，也坚持认为我们不能取消周末的演出。理事会将问题提交给校长，校长的立场是要遵循合同。他宣称：

> 我们很遗憾，密西西比大学艺术节剧团与乐队即将在周末进行的两场表演遭遇了很多反对之声，但是我们得知现在已经有几百张票卖出去了，而且周末在奥芬剧院的演出已经签署合同，现在取消合同是不现实的。

校长发表声明之后，我们就一路畅通。那天出席开幕式晚宴的人数大大超出预期——几乎所有受邀名人都参加了。就连报纸评论也很温和，《孟菲斯商业诉求报》的娱乐批评家哈利·马丁写道：

> 这场演出以迪克·惠特菲尔德指挥棒下受到热情追捧的大学乐队为主，最终呈现的是一场多才多艺的歌曲、舞蹈与喜剧的集锦，展现了牛津校园天才的才华。作为刚开始的尝试，这已经非常棒了，孟菲斯的观众也热烈回应这些优秀年轻人的努力。他们开了个好头，这个项目在未来许多年都对他们的母校意义非凡，这一点让人很受鼓舞。

杰克·布赖恩是《弯刀报》的电影与戏剧评论家，他的评论更加热情：

摇摆乐、吉特巴舞、乐队音乐会、原创的歌曲与大学生的幽默交织在一起，这一切在昨晚奥芬剧院的密西西比大学艺术节上向 1 500 名毕业生与找乐子的人传递了一个信号，那就是这些天来这些密西西比大学的学生到底做了什么。

在这些学生身上，有一种专业演员没有的活力与精神。这些密西西比大学的表演者在昨晚的表演中尽了全力。一个富有经验的导演建立并且平衡他们已有的东西，他们排练入场和结尾，并且用表演技巧来衔接动作，这次的学生表演甚至可以称得上是专业剧团级别的。

对于大多数参与其中的人来说，艺术节很成功。卖票收入已经足以支付演出成本，奥芬剧院也做到收支相抵，而且得到了足够多的公众关注，还有来自上层社会观众的善意。奥芬剧院的公关顾问吉米·李也是我的人生导师之一。他告诉我，艺术节为奥芬剧院带来的公众关注度，是其他演出从来没有做到的。

埃尔登·罗克的"巡演"专栏是孟菲斯《弯刀报》读者最多的专栏，他把我的名字写进了标题——"夏博新前途不可限量"。罗克写道："年轻的夏博新不是一个专业的新闻记者，他是密西西比大学的一名学生，但作为非专业人员，他展现出无尽的潜力。"

这次艺术节是公关人梦寐以求的活动，亮点有穿超短裙的女大学生、一流的大学爵士乐队、有名人参与的大学游行乐队，潜在的观众是出身高贵的校友支持者，还有上千位牧师威胁说周日的演出会亵渎安息日。我喜欢接受挑战，引导消费者做出某个具体动作，也就是说服他买票。我享受说服记者和编辑相信我所提供的角度和内容与他们相关的过程。我喜欢凭借自己的新闻才华去挖掘一个故事，发现它新的价值，然后快速写出来。

年轻人的激情驱使我通过了人生第一次公关考验。我已经学会了传播及提升知名度的基本理论，并第一次接触危机公关。危机公关是我整个职业生涯所涉及的非常重要的一个公共关系领域。如果这是个课堂项目的话，我会给自己的表现打 A。在公关行业浸淫一生，现在已经知道了这么多之后，我还是觉得自己无法取得比当时更好的成绩。

我们最初想要将艺术节办成学校年度盛事的梦想没有实现。我们领导委员会的大多数人都是即将毕业的学生，我们也没有设立一个机制让这个委员会持续下去。我觉得，后来的第二次世界大战也或多或少导致了这个活动的消亡。

在大四即将结束的时候，我开始感觉到现实世界的生活不像在校园里那么多姿多彩。密西西比大学已经成为我的世界里的中心舞台，我在其中小有名气。我珍惜自己能够接触这里的"权力层"，并产生一些影响，他们包括校长和他的高级行政下属、足球教练、学院和各系的学术带头人。在学生事务中，我是他们认为的极其可靠的几个人之一。

在 19 岁的时候，我已经拥有了学士学位和作为记者的丰富经验，对自己充满了信心。为了实现自己的长期目标，我已经充分利用了自己在密西西比大学的时光。

我的公关人生

要点

▶ 好奇心是个很好的老师。充分利用你学习以外的追求，寻找一切机会学习一些新的或不一样的东西，多见一些不一样的人。这些经验和关系最后会比你在教室里学到的更有价值。

▶ 你在大学里的选择会塑造你的未来。小心选择你的朋友、课程、教授，还有课外的活动。准备好接受你所做出的选择。

▶ 如果你选择公关作为职业，那么你需要的不只是新闻传播的专业知识以及使用社交媒体的能力。你需要用一系列技能或者知识装备自己，让自己与其他人区别开来。选择外语、经济与金融、卫生保健、急救知识或者环境科学作为你的第二专业。

▶ 内容仍然为王。将自己训练成一个好的作者，通过写作练习与辅导老师的点评来提升自己，寻求对自己作品的反馈，你的未来才会得到保障。

▶ 当"快餐时代"小短文的写作越来越多时，写作的质量就会逐渐下降。为自己着想，尽可能多地在你的课程里选一些写作课程，尽全力在你的校报或者大学出版社里获得一个编辑部的职位。

▶ 你用来消磨时光的最好方式之一，就是在大学校园里开始建立关系网，建立一个拥有意愿和潜力的人际网络，让他们支持你在毕业后去追寻你为自己设定的目标。他们不仅包括同班同学，还包括对政府、商业和专业有影响力的大学老师。在大学校园里建立起来的关系，对大多数人来说都能长期有效。

040

T　　　　h　　　　e

第三章

B　u　s　i　n　e　s　s

o # 从记者到公关 # f

P　e　r　s　u　a　s　i　o　n

我的公关人生

　　离开牛津市不到一周，我就成了《孟菲斯商业诉求报》的正式员工。美国报业协会允许其雇用入门级的记者，试用期为6个月，试用期内的工资可以低于协会规定的每周25美元的最低工资标准。通常来说，采编部会把新手记者分配到一个或几个分部，只为小地方服务。我认为自己不是个新手，但采编部不这么想，他们将我分配到了田纳西州的戴尔斯堡分部。

　　戴尔斯堡大概在孟菲斯正北方80英里，在密西西比河东边50英里。1940年，它是那片富饶之地的商业中心。就像许多其他拥有大约12 000人的南方城镇一样，戴尔斯堡有一个城市广场，正中央是一座19世纪晚期的法院大楼，四周环绕着各种商店。

　　从新闻报道的角度来看，戴尔斯堡没有多少事情发生：周六晚上的枪击案、值得报道的诉讼、周五晚上的高中足球比赛、戴尔斯堡选美皇后选拔、从郡里农业部门那里得到月度农作物长势报告，还有几乎每天都有两到四个讣告。

　　1940年11月上旬，《孟菲斯商业诉求报》把我调到了田纳西州的杰克逊分部。我的工资也涨到了报业协会规定的每周最低工资标准以上，而且我拥有了申请报业协会会员的资格。我的会员卡上印着签发日期"1941年2月8日"。我一直把这张卡放在钱包里，随身携带。（有时，为了让记者相信消息的可靠性，我还会把它拿出来给记者看。）杰克逊是孟菲斯与纳什维尔之间最大的镇。它是郡政府驻地，也是社区中心，拥有一所小型学院、几个中等规模的制造厂和数百个小农场，它还是海湾 - 莫比尔 - 俄亥俄铁路的总部所在地。这条铁路从俄亥俄州的辛辛那提一直延伸到亚拉巴马州的莫比尔。该铁路由备受尊敬且博学的花甲老人伊萨克·泰格雷特主持修建，他的孙子后来成为滚石连锁餐厅的创始人之一。

这里主要的新闻来自美国联邦地方法院以及默里兄弟律师事务所。默里兄弟律师事务所跟我们在同一座小楼里。默里兄弟有三人，后来我跟其中两兄弟罗杰和戴维成了商业伙伴和朋友。他们是田纳西州西部后来执政的民主党要人。罗杰和戴维积极投身政治，他们公司的会议室是当地政客和商人的聚集地，傍晚时分他们就会在那里聚会。我仍然记得自己第一次直接对着瓶子喝下第一口老乌鸦牌波本威士忌时天旋地转的感觉。在拥有地方抉择权的州所管辖的一个禁酒的郡喝酒似乎问题不大。幽默的当地人将这种矛盾的情形归咎于浸信会牧师和私酒贩子结成了同盟，他们通过一次又一次选举确保全县禁酒。无论如何，我不必走很远，就能知道整个郡范围内发生的事情。

043

报道战时基建扩张

1940 年 12 月上旬，戴维·默里的秘书把我叫到他的办公室。我以为他要告诉我一些当地的事情，但这次的新闻来自华盛顿。14 个月前发生在欧洲的战争已经升级了，希特勒的纳粹军队已经征服了西欧大部分地区，正在与英国进行空战。支持美国参加战争的舆论开始增多，但反战情绪还是很强烈，尤其是在中西部地区。罗斯福总统转让给英国 50 艘驱逐舰，换来英国在西印度群岛的军事基地。美国国会以一票的微弱优势通过了《选征兵役法案》，从 21~38 周岁的美国男性中征兵。美国陆军部发起了一个规模巨大的基建项目，来制造训练设备，开设军火工厂，还有生产飞机、坦克和其他武器及军用物资的工厂。

陆军部决定在杰克逊市以北 20 英里，小城迈兰郊外一个叫狼溪的地方修建全国最大的军工厂。

我一开始得到的消息是碎片化的，但打电话到华盛顿让我得到了用于写报道的必要信息。隔壁的吉布森县将是具体的修建地点，整个工程的总花费将达到 4 000 万美元甚至更多。

狼溪军工厂需要 27 372 英亩[①]土地，因为这是装载炮弹的工厂，需要远离人烟，以防万一出现爆炸情况。联邦政府已经征用了大部分家庭的农场，其中一些农场已经传了三四代人。有些农场主夸口说，他们地里的草莓是那一片地区品质最好的草莓。修建工厂需要

---

① 1 英亩 ≈ 4 046.856 4 平方米。——编者注

3 000 多名当地居民搬迁，所有人都得到了很优厚的搬迁补偿。

大萧条带来的危害虽然已经没有 20 世纪 30 年代早期和中期那么大，但美国的经济仍然没有复苏。基建工程最忙的时候将会需要 15 000 名建筑工人，还需要 5 000 名运营人员。他们将会铺设超过 80 英里长的铁轨，还要修建大概 100 英里长的道路，建设超过 1 000 栋独立建筑，其中包括 700 个在地下间隔很大的"圆顶小屋"，用于存储装载好的大炮和防空导弹。田纳西州西部的居民不能理解这个项目将带来多么大的影响，但我有许多东西可以写！

如此庞大的基建工程将会为周边 25 英里范围内的村庄带来繁荣。新餐馆将会涌现，现存的餐馆也会整修一新。拥有多余卧室的家庭将会购买新家具，期待流动的建筑工人付租金租他们的房子。吉布森和附近县的私酒贩子将会两三倍地增加他们的长期订单，以应对接下来的各种豪饮，其中主要是波本威士忌和杰克·丹尼威士忌。

由于工程的复杂性和规模，政府决定让弗格森建筑设计公司担任主承包商。弗格森公司是工业建筑工程领域的蒂芙尼，它当时的地位不亚于今天的哈利伯顿和贝克特尔公司。该公司于"一战"后不久由哈罗德·弗格森创建，公司的重要客户包括宝洁、通用食品公司、联合碳化物公司、凡士通、福特、美国无线电公司等。狼溪军工厂是众多国防合同里第一项动工的，也是到目前为止，自该公司创建以来最大的工程。

在弗格森先生 29 岁的儿子金斯利·弗格森被任命为项目的首席联络官之后，我跟他见面了。联络官的工作需要工程和建筑项目管理方面的经验，同时还需要在利益相关方发生冲突时施展交际手段。金斯利·弗格森带着他的妻子和两个小女儿搬到杰克逊，他是首批搬到这里的高管之一。我帮助他们在社区安顿下来，我们很快就成了好朋友。

在工程开始之前，承包商与军队必须先解决一个具有全国影响力的劳工问题：过去的南方和现在一样，在亚特兰大、孟菲斯、伯明翰、新奥尔良等较大城市开展的大型建筑工程，通常都是由工会承接的，工会要求承包商只能雇用属于工会会员的工人，而在较小一些的城镇或者"在村子里"，企业则通常可以自由雇用工人（也就是说没有工会）。现在的问题是要为这上千个工资很高的岗位招聘木匠、水车工、维修工、水管工、电工、施工工程师，来负责开动推土机、吊车和空气压缩机。

弗格森公司在这里可以自由雇用工人，但它在其他地方的工作也由工会承接。如果它在狼溪雇用了非工会会员的工人，工会就会关闭其在美国各地的许多其他工程项目。当地的非工会分包商都感到心烦意乱。

为满足快速竣工的雄心，所有利益相关方——承包商、建筑工会、军方代表——都意识到了达成这项决议的紧迫性。他们明白最终的结果必须为总价几十亿美元的国防建筑合同让路，因为"二战"需要这些工厂的产出。这个决定的重要性吸引了全国的关注，报纸都密切关注着这个话题。

谈判马上要开始时，公司CEO哈罗德·弗格森亲自去了施工现场。金斯利·弗格森安排我采访他父亲。我此前从未采访过他这种地位的公司高管。在我看来，他的表现就是一个行业巨人应该有的样子。他仪表堂堂：身高一米八、体形健美、满头的银发，脸上调皮的微笑表明他有很好的幽默感和绅士风度。他对当地政客和商人的态度很敏感，因为他们怨恨该州有史以来最大的工程项目，竟然挑选了一个北方佬的工会承包商作为主承包商。我告诉他，在协商的过程中各方都已透露出善意。他经历过类似的谈判，但也希望为可能出现的最坏情况做好准备。

让客户消息灵通

弗格森先生突然抛出一个问题："你能请假加入我们并全程参与谈判吗？直到这项工作结束，媒体不再关注这件事。"我意识到自己的回答将会改变我的一生。这可能是个机会，能够实现我的纽约梦。

所以我告诉他："我应该能请到假。不过即使请不到假，我对这个机会也很感兴趣。"

他问我："报社每个月给你的工资是多少？"

"25 美元一个星期。"我说。

"我就给你双倍，你有车吗？"

我回答没有。

"你会得到一辆车，因为你需要经常进出工地。"

以事后之明来看，我之所以如此快速地做出决定，一方面是基于我对弗格森先生深刻的第一印象，另一方面是由于我渴望改变自己的工作地点。我与他儿子金斯利的短暂友谊，让他决定雇用我。

我的公关人生

金斯利和其他狼溪的经理告诉他，我对公司来说很有价值。

弗格森先生的公司从来没有在南方开展过业务。我当时虽然只是一个年仅20岁的记者，但他不仅把我当成媒体方面的顾问，还咨询我怎么做能让公司融入当地社区。弗格森先生对公司一些高管适应南方的工作和生活方式的能力，以及他们与主要来自南方的工会力量和当地社区领导打交道的能力，持保留意见。他鼓励我及时向他汇报当地情况，他的目标是将自己的公司打造成当地负责任的公民企业。弗格森将公司当地管理层无力应对媒体的状况形容为"潜在的严重缺陷"，因为"是纳税人的钱在付账单"。他重视我的背景，所以他强烈建议当地的经理们咨询我，把我当成智囊。对一个刚刚大学毕业的新手来说，这种重视让人飘飘然。

我们聊了一个多小时，然后我打电话给《孟菲斯商业诉求报》的总编杰克·洛克哈特，我14岁就认识他了。他说："我会给你假期，但我确定你不会再回来了。"

我作为报纸记者的职业生涯在1941年上半年结束了。至于我在弗格森公司的新工作，没有人明确说明我的具体工作职能。由于我是大老板个人决定雇用的，我把他当成我的顶头上司，其他高管也是这么认为的。这给了我自由活动的权限，让我能够接触狼溪项目的方方面面，随着时间推移，我对公司的了解也越来越深。我的老板希望我能保持消息灵通，这样我才可以应对媒体问询，所以我参加每周的管理层会议，记下公司主要的决策和行动。我多次向高管传达媒体的采访需求，寻问高管对某个具体问题的意见。我时不时地会提供一些在场高管都无法轻易提供的信息。每周我都会去三次工地，每次花几

048

个小时在施工现场转转，与实际参与工程的人聊一会儿。

这样大约过了一个月，不管什么时候高管要问一些关于工程进度的疑难问题，他们得到的回答都是"去问夏博新"。虽然我还从没有听到过"管理团队"这个术语，但我觉得自己已经是管理团队的一员了，和他们一起负责这项价值数百万美元的任务。我喜欢身处决策中心，能够以内部人士的身份做决策。我的父亲是对的：消息灵通对我和我的客户都很有帮助。

劳工谈判的解决方案简单而直接。公司可以自由雇用所有合格的求职者，不管是工会还是非工会的，但条件就是被雇用的非工会工人要在30天内，也就是发工资之前加入工会。非工会分包商们也达成了一份类似的协议，如果他们的工人同意在30天内加入工会，他们就有资格被雇用。在劳资关系上，这份协议是一个突破，尤其是在非工会势力占据主导的南方。正如人们所预料到的那样，之后再出现工会承包商在非工会的郡里承包国防工程的情况，这份协议就成了参考模板。

谈判进展很快，因为为了建成军工厂，弗格森公司要从各个郡里招募电焊工、管道工、电工、水车工匠等有技术的工人。当工程开始加速推进时，对媒体关系的需求就开始下降。跟我之前预想的差不多，对于这样一个敏感的国防工程，陆军部禁止发布有关项目进展的信息和照片。

另一方面，公司内部信息的需求，也就是把信息传达给组织内各个层级员工的需求开始增加。我意识到，这是公关人员能发挥作用的一个关键领域。与内部员工沟通的目的不仅仅是通知消息。员工不仅应该知道正在发生什么，他们应该怎么回应，还应该知道公司具体的决策是怎么制定出来的，为什么这样决定。与此类似，公民也应该有知情权，特别是在面临危机或者重大变化的时候。美国军事力量当时正在奋起直追：1941年上半年的时候，美国军队的规模在世界上排第18位，略微比荷兰军队低一点。公众已经认识到加强军备的紧迫性，全国弥漫着浓烈的爱国情怀，这是我一辈子再没有见到过的。当德意志第三帝国的暴行被揭露得越来越多之后，美国民众的情绪开始转变，从中立开始倾向于参战。法国的投降，英国的敦刻尔克大撤退，还有德国威胁要入侵英国，都让美国与英国走得越来越近，双方的共同目标也越来越明确。

狼溪有16 000名员工，从始至终他们就围绕工期紧锣密鼓地工作。此时沟通的核心就变成了速度，我们采取了好几种沟通技巧：主管们鼓舞士气的讲话；内部比赛，看哪个小组在8小时上班时间之内倒的混凝土最多，整个小组就能获得外出畅饮啤酒的机会；张贴大量海报和横幅，强调如期完工的紧迫性，当然，如果能提前完工更好。

努力沟通获得了回报。狼溪是美国境内5座炮弹装载工厂之一，这5座工厂都在前后几周之内相继开工。在动工11个月之后，弗格森公司就建完了工厂并将工厂移交给陆军部，该工厂是5座工厂里第一座完全投入运营的工厂。9月15日，第一条生产线装载了第一枚60毫米的炮弹。全面投产的第一年，狼溪军工厂就因其优异的生产力获得了让人羡慕的陆军海军生产贡献奖。有一个消息只在政府高层的小圈子里流传，那就是英国首相温斯顿·丘吉尔曾要求富兰克林·罗斯福总统建立一座弹药工厂，其生产的弹药全部供应给英国军队。这座工厂就在狼溪，远离纳粹空军的攻击范围。

从项目层面到企业级公关

我每天的工作让我能够快速学习业务知识，获得与公司高层领导、中层领导、后勤人员等同事打交道的能力。通常在一天里，我一般首先会被叫去应对记者，然后为工程或建筑部门的高管写（还有重写！）报告，或者带来访的重要客人参观，他们大部分都是附近城镇或县的政客。手头无事的时候，我就会去好几个工地转一下，看着建筑、道路、铁路逐渐成形。作为管理层在工地的耳目，我将工地上突出的成绩和情况报告给具体负责的高管。最终，项目经理或者工程总负责人写了大量"干得很棒"的纸条夸奖工地经理和工头。那些专业工匠和机械操作工娴熟的技巧让我叹为观止，一直到70年后的今天。

我在狼溪待了5个月，学到了该怎么管理大型的建筑工程，并且乐在其中。我的目标是到纽约去。在一天晚上吃饭时，我跟老板的儿子，也就是我的朋友金斯利分享了自己的雄心壮志。他告诉我，高管们已经讨论了当狼溪不再需要我时，该给我安排一个什么新角色。在我开车回家的路上，我心里想的只有纽约。在入睡之前，我想象自己看到了时代广场、自由女神像、第五大道，还有哈得孙河畔码头上的远洋油轮。可能，仅仅是可能，我的痴心妄想正在变成现实。

几天之后，弗格森先生的秘书给我打电话，说他和弗格森先生下个星期要来孟菲斯视察工地，让我去机场接他们。现在，我得到了一个讨论自己未来的机会。

在机场接上他们之后，汽车驶上了孟菲斯和纳什维尔之间的州级双车道高速公路。弗格森先生告诉我，狼溪工地的高管们对我的评价都非常好。他正在考虑给我创造一个新职位。战争爆发后，工程建筑行业的商业环境一定会发生变化，这个职位就是为此做准备的。他解释道："战争导致我们在这个行业的竞争对手大大增多。像我们这样的公司不得不在营销、广告和公关方面花更多的精力。"

弗格森先生询问了我的兵役状况，我告诉他下个月 15 日是我 21 岁生日，那时候我就够参军的年龄了。他想着如果我能在国防工程相关的领域找一份工作，就可以获得兵役延期的资格。我告诉他我决定参军，因为在战争结束之后，任何肢体健全的、有能力参军却没参军的人都会在事业发展中处于不利的地位。直到今天，我仍然能听到参加过"一战"的父亲和邻居把某个没有参战的邻居称作"偷懒的人"。

弗格森先生建议我多学习工程建设方面的知识，这样战争结束之后，我就可以到他公司的市场营销部门全职工作。"你学习公司业务最好的办法，就是跟着我出差，因为我会去看每个项目，拜访客户和深入工地，"他说，"后天我启程去克利夫兰的办公室，如果你到时已经准备好了，可以跟我一起出发。"

企业政治速成课

启程之前，我花了两晚时间与金斯利长谈到深夜，为自己的新工作做准备。他教给我的第一课是有关企业政治的。关于这一点，我在密西西比大学和《孟菲斯商业诉求报》已经见识过管理层因为工作能力之外的优点提拔这个人而不提拔那个人。记者获得优先选派的机会是因为与主编关系好，而不是因为公平的竞争。所以，弗格森选择一个 21 岁、没有任何商业经验的毛头小子担任他的旅行助理，其他员工会对此做何反应呢？金斯利说，对于担任这样一个战略意义重大的职位，我要做好心理准备，因为人们会做出各种反应。有些人会对我怀恨在心，因为不管怎么样，我会侵占他们手中的一部分权力，减少他们与老板面对面交谈的时间，其他人则会把我当作跳板，以此跟 CEO 沟通。

当我向金斯利寻求建议，问他我该如何自处时，他说："就像你在狼溪时表现的一样就可以，做你认为对公司最好的事情。"我的新同事很快就会发现，我能够胜任交给我的所有工作。没有人能预料到，由于欧洲战事的爆发，公司的业务会呈指数级增长，这导致 CEO 不得不需要一个私人助理来帮助他安排旅行和手头的事情，辅助他回应越来越多的信件和电话。就个人而言，金斯利已经预见到，我的新职位会改变我的生活方式，而这种生活方式是我从来不曾奢望过的——很明显，从我现阶段的职业来看那是不可能实现的。他说："你的出行方式将会从公共交通升级为私家轿车。你必须很快明白时间就是金钱——越快做出一个决定，金

我的公关人生

钱就会越快开始流动。"直到那一刻，我才在时间和成本之间画上等号。

1941 年 7 月，我打包好行李，从孟菲斯机场起飞前往克利夫兰。这是我第一次坐飞机，那是一架 DC-3 型号的飞机，能够乘坐 20~28 名乘客。在克利夫兰，弗格森与十几位高管进行了快速会面，随后他告诉我他将开始为期两周的休假，主要是在公司位于密歇根州的别墅里招待客户。那座别墅名为拉特庄园，是"马斯克拉特"的简称。这座庄园的主建筑是弗格森夫妇的住处，里面还有客厅和图书馆，晚宴餐厅能够容纳最多 20 人就餐。6 间舒适的客房都离主建筑很近。庄园里有一座水量丰沛的淡水湖，是垂钓者的天堂。客人可以在树林里漫步，也可以在密歇根州克莱尔周边的村子里淘古董。邀请别人来拉特庄园就是为了放松休息，所以屋子里只有一部电话，在此休假期间主人不鼓励客人往外打电话，也不欢迎外部的电话打进来。弗格森夫妇邀请我住了一周，在此期间我每天都读读书，然后与客人交谈。

一个星期后我独自返回克利夫兰，我报名参加了一个格雷格速记法的短期速成班。我意识到，以后陪伴在弗格森先生身边时会经常需要做笔记。我在速成班的上课时间是从上午 9 点到下午 3 点。从弗格森的办公室到速成班只需要 10 分钟，剩下的时间里，我就开始恶补弗格森先生的旅行习惯。我对旅行助理的工作内容一无所知，但我学习得非常快。20 世纪 40 年代没有信用卡，也没有智能手机或者互联网。虽然我可以通过电话订机票和火车票，但我必须亲自去航班销售点或者火车站付钱和取票。我通过电话或者手写纸

054

条来订宾馆和餐馆，用现金支付账单和房费。在战时，商务旅客必须为政府办公的优先等级系统让位。乘公务车出行时，你必须携带配给卡才能购买汽油。

日复一日，我的工作内容变得比之前更加容易预测。当美国开始为战争做准备时，弗格森先生开始花更多的时间待在华盛顿和纽约。此外，我们会去偏远的建筑工地现场，偶尔也去芝加哥和底特律。不出差的时候，我会联系商业记者和行业编辑，为弗格森公司获得舆论关注。

这份工作让我能够亲临第一线，目睹如何管理一个大型企业。我看到了在建立公司的过程中，弗格森先生的愿景和使命的重要性，还有他的直接下属与他们的下属和平级同事之间互动的必要性，还有利润在业务增长中扮演的角色。我当时还没有意识到，这些知识将会指引我的创业之路，在我创建自己的公司时将会有很大帮助。

用事实反击指控

弗格森公司很早就被参议院的杜鲁门委员会盯上了，这个委员会主要调查在国防工程中存在的成本超支问题。委员会之所以挑中弗格森公司，是因为美国在准备加入"二战"的时候，弗格森承建的狼溪工程是知名度最高的工程之一。此外，我的前雇主《孟菲斯商业诉求报》发布了一篇爆料，称狼溪工程存在工程垃圾处理不当

055

和铺张浪费现象。在这个长达一周的追踪报道里,消息来源主要是心存不满的员工以及没能在狼溪工程里分得一杯羹的地区承包商。我怀疑在国会听证会之前,过分热切的杜鲁门委员会成员就已经向媒体泄露了消息,他们没有意识到委员会的主席哈利·杜鲁门是来自密苏里州的资浅议员①。

1941年9月,我第一次造访华盛顿。我在这里逗留了将近一个月,第一次参加了国会听证会。这次听证会成了以后大部分国会听证会的样板。跟现在一样,调查委员如果认定被调查对象有罪,主要基于两点:一是在花费政府资金方面存在违法行为,二是工程管理不善,会损害纳税人的权益。对弗格森公司的一项主要指控与成本超支有关。狼溪工程一开始预估的成本是800多万美元,这是陆军军械部和工兵部队在工程和建筑规划开始之前,独立或联合预估的数字。这个数字出现在了原始的拨款法案中,这跟现在还在用的把戏一样,都是虚报低价,为了让国会拨款委员会和国会中对议案有否决权的议员们能够接受并通过法案。

大概7个月过后,狼溪工程的预估成本已经上升到4 000万美元。杜鲁门委员会认为这种高达5倍的成本上涨,就是浪费和低效管理的表现。对弗格森公司来说,建设工厂的实际成本其实更高,在政府雇用弗格森公司后,弗格森就是按照他们的建筑和工程规划施工的。在工期如此短的情况下,为了让工厂能够早日

---

① 资浅议员,美国政治里区分参议员资历的术语,分为资深议员与资浅议员。每个地方州在参议院里都有两个席位,而两位参议员里任职期间较长的一位通常会被称为"资深"参议员,而任职期间较短的一位则被称为"资浅"参议员。——译者注

建成投产，弗格森公司就开始同步进行设计与施工工作。为了能快速地使用更有效的方法和设备，工程师们改变了建筑结构和生产流程。

那时的听证会跟现在一样，他们提前设好了陷阱，委员会成员用一堆未经证实的数据指控政府供应商有违法行为，认为他们浪费了纳税人的钱，但委员会成员不承认当初为了赢得支持，获得通过，错误地估计了初始预算。下面举几个例子。

第一件事与设备有关。罗姆牌平土机是一种设计在雨天使用的修路机器。在工地上，为了赶工期，每天要铺设100英里的路，所以弗格森公司的运土分包商就以每天几百美元的价格租赁了这些机器。委员会的调查人员得知，这些机器在80%的时间里都是闲置的。这种所谓的浪费成了报纸头条，但机器闲置的真正原因是没有降雨。在雨天的时候，这些专门的设备就能够发挥作用，将铁路和公路建设的工期大大提前。

第二件事与材料有关。工人浇灌混凝土板，随后又进行敲打和更换，这样会给纳税人造成大量损失。但委员会的调查人员没有将这些返工与军械部联系到一起，正是军械部为了实现更低的制造成本和更多的产出而做出了这些改变。

第三件事与人事有关。委员会指责承包商在选择员工时有偏袒，对高层职位尤其如此。但调查人员没有考虑到，工程建设人员为了确保工程顺利完工，需要默契和熟练配合，所以整个团队都是从一个项目赶到另一个项目的。这种效率的代价，通常就是无法雇用本地工人，委员会却指控承包商在招聘过程中存在歧视行为。

20 世纪 40 年代，华盛顿缺少律师和政治顾问。但我们公司两者都有。所有人都以为我只不过是个 21 岁的毛头小子，工作就是接电话和跑腿，但我制订了一个计划，准备反击负面的公众舆论。我提议，公司用事实反击参议院委员会的每一项指控，以此澄清事实。当我提出这个想法的时候，我不知道此前从来没有人在听证会以外的地方挑战过国会调查委员会。毫无疑问，我被告知这么做会激怒调查委员会，甚至引起更多麻烦，还可能招来藐视国会指控的罪名。

既然无法推行我的主张，我又询问律师和政治顾问是否可以把相关信息提供给员工，员工中的大多数人对公司与狼溪的联系只是一知半解。他们又一次很坚定地否决了我的想法："这份辩驳委员会指控的文件副本有可能，即使只有很小的可能，会流传到一个或多个参议员或者幕僚手里，会对公司的行为产生适得其反的作用，也会显得对委员会缺少尊重。"

70 年前我提议的做法，现在不仅在国会听证会中成为标准操作流程，在联邦审判和州法院也是如此。虽然我一开始提出的接触员工和商界的想法被搁置，但这导致了《弗格森通信月刊》的诞生。该月刊在 4 张单倍行距的油印纸上介绍弗格森公司在全国的工程项目情况。这种出版物在概念上很简单，但它为一个在全国运营的建筑公司带来了很好的文化效果。大量建筑专家过着流浪似的生活，他们每一两年就要从一个工地转移到另一个工地。公司的通信月刊会让他们了解工程在哪里，这样他们就能与其他人保持联络了。

企业文化的重要性

我从公司 CEO 弗格森先生身上学到了很多，这些后来都成了我自己公司文化的源头。其中我学到的最重要的一点就是，要像重视客户一样重视自己的员工，甚至要比重视客户更加重视自己的员工，要尊重员工。弗格森先生了解服务型行业的本质，以及工程建筑、法律、审计、管理咨询，当然还有公关与广告等。这些行业都要依靠员工与客户面对面交流，当然还要依靠他们与同事共处。通常在这些行业里，员工就要占 50%~60% 的公司运营成本。对客户来说，员工就是公司。

弗格森先生设立了一个先例，他每到一个办公室或工程项目，就会亲自迎接新入职的员工（只有工地工人例外，因为人数实在太多了）。他经常邀请核心员工及其配偶共进晚餐，因为他认为配偶是员工成功的最关键因素，尤其是那些背井离乡的员工。弗格森经常问工地负责人："你上次与家人团聚是什么时候？"如果回答是 4 个月或更久之前，弗格森就会让我给负责人安排一个假期，公司会报销往返车票。员工家里有新生儿了，公司会寄送 50 美元的支票（大概相当于今天的 500 美元）。每个结婚的员工，都会获得 100 美元的结婚礼物。那些内推了工程师或者建筑专家的员工，能够得到 250~500 美元不等的奖金。弗格森先生相信，由公司员工内推的人是最保险的，因为没人会内推把事情搞砸的人，否则会危及自己在公司的地位。

结果，在工程师和建筑专家十分抢手的"二战"时期，弗格森公司的人员流动率接近为零。公司对我非常好，还贷款给我 5 000

美元，这样我的父母才买下了他们的第一所房子。当我加入军队的时候，弗格森公司告诉我，我那 5 000 美元公司贷款已经被豁免，作为我服务弗格森先生的奖励。

公关是关于人际关系的

我刚到克利夫兰的几周，就开始联络媒体，第一个联络的是《华尔街日报》的当地版总编约翰·麦克韦西。我还见了《克利夫兰日报》的财经编辑克莱顿·弗里奇，他随后成为两度总统候选人阿德莱·史蒂文森的密友。在我几次去纽约的时候，我联系了几个行业杂志的编辑，包括《建筑论坛》的编辑乔治·尼尔逊，《工厂》杂志的编辑杰克·莫罗，《化学工程》的编辑西德尼·柯克帕特里克，还有《工程新闻记录》的编辑沃尔多·鲍曼。

我接触他们的方法简单而直接："我是夏博新，我为弗格森公司工作，我想跟你聊聊我们正在进行的一些工程和建筑项目，这些项目很有新闻价值。"我不记得有任何人拒绝我，我们大部分的会面都是在午餐时间边吃边聊。我告诉弗格森先生，这些报纸、杂志都想刊登一些与公司项目有关的文章，其中有些还想采访他本人。

我之所以想要在公司宣传方面更加活跃，主要因为我想在纽约工作和生活。弗格森先生感觉到了这一点。"你应该考虑把纽约当作你的基地，因为媒体主要在那里。"他说。他还把我的工资从 75 美元一周提高到了 100 美元一周。在当时，对我这个年纪的人来说，这已经是非常高的工资了。他还告诉我在纽约生活比在克利夫兰要昂贵很多。1942 年 3 月，纽约成了我永远的家。

在搬到纽约之前，我已经来过几次了。1941 年 12 月 4 日星期四的早晨，我人生里第一次造访纽约，我参加了几个会议，参观了弗格森公司在新泽西普林斯顿的一个项目工地，这是为美国无线电公司（RCA）建造的一个新研究中心。该公司的创立者戴维·萨尔诺夫是全国最有权势的无线电高管。在普林斯顿期间，我得知，这个研究中心是黑白电视机和彩色电视机的摇篮。星期六晚上，我在环河路的公寓与两位密西西比大学的朋友小聚，他们俩都是联邦调查局在纽约的探员。在将近 10 年的时间里，联邦调查局都是密西西比大学法学院学生非常喜欢的求职去向，因为联邦调查局的一位高层是密西西比大学的校友。

这场小聚持续了几个小时，一直过了午夜。我不想凌晨三点在上城的环河路费力打个车，于是选择在朋友家客厅的沙发上凑合一夜。我第二天被电话铃声叫醒的时候已经是周日下午两点。我的两个朋友还在睡觉。其中一个睡眼蒙眬地起来，一边找衣服一边想去接电话。电话是联邦调查局办公室打来的，有紧急任务。他们俩用了不到 5 分钟就冲出了家门，只留下了两句话"打开广播"和"走的时候关好门"。我打开广播：日本飞机轰炸了珍珠港。我有十多天没听到朋友的消息。当我们再次见面的时候，他们告诉我那几天主要是在围捕纳粹的支持者。

1942 年春天，弗格森公司赢得了一份工程合同，在密西西比建设一座小一点的炮弹工厂，那里距离图珀洛大概 10 英里。狼溪工地的一些管理层人员转移到了新项目工地，但项目经理和最高层的管理人员没有去那儿。弗格森先生指派了新人管理这个工程。首席工程师盖伊·帕纳罗和工程总负责人麦金纳尼是弗格森先生的直接下属。从狼溪工程那时起，我和这两个人就成了好朋友。他们向弗格森先生建议我在新工地担任几个月的行政助理，帮助项目经理熟悉新工地的事情。通过这次经历，我学到了更多东西，知道了管理大型的组织需要什么能力，怎样在一个多样化的管理团队中保持和谐。我还接受了一些敏感的任务，负责监管一些重大采购和人事任命。三个月后我返回纽约。

通知美国家庭

当我开始专注于为公司做宣传，在全国各地到处跑之后，我跟着弗格森先生出差的机会开始减少。其中一次涉及国家利益的项目与橡胶有关。马来西亚是天然橡胶的主要产地，但珍珠港事件后，日本占领了那里，于是美国大型轮胎制造商开始全力研发，想要合成人工橡胶。弗格森公司设计并建造了美国第一座生产人工橡胶的工厂，并且赢得了凡士通公司的两份合同，在路易斯安那州莱克查尔斯市和巴吞鲁日市建设两座工厂。随着项目工程里五六座建筑的建成，我们得知凡士通竞争对手的一座工厂将成为第一座投入生产的工厂。战时生产局已经为该工厂安排了一场新闻发布会，届时会宣布这次突破性成就。

弗格森公司该项目的负责人，我的朋友盖伊·帕纳罗给我打电话。他说如果能借到一台火车机头，借助火车机头提供的蒸汽，他在莱克查尔斯的工厂能够打败竞争对手，并第一个生产出美国人造橡胶来。我打电话给《纽约时报》一位友善的记者，他最早报道了这件事，盛赞弗格森公司与凡士通提前生产出了急需的人工橡胶。我很担忧战时生产局的反应，因为我的做法从他们制造的热点中分了一杯羹。但出人意料的是，政府主管人工橡胶生产的部门打电话给弗格森先生，向他表示祝贺，他们把这一成就称为"对国家伟大的贡献"。

弗格森公司的另一个项目与废物回收有关。跟橡胶一样，由于日本占领了马来西亚，美国的锡资源处于短缺状态。美国政府发动了一场全国性的锡回收运动，回收废弃的锡罐。弗格森公司拿下了回收工厂的合同，要在全国大约25个城市设计并建造回收工厂。我与项目管理人员一起，向公众宣传这次活动，鼓励家庭主妇将锡罐与其他废弃物分开，这样她们就能在战时为国家贡献自己的一份力量。当然，在新闻稿里，我加入了弗格森公司在其中扮演的角色。每当一座工厂投入生产，我都会安排当地的新闻报道。

到1943年中期，我开始考虑自己参军的问题。在那之前，我因为参与了国防事业的建设，所以兵役延期了。在华盛顿的时候，我分别联系了负责新兵挑选的陆军和海军征兵中心，但都因为裸眼视力检查不合格而失败。我想了另外一个办法，让征兵局把我当作已入伍的士兵直接进行训练。10月下旬，我告诉弗格森先生我想要在年底离开公司参军。自从早些时候讨论过一次之后，我们再也

我的公关人生

没有讨论过这个话题。他同意了我的决定，并且告诉我会一直为我保留职位。随后公司通知征兵局，不用再为我申请延期。

12月上旬，在我离职之前一周左右，时年56岁的弗格森先生突发严重且致命的心脏病。我比公司任何一个人都清楚老板给我的承诺以及公司有待宣布的决定，因此高管们让我暂时先不要离开。我当然愿意这么做，但决定权不在我手里，而在征兵局手里。征兵局同意延期90天，到1944年3月31日。

之后，我带着新老板们的祝福与保证离开了公司，他们保证服兵役后我还可以回来工作。我很感激他们的送别，但我知道在没有弗格森先生的弗格森公司工作，将会跟之前截然不同。

第三章 / 从记者到公关

---要点---

▶ 你如果被扔入一个新环境，知道的信息是错误的或不完整的，那么还不如不知道。

▶ 尽早在职业生涯去冒那些可以预知的风险，这些风险可以帮你加速实现你的既定目标。确保工作带给你的是不断累积的知识财富，而不仅仅是金钱。

▶ 主动要求做那些别人都不愿意做的事情，并且在可能的情况下，要让别人知道你对公司或者客户的重要性。

▶ 请牢记你是团队的一员，而不是一个人的团队。不仅仅要和老板、客户合作愉快，更要善于和自己的同辈以及直接下属合作。

▶ 了解你所在公司的点点滴滴。如果公司卖汉堡包，就找机会走到柜台前去服务顾客，如果公司生产配件，就争取去参观流水线，然后再做几次电话销售。

▶ 当有自己的想法时，你应当提出你认为可行的解决问题的新方案。不要因为更有经验的人拒绝了这些想法，就认为它们是坏点子。这些想法可能比较超前或者会激发其他更适用的想法。

065

第四章

在军队中发掘技能和才华

我的公关人生

当盟军在 1944 年 6 月 6 日登陆诺曼底的时候，我正在威斯康星州的麦考伊训练营学习怎么打绳结。除了用来系领带和鞋带，我这辈子再也没用到过这些知识。但我用到了许多其他知识，这些知识是我在以士兵身份驻扎欧洲的 27 个月里学到的。

1944 年 3 月 11 日我在谢尔比训练营应召入伍。这个训练营位于密西西比州哈蒂斯堡的郊外。在那里我们接受体能和其他才能的测试，随后等待被分配到具体的部队里。为了打发时间，我们会轮流被分配到厨房帮厨，用手擦洗油腻的煎锅，削土豆，擦洗地板等。

因为会打字，我主动要求去为源源不断应征入伍的新兵处理保险申请。就在我接受陆军普通分类测试的两天之后，两个健壮的军士来到打字员区找我。我们组大概 10 个打字员就在这里忙碌着。

"你们谁是二等兵夏博新？"

"我。"我说。

"跟我走，少校想见你。"

少校外表温文尔雅，30多岁的年纪，他很快就让我放松下来。入伍前，他在中西部的一所大学教心理学。

"我负责谢尔比训练营里的测试，你的得分是有史以来最高的之一。"他说。他想知道，我愿不愿意为了研究再测试一回。测试的结果对我原来的得分没有任何影响。我同意了，再测试一回总比打保险申请有意思一些。我的第二次测试比第一次多得了一分，这一分特别有意义，少校说，因为这一分让我的得分极其逼近这个测试的绝对上限值。

军队的分类系统运转得非常流畅。我被分到了哪儿？我被分配到了第九军十九部队的1141工程战斗部队总部连。我将会在麦考伊训练营受训，此地距离密尔沃基大概100英里。我怀疑那些执行分配任务的人，已经知道了我在工程建设公司工作过。因此，我非常适合做工程兵。这些特殊的部队负责修建道路，埋置或者扫除地雷，修复并且修建各种类型的桥梁。在第一个星期的障碍训练中，我在试图跳过一个水坑时扭伤了自己的膝盖，几乎无法走路。所以除了课堂训练，在整个为期12周的训练中，有6周我都在陆军军人服务社、图书馆和电影院里干活。

我曾经希望在接受基本训练后，能够有机会学习日语。之前我在公告栏里看到一则启事，招聘在分类测试中得分高的人学习语言，所以我申请了军队在加利福尼亚蒙特雷的语言学校，并且获得批准。但在我的课程开始之前，我们部队接到命令，要前往海外驻地，因此所有士兵的休假与调动都被取消了。

每个人都有可能想出好点子

第九军十九部队的 1141 工程战斗部队总部连的 78 名士兵在波士顿乘坐"马里波萨号"驶向英格兰。"马里波萨号"本是一艘往返于旧金山与檀香山之间的邮轮，载客量是 750 人。现在船舱里的 5 层吊床载着 10 倍数量的士兵穿越大西洋。我被分到了最顶层的床铺，鼻子离天花板只有 6 英寸。因为有幽闭恐惧症，所以我获准睡在甲板上。甲板上空气清新，比封闭拥挤的船舱好多了。

一天清晨，船上播放了一则广播公告，他们在招募志愿者来负责船上的报纸。早饭后，我走到顶层甲板的客厅，这里以前是豪华套房，现在有一个短波广播台、一台打字机和一台油印机。我向负责人叙述了自己作为新闻记者的经历后，当场就被雇用了。这份工作的职责是监听短波广播的新闻，主要是美国之音（VOA）以及英国广播公司（BBC）的新闻，然后根据主要的新闻写简报。我主要负责在早餐和晚餐时间写好，两个助手负责油印并分发给大家。在我的争取下，我被允许睡在以前的豪华套房、现在的广播室里的沙发上。

6 天后我们抵达利物浦，背负着塞得满满的行李袋和步枪，我们爬上一座约一英里长的陡峭的斜坡，坐上了开往英吉利海峡边的伯恩茅斯的火车。在路上放眼望去，到处都是堆积如山的各种火炮、车辆、弹药还有其他军事物资。我们之前曾开玩笑说，在美军这么强大的军事实力之下，英伦三岛竟然没有沉入海中，这简直是一个奇迹。在见到这些绵延一英里又一英里的军事物资之前，我从没有真正意识到美国有这么强大。

第四章 / 在军队中发掘技能和才华

接下来的三个星期里我们走走停停，主要是游览威斯敏特大教堂、索尔兹伯里大教堂以及巨石阵等风景名胜，最后我们乘坐登陆艇穿越英吉利海峡。穿越海峡时我们遭遇了暴风雨，包括我在内的所有人都严重晕船。我们在犹他海滩平静的水域登陆，耳边时不时响起其他登陆船只的鸣笛，成吨的军事物资从船上运往海滩。

我们的小队由两种背景完全不同的人组成：一种是大学生，他们已经被选入陆军学生训练计划，将来会管理占领区；另一种是来自阿巴拉契亚山脉的年轻人，随着战争愈演愈烈，国家对兵力的需求不断增加，他们才勉强通过了要求大大降低的识字测验。我们接到的第一个战略任务就很危险。在科唐坦半岛上，一块块的农田之间都由灌木篱笆割开，我们的任务就是从这些篱笆里排除德国人布置的反坦克地雷。在这一地带，激烈的战斗只持续了一周左右。许多地雷都是三年前埋下的，风吹日晒已经让地雷极其不稳定。对某些腐蚀严重的地雷，我们甚至不用戴手套，用手指就能把外面的金属壳戳碎。为了排雷，我们还要设法穿过疯长的野草。

奉命排除第一批地雷的队伍由两名军士带领。在快到达预定地点、离雷区大约 30 英尺 ① 的时候，两名军士碰到了杂草里隐藏的地雷绊网，引爆了两颗杀伤性弹跳贝蒂地雷，爆炸的范围高达到腰部，两人当场被炸死。到达战区第一天，我们就失去了两名人缘很好、非常受尊敬的军士，所有人都很悲痛。

---

① 1 英尺 =30.48 厘米。——编者注

那天晚上，大约 10 个士兵聚到一起讨论这场悲剧。一个来自阿巴拉契亚山脉的士兵说："我们得找个汽油站弄点汽油。"

"我们要汽油有什么用？"其中一个大学生问。

"我们得把这些可恶的草都烧光，这样才能看见绊网。"

我们把问题汇报给负责夜班的中士。10 公里之外有一个加油站，我们可以用自己手头的毛毯、口粮和其他东西来交换汽油。我们多次往返加油站，每次都拿 10 个 5 加仑的油桶。把灌木丛烧光之后，我们用带刃的罐子把草根都挖了出来。多亏了那个连高中都还没读完的肯塔基乡巴佬的奇思妙想，我们随后圆满完成了排雷任务，再没有一个人死亡或受伤。

在诺曼底那段时间里，我行使了作为公民最重要的权利之一——总统大选投票。我以缺席选票的方式投出了自己人生中的第一票。跟我队伍里大部分士兵一样，我投给了再次参选的罗斯福总统。战争结束之后，我回到纽约过上普通人的生活，我投的第一个共和党总统候选人是德怀特·艾森豪威尔将军。在欧洲战区的两年里我都处在他的麾下，十分喜欢他。跟其他士兵一样，我觉得艾森豪威尔将军理解我们底层士兵的感受和问题。从那以后，我参加了每一次总统大选投票，其中一半投给了民主党，一半投给了共和党。一方面是因为我的背景，另一方面，在事业发展的过程中，我逐渐形成了自己的政治哲学观点，因此我从来没有加入任何政党。

在诺曼底待了 5 个月之后，我们开始朝东北方向的维塞进发，这是比利时默兹河畔的一个小镇，靠近列日省。在这里我们进行了一个星期的演习，模拟在爆炸的环境下强渡莱茵河，因为工程兵要在桥梁不通或者无法修建新桥的时候，负责用船将地面部队运过去。我从来没学过游泳，所以如果我们颠簸的小船翻船的话，我只能指望紧贴在我身上的救生衣救命。

之后我乘坐卡车赶往下一个目的地通厄伦，这是靠近比利时、荷兰与德国的一个中世纪小镇，建筑保存完好。我们的部队一直原地待命，直到盟军在 10 月 21 日第一次攻占德国本土的城市亚琛。我们继续向沃巴什进发，这是一个荷兰的小村庄，距离荷德边境只有几英里。边境线上就是罗尔河，大部分地方都仅有 100 英尺宽，但罗尔河给美军造成了巨大障碍。我们的任务就是在步兵师和装甲师渡河的时候提供道路和桥梁上的支持。

我第一次尝试管理一门生意

我们在那里待了将近三个月。在那段时间里，部队长官选中我，让我建立并管理一个战地啤酒吧，招待附近的几百名士兵。跟我们部队的人一样，这些人也是待在那里候命，每天除了帮厨或者执勤之外，没有别的事情可做。虽然我从没有管理过任何零售店，但是我的商业经验比其他人都丰富，而且我跟总部的军官有很多联系，能够获取他们的信任。

每周，我都会组织一支由吉普车和卡车组成的车队，去布鲁塞尔采购各种物品，包括香烟、个人卫生用品、啤酒和可口可乐等。即使在前线地区，美国军队也能拿到各种配给商品。比如，每个军官和士兵每周以25美分的价格就能买到一盒香烟。在黑市，一盒香烟的价格涨到了20~25美元。士兵和军官每周还可以在服务社买到三袋糖果，四块肥皂（两块洗脸，两块洗衣服），一管牙膏，一瓶剃须水，一个刮胡刀，一个便签本，两瓶可口可乐，还有其他杂物。我们晚上从7点到9点还供应散装啤酒，每12盎司的价格是10美分，偶尔还会卖法国香水、丝巾以及瑞士手表，价格都非常实惠，先到先得。我开的这种战地服务社都是非营利性的，当有时候由于价格四舍五入而出现微利时，我随后会供应免费啤酒。

我能够在补给站申请的商品数量，取决于部队最新的人数统计报告，也就是当天队伍里的实际人数。服务社能够拿到每个军官和士兵的满额配给，比如说，300个人能够买到300盒香烟。我研究过数据，发现大概有5%的人不会每周都去买属于他的配给。这就意味着每周多出来15盒香烟，如果卖到黑市里这就值300美元。肥皂也是如此，只要用两块肥皂再加上几块糖，你就能让镇子里的妇女给美国大兵洗上一个星期的衣服。

在当地市场，多出来的肥皂能卖到两美元一块。我本来可以将多出来的物品卖到当地黑市，小赚一笔。但我没有这么做，而是选择减少香烟和肥皂的订单，以此服务士兵，让他们能拿到自己的配给。

第四章 / 在军队中发掘技能和才华

用我的关系网获得新工作

在荷兰的时候，我得知巴尼·奥尔菲德少校是马斯特里赫特的第九军新闻营的长官。（在我那个年代，另一个巴尼·奥尔菲德是全国最著名的赛车手。）巴尼以前是纽约的记者，为电影周刊《综艺》工作，我们是通过为《生活》杂志工作的好莱坞摄影师彼得·斯塔克波尔认识的。我给奥尔菲德少校写了一封信，告诉他我也在当地，询问我能否去拜访他。我那时只是个下士，所以这是个很难开口的请求！最终，他的吉普车司机带回了他的亲笔信：他随时欢迎我在方便的时候拜访他。我的目的不仅仅是社交，我想让他把我调出工兵部队，把我放到一个能更好地发挥才能的地方。在工兵营，主要的任务就是修路和修桥，而新闻营里有三四十个记者，我更适合去那里工作。

感恩节后的那个周六，我正好搭上一辆顺风车，赶去马斯特里赫特拜访奥尔菲德少校。他告诉我，虽然我只是个没军衔的士兵，他是个少校军官，但我可以叫他"巴尼"。他很支持我的请求，答应会尽全力帮我，把我调到他的单位，其驻地在市中心古色古香的德隆酒店里。当三个星期后我们相见时，他告诉我，因为阿登战役中德国突袭，地面部队调动到服务部队的申请都暂时中止了。"耐心点。"他说。他保证只要德国的进攻被打退，他就会把我调过去。

一个星期之后，阿登战役还在进行中，部队总部通知我立刻去第九军新闻营向奥尔菲德少校报道。"为什么总部的一个少校要见一个下士？"我的长官问。我假装很迷茫，以免他因为我想离开他

075

我的公关人生

的部队而对我心怀不满。巴尼提议晋升我为少尉。"这是我待过的地方，"他说，"我已经把你推荐给麦考利夫少将了。"（麦考利夫就是那个被要求投降的将军，他当时的回答是"呸"。）巴尼待过的部队是 101 空降师，当时那里空出了一个助理新闻官的位置。

在当时，我已经知道了工兵要干什么。但对于空降师，除了知道现在那里有个新闻官的位置空缺，我对它的情况一无所知。我忍不住问了一句："上一任助理去哪了？"他没有主动说明。出于尊重和敬意，我向巴尼表示感谢，并说："这不会发生在我身上。"随着局势发展，101 空降师在阿登战役后没有进一步行动。最后当欧洲战役结束的时候，他们在柏林完成了仪式性的一跳。

1945 年 2 月 23 日的晚上，第十九军穿越了罗尔河。我们搭好了 175 英尺宽的浮桥，这样步兵就能在对岸占据落脚点。随后第二座为装甲车辆准备的浮桥搭建完毕，它能够让数千名美军士兵冲向门兴格拉德巴赫，然后越过莱茵河，冲向杜塞尔多夫，杜塞尔多夫是德国遭受空袭轰炸最多的城市之一。我所在的部队随后三天前进了 150 英里，最后在一个之前是监狱的地方安顿下来。这里之前关押了数百名波兰妇女，德国人把他们掳掠过来做劳工，为德国人生产军需用品。

就在我们的部队奉命穿越莱茵河之前大概 20 个小时，十二集团军的奥马尔·布拉德利将军下达了调令，命令我立即前往位于法国凡尔登的新闻与心理作战处。"一战"时期，在凡尔登这个地方曾经爆发了非常残酷的战役。奥尔菲德少校已经批准了我的调令，我作为工兵的日子结束了。

076

第四章 / 在军队中发掘技能和才华

新闻营：报道新闻和鼓舞士气

除了管理几个新闻营，为数百名战地记者提供住宿、交通和传输设备之外，新闻与心理作战处还负责鼓舞军队的士气。作战处会为欧洲战场的盟军提供一些鼓舞士气的材料，还会准备一些传单和其他材料，军队会将这些东西空投到德军与普通市民手里。

我在凡尔登只待了短短三个星期。上任第一天，我写了两页纸的新闻总结，6点的时候，新闻总结在军官食堂播放。这对我来说很轻松。半夜，我还会交替收听英国广播公司的世界新闻以及美国之音大概两个小时，记下我认为十二集团军的军官会感兴趣的新闻，比如德国前线的战斗、意大利和太平洋的战事，还有美国国内的政治情况。长点的新闻大概有 10 行，其他大部分都只有三四行。

最大的新闻是在欧洲战场的 4 月 13 日午夜传来的，美国东部时间当时是 4 月 12 日下午 5 点。英国广播公司的世界新闻播报了一则新闻——罗斯福总统去世了。我听到这个消息的第一反应是要尽快通知布拉德利将军。我认识他的副官切特·汉森少校。我认识他的时候，他在 IBM（国际商业机器公司）的公关部门工作。我在电话簿中找到汉森少校的号码，让接线员给我接电话。但我得到的答复是汉森少校跟布拉德利将军出去了，所以我让接线员帮我转达消息。（我随后知道，当时布拉德利将军与乔治·巴顿将军都在第三军总部。）一开始，新闻中关于总统去世的细节很少，所以我的总结也简单：总统因为中风死于佐治亚州的温泉镇，将会葬于罗斯福家族位于纽约海德公园的家族墓地。副总统哈利·杜鲁门已经宣

077

我的公关人生

誓就任总统。我们有了一位新的统帅。

几天之后，我收到了一纸调令，我被调往十五军。这是一支为了管理德国的占领区而新重组的部队。它的总部在巴特诺因阿尔，指挥官是莱昂纳多·杰罗中将。调令让我去新闻营报道。

巴特诺因阿尔坐落于莱茵河东岸，是一个温泉小镇，位于科布伦茨与科隆之间。在被轰炸成一片废墟的德国，这里是一个真正的绿洲。跟许多德国的温泉小镇一样，它以富含珍稀物质的水质出名，这种水能够治愈各种慢性疾病，让人恢复健康、重焕生机。这里聚集了来自欧洲的有钱人，他们来到这里疗养，在充斥着奢华的水晶吊灯及赌博游戏的赌场里挥霍。如果说巴登是温泉圣地的话，那么巴特诺因阿尔就近乎人们向往的天堂，对进入欧洲战场以来只见过充满碎石瓦砾的单调街道的美国大兵来说更是如此。

我在十五军的工作跟我在十二集团军一样，都是整理夜间新闻，然后新闻会在军官食堂播放。我直接向新闻营长官爱德华·波马中校报告。他参军前曾担任美联社记者，负责报道国会新闻。他说我的前任是"一场灾难"，所以身为中校同时也是记者的他不得不工作到深夜两点，自己动手来整理这些新闻简报。我向他保证我会写出达到他专业预期的稿子来，并且把自己在十二集团军写的简报拿给他看。我开始工作的第一夜，他坐在那里看着我。看了大概半个小时左右，波马中校已经得到了满意的结果，于是离开了。第二天他对我说："昨晚是我这么多天来睡得最好的一晚。"

几天之后，波马中校把我叫到他的办公室。由于我写的早间新闻播报，我时不时会得到新闻营官员和记者的称赞。他问我："你

078

现在住在哪儿，在哪里吃饭？"

"长官，"我回答，"我住在兵营，在士兵食堂吃饭。"

"以后不是了，"他说，"我为你在军官和记者的居住区找了间屋子，现在就搬过来吧。"我感谢了他，转身离开。"你最好再把肩上的下士徽章摘下来，"他说，"然后去库房里找个记者的徽章，这样你就不会感觉不自在了。"

我的生活水平提高了好几个档次，不管在睡觉还是吃饭方面都是如此。当时是 4 月下旬，山坡上都是成片的黄色啤酒花。这个世界上还有什么能比莱茵河畔的春天更美好呢？我的住宿特权惹恼了一位年轻的中尉，他跟我差不多年纪，向首席运输官汇报工作。他开始骚扰我，嘴里唠叨着"你跟其他士兵住在一起会更加舒服"。跟他说的正好相反，我很喜欢自己的新环境，也很高兴自己能与战地记者待在一起，他们也接受我是他们中的一员。他骚扰了我三四天，我们之间的关系越来越紧张，于是我告诉了波马中校这个问题。几小时之后，他叫我去他的办公室。骚扰我的人立正站在屋里。我也立正站在他旁边。

波马中校开始讲话："坐下，先生们。"他直接看着我旁边的军官说："我很快就会说完，而且我只说一遍。比起你来，我更需要夏博新。如果非得让我选，我肯定不会选你。"之后我在巴特诺因阿尔的日子里，这位中尉一直都躲着我。

波马中校的上级长官是威廉·诺兰少校，他的家族在加州经营着《奥克兰论坛报》。我跟他聊了好几个小时，当时还不知道他打算回到加州之后就去竞选参议员。作为一名共和党人，他在 1945

我的公关人生

年被任命为参议员，1953 年他成为参议院多数党领袖，1955 年到 1959 年担任少数党领袖。在他担任多数党领袖的那段日子里，我见过他好几次，有两次他邀请我在参议院餐厅吃午饭，向我介绍了餐厅的特色绿豆汤，以及众多的参议员同事。作为参议院多数党领袖，他经常因为保守的教条主义而与艾森豪威尔总统发生争执。

要点

▶ 在非常危险或者特殊的环境里，街头智慧和阿拉巴契亚式的实用技巧可能是唯一能解决问题的办法。在这种时候，本能通常能决定成功或失败。看看获得国会荣誉勋章的人，你会惊讶地发现，其中有多少人是在小地方长大的。

▶ 许多人的职业生涯都会被其他责任打断，比如服兵役、照顾生病的孩子或年迈的父母。如果你抱着开放的心态，你就会在每一种责任中学到宝贵的一课。

▶ 准备好适应不断变化的环境，比如不同的老板、很难的任务或者是难相处的同事。

▶ 人际关系的质量，能够反映你的性格和人际交往能力。你问问题的水平能反映你的知识储备，甚至能反映出你对即将投身的事业的兴趣和态度。

▶ 情况越危险，团队合作越重要。实际的战斗能培养你的技能和才华，在兵役结束后，你可以靠这些技能与才华找工作。

▶ 独创性是士兵要掌握的一项非常宝贵的品质。如果你有创造力，你就可能在军队里找到一份对以后就业有帮助的工作。

▶ 那些愿意坚守原则，去做那些繁重工作的人，也会在商业中获得成功。在军队中受约束，通常能帮助人们适应日常生活。

第五章

高光时刻：报道纽伦堡审判

我的公关人生

1945 年 5 月 8 日，欧洲战场的战争正式结束，那时我仍然在德国的巴特诺因阿尔。对十五军总部的数百名士兵来说，这一天带来的不仅仅有庆祝，更多的是回顾和反思。许多军官、士兵，以及大概二十几个记者已经在欧洲战场和北非战场经历了残酷的战斗。

两周之后，爱德华·波马中校给我送来消息，说他想见我。我去的时候，看见他桌子上放着我的军事档案。他说新闻营可能要转移到太平洋战场，由于我参军的时间较短，我可能也要跟着转移。我听到这个消息，心一下子沉了下去。与太平洋战场的激烈战斗相比，欧洲战场简直就像周末去野餐一样轻松。在诺曼底登陆是一场噩梦，但想要在日本的海滩登陆就像是要下地狱一样。波马中校保证他会帮我调到一个能够更好地发挥我新闻才华的地方。我的目标地点是巴黎，那里有《星条旗报》，军队的《洋基》杂志，还有美国军队在欧洲的广播网美国军中广播（AFN）。

波马中校已经跟这三个组织里的朋友都打招呼了，并且为我安排了面试。我最感兴趣的是《星条旗报》，因为这是一家真正的报纸，我很敬佩其专业性。我见了总编，但他对我在一家孟菲斯报纸

084

第五章 / 高光时刻：报道纽伦堡审判

当过特约记者和正式记者的经历不太感兴趣。我在《洋基》杂志的面试要好很多，编辑默尔·米勒对我很好。米勒说他会雇用我，但跟《星条旗报》和美国军中广播关注欧洲战场不一样，《洋基》杂志聚焦全球，向陆军部汇报。要想完成调动，我需要几个月的时间，而几个月后我很可能已经在开往太平洋的船上了。

从报纸到广播，拓展我的技能

我最后的希望是美国军中广播。与我约见面的是业务主任，一位名叫汉克·布兰姆的海军少校。见面的地点是在美国军中广播的总部——耶拿大街 19 号，在德国占领期间，这里是德国大使馆的驻地。这是巴黎最美好的地方之一，优雅而高贵。布兰姆少校参军前是一名广告行业高管，制作了美国历史上一些最为流行的广播秀，他对我感到好奇的是，为什么我才 24 岁，却已经涉猎了这么多领域。我从头开始讲起，告诉他我从初中一直到大学的经历。他觉得我运气十分好，能够跟随这么大一家公司的 CEO（首席执行官）。我告诉自己见过很多高管，比如美国无线电公司的戴维·萨尔诺夫、宝洁公司的理查德·杜普利，还有通用食品的克拉伦斯·弗朗西斯。

提到弗朗西斯先生起了作用。参军前，布兰姆少校在扬罗必凯广告公司工作时，曾服务过通用食品。扬罗必凯是一家十分有名的广告公司。

我的公关人生

"你什么时候可以开始工作？"他问我。

"只要我回巴特诺因阿尔收拾好东西，再回到巴黎就可以工作了，肯定不超过一周。"我说。

"不用这么急，我给你10天时间，因为处理手续问题大概也需要10天。"他说。

这一刻我激动坏了。如果可以的话，我真想马上给波马中校打电话，跟他分享这个好消息。但在"二战"时期，打私人电话几乎不可能。所以我离开巴黎的兵营，连夜开车返回巴特诺因阿尔。大概睡了三个小时之后，我起床洗了个澡，刮胡子，狼吞虎咽地吃完早饭，赶到波马中校的办公室。虽然我走了他就不得不再找一个人写夜间新闻简报，但他为我感到高兴，这样我就不用去地球另一端服兵役了。他也为自己的事高兴，因为他的朋友不仅帮我解决了调动问题，而且也兑现了对他的承诺。

此后我在军队里再也没有碰到过波马中校。战争结束5年之后，《纽约时报》的广告专栏上刊登了汉克·布兰姆成为扬罗必凯高管的信息。我打电话到他的办公室，问他是否还记得我，我能不能请他吃顿饭，感谢他把我从几乎板上钉钉的太平洋任务中救出来。他接受了邀请，我们此后时不时见面，一直到21世纪来临前，他去世为止。

从富兰克林坐火车度过了漫长的14个小时之后，我到达了阳光明媚的巴黎。我的目的地是香榭丽舍大街上的小皇宫博物馆，那里距离协和广场只有一小段距离。小皇宫博物馆以前是一个画廊，虽然并非历史悠久，但它地理位置优越，很多人都喜欢来这里。由

086

于里面有一个相当大的八角形院子，博物馆被改造成了兵营，供驻守巴黎的部队居住。大厅里的画作都已经被拿走了，取而代之的是一排排相距三英尺的上下床。

院子里的公厕是在地上挖出的一个个椭圆形的坑，它们彼此相隔三英尺，连起来就像狭长的散兵坑，然后用木板挡起来。在这个地方你没办法舒服地洗澡，但与冰冷坚硬的、被雨水浸透的地面，以及在诺曼底露出地面的战壕相比，这里有一个能够遮风挡雨的屋顶，已经是很大的进步了。

在分配到床位之后，我得知美国军中广播、《星条旗报》、《洋基》杂志以及军队里其他信息和教育部门的士兵都在梅西埃餐厅吃饭，那里距离香榭丽舍大街的林肯路不远。在战前，梅西埃是米其林一星餐厅，但在战后，这里的法国大厨能拿得出手的只有午餐肉和其他各种美国罐头肉。以部队食物的标准来说，这已经很好了，食物好吃量足，而且吃饭的环境也很好。

在巅峰时期，美国军中广播有 60 多个电台，能够覆盖英国以及西欧地区。一些电台服务的部队可能只有 10 000 人，但美国军中广播慕尼黑站的电台功率是 55 千瓦，它能够覆盖整个欧洲。这个电台好像是整个欧洲最受欢迎的电台，因为它经常播放很多不插播广告的美国流行歌曲。

美国军中广播巴黎站是管理总部，对上千名专业人员和支持人员来说，这个电台主要有三个目的：第一，它分配人员到各个电台，并且管理设备和运营；第二，它控制网络编码，它的许多广播都是用美国四大主要广播网的磁盘格式整理的；第三，它管理新闻播报，每天有四次 15 分钟的播报，其他时段的播报则是一次 5 分钟，在每个周日晚上还有一个小时的新闻集锦。

我被分配到一个四人写作团队，负责军事教育项目的公共通告、军人复员、安全与保健、军队赞助的娱乐活动等各种话题。我第一次广播时用低沉、阴森的口吻读出"V-D-M-T"，后面就是这句话的意思"性病意味着麻烦"。接着我描述了性病的各种症状以及避免患病的方法。我们每次都录制 30 秒和 60 秒的两个广播版本，然后把它们送到美国军中广播在欧洲的三四十座广播台。它们代替了原来在美国时广播里的付费广告。虽然从没写过商业广告，但我一开始写，其他人就很认可。对我写的东西，他们基本上都会照原样制作。

几个星期之后，我在美国军中广播巴黎站的工作量开始下降。有几天我在梅西埃吃完午饭后也不回办公室。当时美军士兵在巴黎乘坐地铁是免费的。我游览了巴黎大部分的博物馆和其他有趣的地方，比如凡尔赛宫和枫丹白露，在塞纳河上坐过好几次游船，还探索了巴黎圣母院周围的小岛，走过那些传说中的街道。

报道最不寻常的事件

1945 年 8 月 6 日，我在上班的路上经过一个报摊，看到《国际先驱论坛报》的头版头条用大号字写着：美国在广岛投下原子弹。我之前从未听说过这种炸弹。读了美联社的报道后，我开始把所有我知道的点联系起来。大概两年前，弗格森工程建筑公司已经在田纳西州东部一个偏远的小镇橡树岭开始一项庞大的秘密工程，想要知道更多关于这个项目的信息，我需要获得 Q 级安全审查许可，这是最高等级的安全审查之一。但我从来没有刻意去打听它，因为我要频繁地与商业伙伴和行业媒体联系。我不想知道任何我不能拿来告诉记者的东西。我认识来往于工地的机械、化学和电力工程师。我也知道工地外的弗格森办公室，这个办公室只对拥有 Q 级特权的人开放。通过书信往来，我得知自己的前雇主确实设计和建造了橡树岭的热扩散工厂，这座工厂是用来生产广岛原子弹所需的铀235 的。

当我到达办公室的时候，办公室里一片混乱。上头下达命令，要在黄金时段播放原子弹的特别报道，但当时办公室里的人都没听说过这种炸弹。外部信息源很难获得，只有法国大学里的几个物理学家知道一点情况。很快，美联社和路透社开始报道原子弹，我们有了足够的材料可以支撑一小时长的特别报道。

10 多天后，太平洋战事结束。在经历了 6 年史上最激烈的战争后，和平即将降临。那一晚是我人生中最兴奋的一天，香槟和喜悦在男男女女之间自由流淌。这些人此前从未见过彼此，此后也不会再相见。从协和广场到凯旋门，再到香榭丽舍大街，到处都挤满了人。人们蜂拥到埃菲尔铁塔。巴黎人民有太多要感激和庆祝的了，所以他们开始狂欢！巴黎，这座世界上最美丽的城市之一，幸免于战争的荼毒。只有在少数情况下，巴黎人可以指出这里或那里有一个弹孔，提醒人们欧洲和亚洲曾遭受近乎毁灭之灾。

我的公关人生

当夏天变成了秋天，在美国军中广播总部的人，包括作者、广播员、制作人员、工程师和文员，都要转移到德国法兰克福去，因为艾森豪威尔将军和盟军远征军最高指挥部要转移到那里去，作为附属机构的美国军中广播和《星条旗报》也要一起转移。我们都闷闷不乐。谁会愿意舍弃充满欢乐气氛的巴黎，转移到法兰克福的残垣断壁中去呢？军官和士兵现在都一样，期盼着能够复员回到美国。从这方面来说，军队复员管理工作做得相当好。军队建立了一个积分系统，士兵从入伍那天起就能计算出自己离开的日期。在海外服役一个月能够获得两个积分，在国内服役一个月能获得一个积分，最低获得 30 个积分后士兵就能申请退役。

在 11 月的第一个星期，约翰·海斯上校把我叫到他的办公室。在欧洲战场，他是美国军中广播的最高指挥官，入伍前，他是《纽约时报》广播台的负责人。虽然不像战斗部队的军官一样完全孤立于士兵群体，但海斯上校也很少混到基层员工里，叫人去他办公室更是不寻常，尤其是叫一个名不见经传的新闻记者去。我刚加入美国军中广播的时候见过他一次，当时只见了 12 秒，随后在合写一篇讲述美国军中广播故事的 4 页新闻报道时，我见过他 150 秒。当时他对我及同事的辛勤工作和努力表达了谢意。但这次我完全不知道，他的手下为什么要陪着我穿过耶拿别墅宏伟的走廊，一起走到他的办公室。

090

我职业生涯中报道的最大的新闻

海斯上校直入主题。仅仅三个星期后，纽伦堡审判的第一场，也是最重要的一场审判，即将开始。盟军最高指挥部高层下令，要求美国军中广播必须如实、完整地报道对纳粹头目的审判。这些人策划、发动了这场战争，并且犯下反人类的罪行。世界人民遭受了惨重的人员和财产损失，欧洲大地上的盟军军队要在第一时间听到这场战争的缘由以及对那些要为此负责的人的审判。

德国民众也需要知道事实，知道他们的领袖是怎样操纵他们违反自己的道德标准和礼节，煽动和发起这样一场战争的。海斯上校告诉我，种种调查表明，对德国受过教育的上层社会来说，他们最信任的新闻源是美国军中广播，而不是英国广播公司，所以这些德国人将是我们非常重要的目标听众。我知道他们已经成为艾森豪威尔将军的目标，在盟军解放集中营之后，他就曾下令强制要求当地城镇的德国人去参观集中营。

海斯上校说，他想让我代表美国军中广播报道这次的纽伦堡审判。我没有任何播报经验，所以一个资历很深的广播员将会和我一起播报。我听后感到非常自豪。这个新闻会在几个月里霸占头条，而我将会与全世界最优秀的记者共事，包括所有的外国通信员，那时候我们是这么称呼他们的。

之后我见了海斯上校的上司保罗·沃克少将。他是艾森豪威尔将军的幕僚成员，主要负责信息和教育方面的工作。我能够跟少将见面，就像是信徒能够见到教皇一样光荣。沃克少将迎接和问候我的方式非常得体，好像他经常接见下士一样。他想确保我知道这次任务的重要性。德国上层社会的许多人都懂英语，我们必须让他们听懂到底发生了什么事情。他们必须知道纳粹为了挑起战争都做了什么，其行为是如何侵犯了人权和《日内瓦公约》的。纳粹肆无忌惮的侵略，他们的堕落程度，以及令人毛骨悚然的手段——德国人必须听到这一切。

少将说，虽然我军衔不够高，但我能够享受跟其他记者一样的特权待遇。"如果有人因此而阻止你报道审判，"他一边递给我他的名片一边说，"不管他的军衔多高，告诉他你是我指派过去的。"他向我保证，最高指挥官和他的幕僚都会经常收听我的审判报道。

此时我对纽伦堡审判知之甚少，所以我在《国际先驱论坛报》的办公室里花了差不多一周时间，阅读我能找到的所有有关国际军事法庭审判纳粹头目的报道。虽然审判团由4个国家的代表组成，但诉讼基本上是美国主导的。纽伦堡在美国占领区。美国检察官办公室签发采访证书；美国修复了并且管理着法庭所在的那栋建筑；在审判期间，只有美国军事人员负责提供安保服务，并看管战犯。英国、法国和苏联会负担本国法官团队的费用，记者会支付自己食宿费用中的一小部分，而美国则负责其余大部分费用——供暖、照明、陪同翻译、文件的翻译和复印、住宿，以及长达三年的审判所需的其他服务的开销。

纽伦堡审判预定在11月20日正式开始。17日我乘坐火车从巴黎前往德国法兰克福，并且告诉美国军中广播高管在赫斯特站会发生什么，赫斯特是位于美因河畔未遭受战争摧残的一个小村庄，距离上游的法兰克福约 15 千米。美国军中广播总部的最高层招待了我，并给我分配了一辆吉普车，我能在所有军队油料库加油。在整个审判期间我可以一直用这辆车。我是所有报道审判的记者里唯一有车的人，这吸引了许多朋友的目光。

从法兰克福到纽伦堡的路是一条双车道的混凝土高速公路，大概 100 多英里，路上分布着十几座临时搭建的桥梁。在路上我逐渐理解了少将的话：我离自己有生以来最有挑战性的任务越来越近，这也是我最重要的任务。我是多么幸运，才能在此时此刻身处此地。

一到达就遇上麻烦

到达管理总部时，每个记者都要填写申请住宿和采访许可的表格，只有申请到许可以后才能够进入法院和法庭。填表格时需要填写申请者的单位，我写的是"美军，美国军中广播"。在美国军中广播，没有军衔的人员会拿掉他们的肩章，用一块写有"美国军中广播"的补丁替代。询问我之后，中士拿着我的申请去找负责管理记者住宿的上校。入伍前，这名上校是《纽约时报》的游艇版编辑。

上校带着一种慈爱的态度建议我还是去士兵的营地，跟负责安保、行政和其他服务的上百个大兵一起住更舒服。我尊重他的态度和军衔，但我告诉他，是盟军远征军最高司令部命令我来采访审判的，我如果脱离记者的大群体，就无法跟他们分享信息，也就无法很好地完成自己的工作。但他坚持让我出示沃克少将手签的介绍信。信上要写清楚地写上我的职责，以及少将在巴黎的电话号码。我告诉他，如果他阻碍我完成少将的命令，我将不得不向少将报告此事。

在我后面排队的记者最后打断了我们的对话。他自我介绍是哥伦比亚广播公司（CBS）的霍华德·史密斯。他说，来自美国军中广播和军队报纸《星条旗报》的记者应该与普通记者享有同样的权利。作为记者委员会的主席，如果他看到上校要违背这条原则，那么他将向美国首席检察官罗伯特·杰克逊法官发起正式抗议。

上校最终退让，我得到了进出法庭和住宿的许可。我将与许多电视台的记者一起工作，包括美国哥伦比亚广播公司的霍华德·史密斯和沃尔特·克朗凯特、美国广播公司（ABC）的波林·弗雷德里克、《纽约客》的珍妮特·弗兰纳和丽贝卡·韦斯特、《纽约先驱论坛报》的玛格丽特·希金斯、《国土报》的罗伯特·韦尔茨，以及小说家阿尔弗德·多布林、约翰·多斯·帕索斯、埃里希·克斯特纳、约翰·斯坦贝克和欧内斯特·海明威。我和霍华德的友情保持了一生，一直到2002年他去世。在审判期间，我们在好几个周末一起开车出去玩儿，我们一起游览了慕尼黑和一个历史悠久且没被轰炸过的小镇罗腾贝尔格。

虽然我很擅长交际，但对无线电广播技术一窍不通，负责在审判初期朗读稿子的播音员同事也不懂。我们能够做的就是使用当地连接法院和通信站的电话线，把消息传递到美国军中广播在整个欧洲的站点。但是由于军队大量撤离，美国军中广播已经关掉了在纽伦堡的站点。

我们当时有点恐慌，距离开庭只剩不到 48 个小时了，我们要赶快解决这个问题！在美国无线电网络工作的一些工程师建议，每天开庭期间，我们可以使用长途电话线，连接纽伦堡的直播间和美国军中广播慕尼黑站，这听起来可行。我们将会直播大概 13 分钟，此前还需要时间准备一下，所以我们需要完全占用电话线大概不到半个小时。随后我们得知，德国境内的大部分长途电话线都已经被炸毁，而少数重新修建的电话线每天都非常繁忙，因为有无数重建项目和军事部署需要联络。虽然知名度很高，但备受尊敬的美国军中广播也不可能凌驾于管控电话线的美军军官之上。

我们预定的开播时间是晚上 9 点的黄金时段。就在开播前 12 个小时，盟军最高司令部下达命令，我们可以在审判期间完全占用电话线。最高指挥官强烈希望德国人能知道法庭上发生的一切。

定义我的角色、目标和观众

审判一开始的时候，我将自己的目标确定为尽最大可能如实地报道法庭里发生的事情。最后，我开始思考一个问题：美国士兵们想要在审判时听到关于这些纳粹分子的什么事呢？我把自己想象成一个士兵，我正在跟另一个士兵对话，向他解释为什么美国士兵们会被派遣到德国来。

我的公关人生

1945 年 11 月 19 日星期一晚上 9 点，我们在审判正式开始之前进行了第一次广播。我们营造了一种面临重大历史时刻的氛围，回答了每个士兵心中的问题：为什么在纽伦堡进行审判？

选择纽伦堡是合适的，因为没有其他德国城市比纽伦堡更能体现出德国的连贯性，它象征着德国遥远的古代及近代历史的连续主题。纽伦堡就是德国的缩影……这座城市是独裁的基石，是军国主义的文化源头。自 1050 年建立以后的 800 年来，纽伦堡就一直是德国统治者的私人领地。这 800 年的传统让所有德国统治者都选择来到这里就职。

所以，希特勒自然而然会让纽伦堡重新恢复它在德国的独特地位。1933 年纳粹掌权后不久，纽伦堡就成为党城，成为纳粹的圣城。希特勒每年都会在纽伦堡举办盛大的纳粹党聚会……直到 1945 年 4 月，纽伦堡向美军第三师和第四十五师投降，这给了希特勒一个讽刺性十足的生日礼物，整个城市的 91% 都匍匐在美军征服者的脚下。

"我们都知道他们有罪，为什么不直接把他们拖出去枪毙了呢？"这是很多美国军官和士兵问得最多的问题。广播一开始我们就解释道，纳粹德国的反人类罪行，我们要让整个世界的人都听到和看到。组成国际军事法庭的几个国家——英国、法国、苏联和美国，都是捍卫法律与秩序的国家。它们不会采用纳粹的方式——"直接把人拉出去毙了"。（就像在那里的许多西欧记者一样，我从来不认为斯大林会捍卫法律与秩序，但当时苏联人跟我们是盟友，他们死在希特勒手上的人数比其他所有盟军国家加起来还多两到三倍。）

对我来说，1945 年 11 月 20 日，就像 1941 年 12 月 7 日、1963 年 11 月 22 日或者是 2001 年 9 月 11 日一样，都是非常重要的日子。这一天是审判正式开始的日子，那是我年轻生命历程里最有历史意义的事件。我跟自己的同事伯恩哈德开车前往法庭，他低沉的男中音将会在今晚 9 点传遍整个欧洲。

我们的稿子介绍了拥挤、肃穆的法庭现场，被告都是一群中年秃顶男人，面色苍白。我需要在开庭期间每天报道 13 分钟。我知道，除了刚开庭的时候，我们无法让广播听众收听完全部 13 分钟的法庭直播。于是我决定每天播报 4~6 分钟的法庭审判过程，剩余的时间我会采访一位与审判有关的人，通常都是军队人士。我选定的第一位被采访者是来自美国圣迭戈的一个步兵排长，他主要负责保障监狱及法庭的安全。

美国军中广播：中士先生，给我们介绍一下安保工作吧，你的人都要干什么？

中士：他们日日夜夜都要盯着犯人，每隔 15 秒就看一眼，以防止他们逃跑或者自杀。

美国军中广播：你能说一下守卫对犯人的评价吗？

中士：戈林是最有涵养、最有礼貌的。他对守卫言听计从，而且毫无怨言；邓尼茨非常尖锐，他不喜欢接受命令；汉斯很安静，房间收拾得井井有条；凯特尔的房间是最干净的，当然约德尔的也很干净。他们都不太关注约德尔。

美国军中广播：中士，守卫们觉得看守战犯这一工作怎么样？

中士：没有美国士兵愿意当守卫，不管他看守的是什么人。守卫工作既无聊又枯燥。

法庭开庭期间，我每天的工作都非常固定。我7点钟起床，然后洗澡、吃早餐，饭后跟我的播音员和其他几个记者一起挤进我的吉普车，8点15分左右离开施泰因的法伯尔城堡（大部分记者都寄宿在这里），9点之前到达法庭。在法庭10点开庭之前，我通常会找个人采访，跟一位大法官聊几句，再跟其他记者交换一下信息。

法庭在中午12点休庭吃午餐，下午1点30分重新开庭，4点休庭。我不习惯在拥挤吵闹的法庭新闻间里写稿子，一般是回到我在施泰因的房间里写。我一般5点开始写新闻稿，7点左右结束。晚饭大概花45分钟。记者的餐厅能容纳60人左右，原来的用餐区现在被改建成了酒吧。几乎每一晚这里都人头攒动，每张桌子都是记者们交换信息的舞台。我和播音员会在9点播报正式开始前几分钟回到直播间。播报结束后，我们会回到施泰因或者绕道去大酒店喝一两杯。通常，我会在晚上11点上床睡觉。

在长达10个月的审判期内，杰克逊法官只接受过一场正式的访

第五章／高光时刻：报道纽伦堡审判

谈，那就是1946年1月31日晚上参加美国军中广播的直播。为了这次采访，我努力了近两个月。就在我到达纽伦堡两周之后，我结识了杰克逊法官的主要助手戈登·迪安，他的责任就是帮助法官过滤掉媒体的骚扰。迪安之前在华盛顿的时候是一名律师，与杰克逊共事。他不会跟别人闲聊，但如果是重要的话题，他一定会仔细倾听。

当我第一次告诉迪安我想要采访杰克逊大法官时，他没有说什么。我锲而不舍地每周都"骚扰"他，他回应道，大法官的时间非常宝贵，不能浪费在"采访模式"中。因为如果大法官接受了我的采访，那么他以后就无法拒绝其他记者的采访请求了。我反驳说，我的主要听众是欧洲大陆上的成千上万名美军士兵，他们的忠诚和牺牲精神理应让他们有特权得知第一手的审判信息。这种逻辑让迪安产生了共鸣，他同意这种说法，认为没有其他的听众比美国军中广播的听众更特殊。两天之后，他确定了大法官有空闲的时间，建议我提前准备一个士兵们关于审判的问题清单。

士兵们最大的疑问是，纽伦堡审判的目的什么？这时我的播音员同事已经从伯恩哈德下士换成了泰德·皮尔兹中士，他向杰克逊大法官提出了这个问题。大法官详细、审慎地回答了所有的问题。他的观点非常深刻："引导世界人民养成反对侵略的意识是一项艰巨的任务，但接下来的事情，消除文明世界上最具毁灭性的敌人——战争——的任务也至关重要。我们无法一蹴而就，但我们在纽伦堡迈出的就是这样坚实的一步。"

美联社报道了这次采访，而且这次采访在美国本土也受到广泛的报道。在美联社的300字报道里，引言就表达了大法官的顾虑：

099

我的公关人生

德国最高层的工业巨头都是战争的主要参与者，他们可能无法受到法律的审判。这次采访也在我的记者同行里引发轩然大波，他们都想获得采访的机会，但杰克逊法官的助手戈登·迪安坚持着他的拒绝策略。

我家乡的报纸，也就是我的前雇主《孟菲斯商业诉求报》也报道了我的采访，并且在旁边标明我来自孟菲斯。孟菲斯的《弯刀报》用最受读者欢迎的"巡演"专栏刊载了我对审判的报道。

我接受报道纽伦堡审判的任务时，就已经知道自己将在5月下旬退役，海斯上校当时也知道。我当时以为审判在我退役时差不多就会结束，我觉得海斯上校也是这么认为的。总之，我已经报道了上百天的审判，写了上百篇稿子。现在我决心返回纽约，开始自己的公关咨询事业，我也计划了开始日期——1946年9月。我将报道纽伦堡审判视为对自己能力的一次考验，看看自己能不能像世界上最有经验的记者一样报道大型新闻事件。比我更资深的新闻人告诉我，我已经通过考验。我就这样通过了考验，而且可能算得上是成绩优异。

100

第五章 / 高光时刻：报道纽伦堡审判

要点

▶ 当你突然被推到一个要承担重大责任的位置上时，要感激这次机会并且放轻松，因为不管是谁把你推到这个位置上的，他都对你的能力有信心。

▶ 有些任务需要高度的正直。你的言语和行动会让你赢得或失去别人的信任。

▶ 做任何工作都要全力以赴，而要做到自己能做到的最好，则要求你拥有高度的自律性。

▶ 准时，即准时参加会议以及在截止日期前完成任务，直到今天这仍是一种优秀的品质。

▶ 不是所有有趣的事情都发生在大众中、主流舞台上或者大办公室里。抬头看看角落，看看路边，看看边远地区。

▶ 当你怀疑自己报道新闻的角度或者方法时，想一下你的观众。想一下你的观众想要或者需要知道什么，这样你就可以定义你的角色和目标了。

101

第六章

开始自己的事业：我的创业计划

我的公关人生

在 60 多年的时间里，我花了很多时间澄清"'二战'后在纽约开一家公关公司是一条致富的快捷通道"这一错误的观念。他们会说："但你在 1946 年开公司的时候没有竞争对手！"其实恰恰相反，当时我在公关行业已经有很多竞争对手了。

1900 年，乔治·米凯利斯、托马斯·马文和赫伯特·斯莫尔在波士顿成立了一家名为公关宣传局的公司。国家铁路、哈佛大学以及美国电话电报公司都是它的早期客户。1904 年，格罗弗·克利夫兰的公关经理乔治·帕克与从记者转行到政治公关的艾维·莱德拜特·李合作，建立了一家合伙企业。帕克和李的名言是："追求准确、真实以及利益。"李本人更是提出了公关行业的准则宣言："我们所有的工作都公开进行。"

1917 年第一次世界大战期间，伍德罗·威尔逊总统任命乔治·克里尔为新成立的公共信息委员会主席，承认公共关系是政府的重要职能。克里尔的两个幕僚，爱德华·伯奈斯和卡尔·拜奥尔将公共关系开拓成为一个行业。停战之后，他们每个人都建立了自己的公关公司。拜奥尔在纽约设立了自己的办公室，在 50 多年里，

104

他一直是行业的领头羊。伯奈斯也在纽约开了公司，主要从事企业高级管理方面的咨询。

1922 年，华盛顿的专家沃尔特·李普曼写了一本名为《舆论》（*Public Opinion*）的书，告诉民选官员，民主社会需要知情的选民。他预见到，电影和广播这两项发明将不仅在全国而且在全球范围内对打造公众态度和期待产生巨大的影响。李普曼创造了一套与选民沟通的方法论。

1923 年，爱德华·伯奈斯将自己在公关行业实践的方法论加以总结和体系化，出版了开创性的著作《舆论明鉴》（*Crystallizing Public Opinion*）。这本书虽然写于将近一个世纪之前，但在今天还是很有用，公关和企业管理领域的每个人都应该读一遍这本书。伯奈斯解释了人们如何处理信息，从而形成影响行为的意见和态度。对他来说，公关的任务就是影响公众意见和态度，激励他们做出某种具体行为。伯奈斯鼓励用研究来评估意见和态度与期望目标的关系，并且引入了公关顾问的角色。

1927 年，约翰·希尔在克利夫兰建立了一家公关公司，该公司后来发展成了著名的伟达公关。在"二战"之后的时期，伟达公关一直是公关领域营收最高的公司（直到我们的公司在 1983 年超过它）。

20 世纪 30 年代，有两个人塑造了公共关系这个行业：亚瑟·佩奇以及通用汽车的保罗·加勒特。沃尔特·吉福德于 1927 年雇用佩奇担任美国电话电报公司专管公关的副主席，这是美国企业界第一次设立这个职位。（艾维·莱德拜特·李十年多之前就已经进入宾夕法尼亚铁路的高管层，但没有正式的头衔。）佩奇认为，下至问电话号码的接线员，上至公司每一个与公众接触的人，都与公关有关。

1931 年，通用汽车的总裁阿尔弗雷德·斯隆雇用了时任《纽约晚间邮报》金融编辑的加勒特。通用汽车的销量在大萧条时期暴跌，斯隆需要有人来扭转公众对通用汽车的态度，让他们支持它。他的目标是说服每个有购买能力的人，在买新车时都会买通用制造的汽车。加勒特的职位是公关总监，到 1940 年的时候他已经成为公司的副总裁。

正如第一次世界大战催生了新型公关公司一样，第二次世界大战催生了大量由一两个人组成的小公关公司，这些人通常都曾担任美军各个部门（如陆军、海军、海军陆战队以及海岸警卫队等）公共信息官的战地记者。战后他们没有回到原来家乡的报纸，而是继续在老式打字机前过着记者的生活，而是想自己当老板，挣比原来更多的钱。为了确认我对这个行业的认知，我曾经派助理去纽约公立图书馆，一个个数在"公关和宣传"目录下的企业黄页名单中有多少家企业。在排除重复之后，这个数量超过了 700 家。在这些公司里，活到 21 世纪的企业不超过 12 家，而博雅公关就是其中之一。

定义公关

我的公司刚成立的时候，管理层对公关只有一个大概的了解，很少有人能够定义公共关系或者解释它是如何运作的，连专业从业者也不例外。公关的定义可以在各种教科书、百科全书以及字典里找到，比如：（1）与公众建立一种良好的关系并促进这种关系发展的艺术或科学；（2）用来建立这种关系的方法；（3）在建立这种关系时成功的程度。

对于公共关系，我更喜欢的定义只有一个词——说服，说服别人去做我的雇主或客户想让他们做的事。日常生活里我们每天都在做这样的事情，比如说服朋友去看某部电影，或者陪朋友去某个餐馆。恋爱则是一场劝说另一个人一起走入婚姻的公关战役。公关就是做好的事情，并且从中获得信誉。

公共关系之所以有效，是因为人的意见和态度都是可塑的。通过公关项目，我们可以实现三个目标：（1）改变这些意见和态度；（2）加强这些意见和态度；（3）创造原来没有的意见或态度。我对客户解释，如果他们不采取行动，这些意见和态度仍然会形成，不断得到加强，并随着时间而不断变化。我的工作就是利用这些意见和态度，引导客户的目标受众按照客户希望的那样去思考或者行动。当我们在设计转变、加强或者刺激某些意见和态度的项目时，通过调研来确定客户目标群体的想法是必不可少的。

我在李普曼和伯奈斯两人成果的基础上，提出公关由两部分构成：行为和传播。在这两者中，行为对最终的目标来说更加重要。我在做公关项目时总是思考如何唤起受众行动，目标就是要激励特定受众做出具体的行动，这些行动可能包罗万象，比如购买某个品牌的麦片，选择这个地方而不是那个地方度假，或者投资股票而不

我的公关人生

是购买债券。仅仅将消息传达给公众的行业不是公关，而是新闻业，那也是一项值得奋斗的事业。

公关从基本的政策决策开始，这些政策影响了机构和个人的行为。关于这一点，说唱歌手说得很对："除非你付诸行动，否则你就算说得天花乱坠也无法让人信服。"高管或者公司必须兑现自己的承诺，否则他们就会丧失信誉。一个公司不能嘴上说着绿色环保，却向空气和水里排放毒素。

我的前雇主弗格森先生就是一个言行一致的人。在处理与客户、员工、供应商以及业务所在社区的关系时，不管是合同条款还是口头约定，他会兑现自己的每一个承诺。他支持为公司培训工程师和项目经理的工程学校。他对所有员工都给予充分的回报，记着他们的生日、结婚纪念日及新生儿出生日。他坚持对员工施行严格的安全保护措施，而且弗格森的工地既不会扰民，也不会影响交通。弗格森先生的这些决策日积月累，就将他的公司与其他竞争者区分开来了。

虽然 1946 年我在公司名字里加入了"公关"这两个字，但我认为自己提供的是宣传服务（Publicity Service）。当然，我无意贬低发稿人员，或者用今天的术语来说是媒体关系专家的工作。我认为，对公关来说，负责媒体关系的人员就像战略思想家一样重要。对我来说，将一篇文章投放到主流报纸、期刊或者电子屏幕上总是让我非常高兴，特别是近些年来我偶尔这么做的时候效果更好。没有什么比这样更能让客户高兴的了！

108

差异化：B2B 业务

我决定自己的公关公司将专注于 B2B（企业对企业）这一领域，也就是公司将产品卖给另一个公司，而不是卖给大众。欧洲战场的战事结束不久，我就写信给金斯利·弗格森，他是弗格森建筑公司的新任 CEO，也是我入伍前的老上司。我告诉他我想开创自己的咨询公司，希望他的公司能够成为我的第一个客户。他同意了，并签约成为我的第一个客户。他认为我应该将自己的才华扩展到更广阔的舞台上去，而不是局限在一个雇主身上。我的办公室将设立在纽约。

因此从第一天开始，我就有一个客户愿意支付给我一笔费用，这笔费用比任何雇主会支付给我的工资都高。过了不到一周，我就有了第二个客户，除了支付每月的费用外，他还愿意给我提供免费的办公场所和兼职的秘书服务。我当时 25 岁，每个月的收入是 1 250 美元，支出不到 250 美元。虽然我的资本还不到 3 000 美元，但我没有任何负债。我比大部分人都幸运。

从一开始，我就拼命与尽可能多的商业记者和行业杂志的编辑见面，我是为数不多的这么做的公关人员之一。几乎每个工作日，我都会与一个记者共进午餐、下午茶或者晚餐。通常我都有一个特定的故事要讲，但许多时候主要是为了联络感情。我还致力于建立一个围绕企业高级公关主管的潜在客户群的人际关系网。吃饭和喝酒的费用是我的最大支出，但这些投资获得了回报。弗格森公司成了美国曝光率最高的工程公司。

我的公关人生

我的商业计划将自己与其他竞争对手区分开来，其他公司都将自身定位为通才，认为自己能够服务所有类型的客户。但我不这样认为，那时候我还没有听过现在人们经常提到的"差异化"这个概念，更不知道它在市场营销中的作用。当时只有少数几家公司做B2B业务，但他们都不如我跟媒体和公关业高管的关系密切。

接下来几年，我的主要活动就是宣传客户，让客户的名字和产品进入主流商业媒体。在这个过程中，我就给自己作为宣传发稿人员建立了一个很高的标准，我接触了像《生活》杂志这种消费者媒体。在6年时间里，我在《生活》杂志上发表了5篇文章。

我的早期客户都来自建筑行业，这也反映出了我之前的工作经历。这个行业的特性正好与我的特长互补。弗格森公司是一家工业建筑建造商，它不涉及机构、住宅或者是高层建筑的业务。这让我能够接触到洛克菲勒中心的总承包商约翰·哈里斯联合公司、纽约咨询工程协会、美国建筑师学会纽约分会，以及雷昂咨询公司，一家专注于制造合成纤维设备的公司。专注于开拓建筑行业的业务，让我很快就建立了坚实的客户群，我能够充分利用时间与商业媒体打交道。在这个行业里，通常是同一个记者和同一个编辑报道整个行业，所以我可以在一次会面时，代表多个客户与记者和编辑讨论报道内容。

通过我与弗格森公司的关系，我争取到了全国建筑商协会成为我的客户。它的会员包括12家大型工程建筑公司，每家公司都有全球业务，比如建造化学处理厂、造纸厂、发电站、炼油厂以及工厂等大型工程。我的一大目标就是当非工会公司正在抢夺长期的客户时，努

110

力提升工会会员承包商在大型建筑项目中的地位。对那些需要熟练电工、管道工、装配工、金属薄膜工、电焊工以及其他工人的项目来说，工会能够保证按时完工和既定的产能，这一点的重要性甚至超过了成本因素。

咨询顾问在公共关系中扮演的角色让我感觉很微妙。我的客户公司的一些高管会邀请我吃午饭或者去他们的办公室，与我讨论一些与公关只有一点关系或者完全无关的事情。他们会就一些宣传之外的事情询问我的看法，包括从价格到人事等一系列商业决定。弗格森公司纽约地区的经理威尔斯·汤普森每个月都会邀请我与他一起巡视工地，比如在长岛另一端的政府核反应研究基地布鲁克黑文国家实验室。他觉得有些问题无法与直接下属讨论，但可以参考我的意见。

在我的职业生涯里，我与许多这种客户一起工作过。他们重视一个既懂建筑行业又懂他们公司的人，这个人的观点明智、不带偏见，而且他们还信任这个人。很快我就学到了人生中最宝贵的经验之一：一个人通过倾听而不是说话，能够学到更多东西。你说得越少，别人就越会以为你很聪明。

专业关系网的智慧

我的社交网络让我能够更深刻地认识公关行业，从管理科学的视角进行思考。宣传，即将信息传达给指定受众，只是公关的一个方面。

作为公关行业的学徒和从业者，我是通过与许多经验丰富的竞争者对话而逐渐成熟起来的，比如卡尔·拜奥尔合伙人事务所的CEO乔治·哈蒙德，他敦促我从解决问题的角度思考公关；明思力公关顾问公司的法利·曼宁是我最高效的导师和最大的提携者；爱德华·彭德雷是一个独立的咨询顾问，20世纪30年代他就写了关于到月球旅行的文章，40年代就在呼吁保护地球环境；伟达公关的创始人约翰·希尔是一个狡黠而又脾气很坏的人，但他赢得了许多大公司CEO的信任。我有幸在希尔人生最后的十几年里与他相识相交。20世纪60年代，花旗银行的前身，也是伟达公关的老客户，选中我的公司帮助他们发行万能卡，这是早期的信用卡之一。早晨拿下生意后，我就接到一个电话，听到一个浑厚的声音说："你是夏博新吗？我是约翰·希尔，如果你想从我这里拿走业务，我总得知道你长什么样。过来跟我一起吃顿午饭吧。"这顿午饭开启了一段坚实的友情，此后我们一起吃了无数次午饭，我跟他的友谊一直延续到1977年希尔去世。

哈罗德·史蒂芬森是伟达公关的高管，他像长辈一般慈爱，是一个很好的导师。他职业生涯的最后5年都在波士顿大学教书，这是美国第一个提供公共关系高等学位的高校。因为他，我也与波士顿大学传播学院建立了长期合作关系。我的另一个老朋友和同事是卡尔曼·德鲁克，他是哈斯·特罗曼公司的负责人，也曾是卡尔·拜奥尔合伙人事务所的高管，在公共关系研究上颇有造诣。

1948年，我加入了全国公关咨询协会，它是现在美国公共关系协会的前身。我自愿承担委员会的工作，并且开始联络其他从业者，他们几乎清一色都是男人，因为那时候公关行业的大部分女性从业者都在食品、时尚、化妆品以及家居装饰领域。在那些日子里，协会的会员都是行业里最优秀和最聪明的人。协会不仅能提供社交方面的资源，还能为会员提供继续教育。现在我是这个组织任期最长的会员，当然也是最老的会员了。

1949 年，我在纽约参与成立了一个叫工业宣传协会的小组织。我们每月聚会一次，分享行业案例以及有趣的经历。此外，另一个名为"骄傲与警醒"（我们为自己所做的事而骄傲，对自己所见的事保持警醒）的组织邀请我加入。这个组织的会员都是精英，包括各种大型、中型和小型公司的高管，每月聚会一次，聚会的地点位于麦迪逊和 43 号街东北角的巴尔的摩宾馆。聚会主要是自由讨论，话题包括公关生意、需要公关介入的公共议题，还有一些行业趣闻。这个组织不仅为我提供了商业和专业方面的信息，还为我提供了十分珍贵的社交机会。我从这个组织听到的最宝贵的建议就是在马莎葡萄园岛和南塔吉特岛购买房产。唉，但是我没有接受！

20 世纪 70 年代早期，我接受邀请，加入了公关研讨会，那一年公关研讨会只接纳了三个新人，我是其中之一。那时公关公司还很少。1984 年，我以公关公司总裁的身份成为研讨会的主席。我和夫人贝蒂参加了 30 多场年度会议。作为前主席，我现在仍然把它当作我主要的职业年度盛事。虽然它的活动安排一直都非常棒，但我最看重的是能够与行业领袖们进行沟通的社交机会。

20 世纪 80 年代早期，美国电话电报公司的公关负责人向贝尔电话系统之外的人开放了亚瑟·佩奇协会的申请资格。我是第一批申请加入的人之一。如今它仍然是这一行业最负盛名的专业协会之一。

这个协会搜集了佩奇的演讲和文章，集合成了一系列佩奇原则。现在这个组织在 IBM 的乔恩·岩田、通用电气的加里·谢菲尔以及全职 CEO 罗杰·博尔顿的领导下，他们试图在公司和非营利领域共同提高公关的地位。

成长的公司，壮大的家庭

我的第一个专业雇员是 18 岁的俄克拉何马州人罗伊·黑特里。那时他刚被征兵，我跟他在美国军中广播的新闻组里相识，很快就成了朋友。当他退役的时候，我鼓励他去考哥伦比亚大学。在哥伦比亚大学读书期间，他为我做兼职，毕业后就成了全职员工。

帕特·桑德斯·霍夫曼是我在欧洲战场上的女性笔友，我们现在仍然是好朋友，通过她我认识了自己的第一个全职雇员。那天是个星期天，我正在洗澡，突然听到门铃响了。帕特跟一个女性朋友就在楼下，她说："我们能上去找你吗？"我告诉她们我正在洗澡，我的门开着，而且由于我住的是单间，所以她们上来就看到我穿的是背心和短裤，不太正式。这就是我认识帕特的朋友贝蒂·福斯特的过程。因为当时快到中午了，我还没有吃饭，所以我邀请她们一起吃午饭。我对贝蒂的第一印象就是她身材比例很好，吃饭的时候我又发现她见识不凡，让人无法抗拒！我要了她的电话号码，她跟母亲住在离我的公寓不到 5 分钟路程的地方。我在周二和周六又约她一起吃饭。我再次见到她的时候，就下定决心，她就是我想娶的那个姑娘。

贝蒂已故的父亲是一名成功的商人，他给贝蒂的母亲留下了丰厚的遗产，她用这笔钱在曼哈顿著名的公园大道买了套公寓。我们第一次见面后不到一个月，贝蒂就拒绝了一个很有钱的"妈宝男"追求者。1947 年 7 月，我在贝蒂不知情的情况下悄悄联络了一个朋友，他在钻石批发中心 47 号街有一些关系。我花了我四分之一的净资产——875 美元，买了一个 1.1 克拉的订婚钻戒。那天晚上吃完饭，我拿出钻戒向贝蒂求婚。她没有拒绝。在第一次见面 7 个月后，我们结婚了，之后在弗吉尼亚的威廉斯堡度了三天蜜月。在旅馆三天的费用是 29.35 美元，这张账单之后一直挂在我的办公室。

贝蒂一开始在北卡罗来纳大学的女子学院读书，父亲突然病逝后，她就转到了上流阶层的凯瑟琳·吉布斯秘书学校读书。结婚后，贝蒂就成了我的办公室经理和秘书，一直到 1951 年怀上我们的第一个孩子斯科特，她才离开这个岗位。

可以说，贝蒂对公司最大、最直接的贡献就是劝说我雇用了伊莱亚斯·巴克·布赫瓦尔德。博雅公关多年以来树立的高效、专业的形象，与他是密不可分的。当时巴克与我在合写一篇行业宣传文章。有好几次，当巴克来我办公室找我的时候，用贝蒂的话说，都会发现"老板出去享用美味的午餐了，我却如奴隶般坐在打字机旁工作"。

当黑特里决定进军西海岸的电视新闻领域时，贝蒂督促我雇用巴克。他拥有独特的资历，能够很好地服务 B2B 客户。作为研究

115

生毕业的化学工程师，他曾在田纳西州的橡树岭国家实验室服役，这个实验室就是负责处理第一枚原子弹所需的高浓缩铀238的地方。他还兼职为橡树岭社区的报纸撰稿。他在1950年加入我的团队，此后多年都担任公司的二把手。50年之后他退休了，我们仍然是亲密的好友。

我还雇用了杰里·斯提曼担任客户专员和写作者。三年之后，他辞职创办了报道啤酒行业的权威时事通信。我还雇用了查尔斯·邓恩，他是哥伦比亚大学的学生，兼职写新闻稿和填写信封地址。

1952年5月28日，我跟贝蒂的第一个孩子斯科特出生了。当贝蒂和孩子要出院时，我让自己的好友、密西西比大学的同学鲍勃·科尔比护送他们母子俩回家，贝蒂对此一直耿耿于怀。他们母子俩是在6月3日出院回家的，正好与美国建筑师协会的年会在同一天。世界上最知名的建筑师弗兰克·劳埃德·怀特将会发表主题演讲。媒体蜂拥而至，因为这是怀特首次拜访纽约。我觉得自己必须出席这次会议。贝蒂认为我没有陪他们母子俩回家是铁石心肠。这么多年来，每当质疑我的时候，她就会提起这件事，但她从没有怀疑过我对客户的承诺。

意外之喜

1950年，胡佛大坝的建筑商，博伊西市的莫里森－纳德森公司收购了弗格森公司。这家公司在行业里名气非常大,有自己的公关部门。我将自己历年来为弗格森公司发表的宣传文章做了一个总结,向新雇主展示。他们也认同,我为弗格森公司做出的贡献远比莫里森－纳德森公司的内部人员更大。

三个月后,弗格森公司的总裁金斯利·弗格森及其他两名高管辞职并加入了沃尔特·凯德建筑公司,这是位于纽约的一家小公司。他们的目标是让凯德成为工业建筑行业的主要竞争者,他们的商业计划里包含野心勃勃的公关计划。我仍然无法完全肯定自己能够在莫里森－纳德森公司的管理下保留弗格森公司的业务,所以我选择跟随自己的朋友,与凯德公司进行合作,凯德公司给我开出了比以前多四分之一的酬金。在一年之内,沃尔特·凯德建筑公司在商业媒体里就获得了比其他竞争者更多的曝光,我们的合作关系持续了 15 年。

1952 年到来的时候,我的小公司已经开了 5 年了。我当时 31 岁,有十几个客户、4 个员工、一个怀孕的妻子,还有一些不多不少但一直在增长的银行存款,我有信心支付自己的各种账单。我们斩获了纽约证券交易所上市公司美国氰胺公司的合约,这份合约来自该公司旗下的莱德利实验室,这个实验室则负责向公众宣传其新开发的一款抗生素。这是我们第一个卫生保健行业的客户。但是我们还没有获得美国主流企业,也就是大型上市公司的青睐。我有在更大的舞台上活动的资历,巴克·布赫瓦尔德是我的强力后援。我们只是还没有机会向大公司展现我们的实力。

在竞争研磨工业中心的 5 万美元合约时,我们的缺陷暴露了出

我的公关人生

来，这笔钱大约相当于今天的 50 万美元。该中心的目标是把砂轮重新定位为能够创造出光滑金属表面和把其他工具打磨锋利的机床。巴克和我花了大量的时间逛金属商店。我们对研磨行业的了解让选拔委员会大吃一惊。我们与客户非常投缘，这一点对选拔委员会来说非常重要。我们离开的时候以为自己已经赢得了这份合约。但几个星期之后，我们得知委员会选择了另一家公司。我们带着敬意想要一个解释。委员会里的几个人非常乐于提供信息："你们的展示证明了你们的专业能力很强，但我们觉得你们公司缺乏我们需要的深度。"在过去的 50 年里，每当我们对赢得业务合约感到过于自信时，巴克和我就会提起"研磨工业中心"几个字来警醒自己。

改变一生的推荐

1952 年 2 月，《纽约时报》的哈里·莱瑟打电话给我，说他把我推荐给了芝加哥一家广告公司的老板比尔·马斯特勒，马斯特勒正在寻找一家公关公司，为他最大客户的一个项目提供服务。马斯特勒非常聪明，他是我见过的口才最好的人之一。他说话时字斟句酌，提出的问题总是恰到好处。他理解广告和公关的不同之处：客户必须花钱购买纸质媒体、电子媒体以及网络上的广告宣传，广告公司对要传播的信息何时、何地出现在纸质媒体或电子媒体上有完全的控制力，公关公司却不会这样做。比尔还明白公关不是广告的替代品，反过来广告也无法替代公关的工作。在刺激目标人群采取具体行动的这场沟通战役中，两者都扮演着重要角色。

他的客户是位于匹兹堡的罗克韦尔制造公司，这是一家大型综合企业，以后我们会称之为相关多元化企业，以此将其与其他大型企业区分开来。1967 年罗克韦尔收购了北美航空公司，成为美国最大的企业之一。合并后的企业更名为罗克韦尔国际集团，曾参与登陆月球的行动，随后又建造了 B-1 型轰炸机，成功地在全球建立了知名度。其创始人威拉德·罗克韦尔上校是一名直言不讳的生意人，他经常批评富兰克林·罗斯福总统的新政，以及政府对企业的管理规定。他经常给编辑写信，并且在报纸专栏、杂志及他的公司刊物上发表文章。几乎只要有公司邀请他，他就会出席并发表讲话。

罗克韦尔上校在 60 多岁的时候，将公司的管理大权移交给他温和友善的儿子小威拉德·罗克韦尔，小罗克韦尔当时还不到 40 岁。父子两人都痴迷于宣传。他们的一个密友曾说："他们俩在一英里之外就能闻到记者的味道，尤其是带着摄像机的记者。"当接受采访的时候，父子两人总是能滔滔不绝。小罗克韦尔从不涉及政治话题，他讨论的几乎都是商业话题，虽然他很年轻，但人们都很尊重他的观点。

罗克韦尔和他的西科斯基直升机

罗克韦尔的企业文化主要是面向制造业的。"我们在工厂里挣钱"是公司员工经常重复的一句话，它可以解释公司在财务上的成功。在匹兹堡公司总部 150 英里的范围内，分布着 6 家工厂。在州际高速公路项目开始前，开车到一家工厂要在阿巴拉契亚山脉的崇山峻岭里穿行三四个小时。小罗克韦尔决心要让高管们视察工厂时能更舒服一点，所以他订购了一架西科斯基直升机，交付日期是 1952 年 9 月。直升机将在罗克韦尔公司的停车场起降，这样从公司到工厂只要 30~45 分钟，高管们就可以一天视察两家工厂，晚上还能回家吃饭了。在那个时候，公司使用直升机都是用来巡逻管道和电力传输线路的。西科斯基公司告诉小罗克韦尔，他的公司将是第一家将直升机作为高管出行工具的公司。

小罗克韦尔给马斯特勒的广告公司一项任务，要求广告公司广泛宣传这次"商业史上最激动人心的管理效率的提高"。马斯特勒意识到，让自己承担起如此高的期望是有风险的，所以他提议雇用一家公关公司。他猜测，小罗克韦尔未说出口的愿望就是看到自己的照片和直升机出现在《生活》杂志上。如果做不到这样，这项任务就会被视为失败，并且这件事将危及马斯特勒与这位最大客户的关系。由于我已经有好几篇文章刊登在《生活》杂志上了，我认为直升机的故事也极有可能被发表。我告诉比尔我会努力尝试，但无法确保一定会得到正面的结果。比尔也明白，他定了一个时间，带我去匹兹堡见小罗克韦尔。

我们第一次见面时，小罗克韦尔对待我就像是相处了很久的老同事一样。甚至在我们签下直升机任务的协议之前，他就建议我逐一见见他的 6 位高管，以便"能够更详细地了解我们和我们的业务"。他还建议我参观他在宾夕法尼亚州尤宁敦的水表厂，以及在俄亥俄州贝尔方丹的气表厂。随后我们达成了一个一天 500 美元，或者一小时 65 美元的薪金协议。这项任务本身能加强我的商业洞察力，这种洞察力以后也可以应用到其他地方。

我设计了一个从《生活》杂志上的文章开始，配以其他报纸、新闻、商业以及航空杂志，新闻协会，以及新闻影片等宣传手段的媒体计划。我们还尝试说服新流行的电视新闻秀来报道这个故事。具体的宣传日期取决于西科斯基公司交付直升机的时间。我相信自己能够实现计划中的大部分内容，但不确定能不能在《生活》杂志上发表文章。

我在《生活》杂志的熟人说，他们可能会安排一个摄影师和记者团队，但无法保证一定会发表文章。当我把这个消息告诉小罗克韦尔的时候，他问道："你觉得这会成为封面故事吗？"

6 月中旬，西科斯基公司通知罗克韦尔，由于朝鲜战争爆发，公司要把交付日期延期一年。对我来说，这既是个好消息，也是个坏消息：之所以是好消息，是因为我不用面对可能失败的情况；之所以是坏消息，是因为没有直升机就意味着我们没有收入。

B 计划：德尔塔手动自助工具箱

我在和罗克韦尔的高管们聊天时，有人提到过一套新型多功能家用电动工具。我打电话给电动工具部门的经理，经理表示他很乐意我来推广他的新产品，只要小罗克韦尔先生愿意为此付钱就行。

"二战"之后的 10 年里，在美国独栋房主和公寓居民中兴起了一股自己动手装修住宅的风潮，新闻媒体将此形容为"自己动手"（DIY）运动。对罗克韦尔公司的德尔塔电动工具部门来说，这是个热闹的时候。一家名叫绍普史密斯的初创企业推出了一种综合电动工具，这种工具集合了锯、钻、木工、打磨和车床 5 种功能于一身，将会对家用工具市场产生重大影响，因此德尔塔开始进入狂热的研究和开发阶段。1952 年末，该部门已经准备好发布自己开发的组合工具。

我提出了一个公关计划，用来介绍新的德尔塔工具，比起笨重臃肿的绍普史密斯的产品，德尔塔将 4 种功能汇聚在一个更加紧凑密集的盒子里。我的目标还是将文章推到《生活》杂志上。我需要一个有吸引力的故事，以此吸引《生活》杂志的现代生活主编玛丽·哈蒙。

1952 年下半年，电视开始在全国普及，出现在人们的客厅中。大多数电视都有一个 11 或 14 英寸的屏幕，屏幕被放在一个丑陋的模制塑料盒子里，人们则把电视藏在客厅的木头橱柜里。我为德尔塔工具挑选的故事情节就是：现在你可以在你曼哈顿的公寓里拥有一个工作室，在那里你可以建造一个橱柜，存放客厅里外形丑陋的电视机。

为了让这个故事更可信，德尔塔必须提供滚轮，这样消费者就能够把德尔塔工具从橱柜推到客厅，他们可以在客厅使用。下一步，我们需要设计一个电视柜。我打电话给我的朋友埃德加·塔菲尔，他在纽约当建筑师，是著名建筑师弗兰克·怀特的追随者。他为我们设计了一个电视柜，我们拍摄了他用德尔塔工具制造电视柜的照片。《生活》杂志在圣诞节特刊中用三页纸进行了大篇幅报道。结果就是我们的产品供不应求，罗克韦尔在密西西比州图珀洛用来生产综合电动工具的工厂要两班倒，才能满足人们对这台售价 298 美元产品的需求，这个价格大概相当于今天的 1 500 美元。

在《生活》杂志发表文章之后，我成了匹茨堡的英雄。小罗克韦尔特意招待我，让我跟 9 个月之前见过的高管一起吃午饭。我当时就坐在他旁边，我提出继续双方之间的合作关系，宣传罗克韦尔公司正在做的事情。他同意了，问需要多少钱？我深吸一口气，然后说："3 000 美元一个月，外加 1 000 美元可以报销的开支。"这就是一段为期 35 年的合作关系的开端。

至于罗克韦尔的直升机，各种媒体都报道了它。《生活》杂志的摄影师花了两天在三个地方拍摄了西科斯基直升机的照片，一名记者还写了文章。但《生活》并没有刊登这篇文章。不过到那时，这已经不重要了。

第二次推荐

马斯特勒广告公司的第二大客户是克拉克装备公司，这是世界上最大的叉车材料和动力系统制造商。比尔·马斯特勒为我创造了一次与克拉克公司的 CEO 乔治·斯帕塔会面的机会。虽然斯帕塔先生在美国出生，并且在纽约长大，但他说话还是带有浓重的瑞士德裔口音，喉音非常重。在前往斯帕塔先生在巴尔的摩宾馆的套房会面前，我仔细研究了他和他的公司。在"二战"结束时，政府取消了所有的战时合同，这对克拉克公司影响很大。斯帕塔先生及时重组了公司的叉车经销系统，重新建立了与重型卡车及越野车制造商客户的关系。现在他的赢利业务正在不断增长。克拉克装备公司拥有一段华尔街最不为人知的重塑自己的故事。我发现，投资界缺乏对这家公司的了解，导致公司的股价被严重低估。斯帕塔先生是一位机械工程师，毕业于纽约的库伯联合学院。他问我该如何与公众进行沟通，才能让公司发展得更好。这个高大威猛的、有着一个大脑袋的男人，在说话的时候非常小心，总是字斟句酌。

我决定立即告诉他我的意思：我将写一篇新闻报道，然后将它放在纽约第二天出版的某家报纸的新闻版块上。我大约11点的时候离开了他的套房，在2点的时候回来，询问他对我写的东西的看法。基于我的研究和他对克拉克未来的评价，我写了一篇文章，然后通知《纽约先驱论坛报》的一名商业记者，我保证4点之前将会把稿子交给他。随后我返回巴尔的摩酒店。看完我写的文章后，我的客户抬起头问我："我真的这样说了吗？"我问是不是我哪里写错了。"不不不，"他说，"只是这写得太好了。"他同意用我的文章。

第二天大概11点的时候，他打电话邀请我一起吃午餐。斯帕塔先生解释了他来纽约的目的：与摩根大通银行重新协商公司的信贷额度。他说，在谈判刚开始的15分钟里，摩根大通的高管都在谈论《纽约先驱论坛报》上的那篇文章。"事实上，我得到了更优惠的利息，比我原来想象的整整低了四分之一。现在我明白了公关的作用。"他说。

斯帕塔先生让我报价，他可以把这笔费用算入下一年的年度预算。我又一次在深吸一口气之后说："4 000 美元一个月，外加 1 500 美元可以报销的开支。"

斯帕塔先生什么反应？他说："没问题，一月的第一周你来我们在密歇根布坎南的总部，我会带你去巴特克里市的叉车工厂以及杰克逊市的变速器工厂看看，然后介绍你认识我们的高管。这能向我的人展示出我对公关的重视。"

接下来 15 年，我们一直保持着紧密的合作。斯帕塔先生教导我该如何作为高管管理上市公司，比如搞清楚后进先出记账法和先进先出记账法的区别，什么时候发行普通股，什么时候使用债券融资等。克拉克公司与博雅公关合作了 40 多年，直到它被英格索兰收购。

我的公关人生

要点

▶ 传播和行为总是紧密相连，你是怎么做的比你说了什么更有说服力。

▶ 寻找那些将公关当作应用社会科学，并且对此有深刻见解的专家，经常与他们见面并向他们学习。

▶ 公关的一个方面——宣传，包含了传递信息，营造客户或者雇主的良好形象，从而销售一款产品或服务，或者改变或加强人们的某种态度或观点。

▶ 公关是一门解决问题的学问。不管谁来寻求公关的支持，他都是想寻找一种解决问题的方案，比如发布一款新产品，解决劳动纠纷，影响立法或者法规，或者针对投资者提高企业知名度。总之，要定义清楚待解决的问题。否则，你可能为一个错误的问题而给出长篇大论的解决方案。

▶ 成功的公关项目从基线调研开始，这会帮助你衡量以后公关活动的结果。你能够很快就知道，自己的经费花得是否明智。

126

第七章

整合营销

1952 年，比尔·马斯特勒介绍的业务占据了我公司 60% 的营收。比尔从来没有因为给我介绍生意而要任何补偿。他有自己的原则，相信他的客户也会从公关的支持中获得好处。他对我所有的期望就是高效的行动。在从内部观察了他的公司业务一年之后，我就知道他一定会在广告界成为领袖，他的广告公司已经是 B2B 领域的佼佼者了。他的客户可能有公关需求，他跟商业界的联系也比我紧密，有些好机会不是我这种小公司能抓住的，他却能为我创造巨大的机会。

在签下克拉克装备公司的业务后，我立马给他打电话报喜。乔治·斯帕塔已经告诉他，他雇用了"那个搞公关的年轻人"。比尔说："乔治告诉我，他没多想就选定你了，你给他的印象不错。"我盛情感谢他。他的参与能促使我奋发向前，我决心利用好这个机会。我向他提出建议，将我们之间的商业关系正式化，也就是说将我们俩对客户的服务系统化，这样对我们俩都有好处。

我们采取的形式是企业联合体。比尔比我高 9 英寸，年长 7 岁，他很威严，有时令人生畏。但是我们在个人价值观和商业价值观上有许多相同的地方。我们俩都出生在中等收入家庭，他的父亲开了一个杂货铺，我的父亲开了一个五金店。我们俩都是从州立大学毕业的，他从伊利诺伊大学毕业，我从密西西比大学毕业。我们俩都靠当报纸记者挣大学学费，他为《尚佩恩报》写作，我为《孟菲斯商业诉求报》写文章。我们俩都认为自己是很好的写手，但比尔比我更优秀，他可能是我合作过的最好的写手。我们俩都想服务企业对企业客户。我们俩都十分专业，致力于为客户提供最卓越的服务，并且以此为傲。我们都珍视跟我们一起工作的人，为他们树立高标准和高目标。我们俩还都是水瓶座。

全球拓展计划

我和马斯特勒都希望构建一种最能服务于我们的客户，并将我们自己的利益最大化的商业模式。1953年新年之后的第一个周六，我们俩商定在广场酒店见面，一起吃早餐讨论。

有一件事我十分确定：我不想成为广告公司下面的一个公关部门负责人，我也不想成为广告部任何人的下属。我的目标是将自己的公司定位为一家与广告公司有伙伴关系的独立的公关公司。那时候许多广告公司都有公关部，但这类部门在公司内部或者商业社会几乎没有任何地位。即使在最大型的广告公司智威汤逊，其公关部门也附属于广告部。包括麦肯光明、本顿·鲍尔斯、天联广告、扬罗必凯在内的许多其他大型广告公司在"二战"后也都开设了公关部门，但在随后10年左右的时间里又逐渐将其关闭了。因为这些公关部门都赢利不多，而且有时候拙劣的公关活动甚至会危及广告活动本身。我希望我的新公司能够获得公关行业巨头的认可，可以与当时行业领先的伟达公关、卡尔·拜奥尔等公司比肩。

我建议成立一家新公司，我跟马斯特勒共同拥有，持有相同股份。我们各自都有自己的盈亏报表，比尔·马斯特勒将会管理广告部门，我会负责公关部门，我还会成为马斯特勒广告公司的董事会成员，最终成为其股份的重要持有者。我们也会努力让公司成为最佳雇主。我们都同意，员工应该根据个人对公司的贡献获得相应的股份。我们想让公司的核心生产者能够共享公司的繁荣。

公司的这两个业务部将会拥有独立的办公室和电话号码，最好能够在同一幢大楼的不同楼层。新公司的名字将会叫博新－马斯特勒合作公司（即博雅公关）。人们猜测比尔之所以会同意把我的姓氏放在前面，是为了占据51%的股权。但其实比尔·马斯特勒从没有对名字的顺序有任何异议。

对新公司来说，业绩增长是第一位的。只有业绩增长了，我们才能够聚集足够的员工，为众多客户提供有深度的、多样化的服务。业绩增长还能够让我们留住员工，为我们的人提供机会承担更多责任。我们的增长战略可以归结为三个目标：获取新客户，增加我们的服务内容，增加各地办公室数量。我将会与总裁级别的高级管理人员客户一起工作，并负责获取新客户。巴克·布赫瓦尔德（也是水瓶座）将会担任博雅公关的首席运营官，负责完成具体工作。我们最重要且最紧迫的任务就是雇用更多员工，包括有工程资历的写手和负责管理客户群的高级客户经理，每一个人都将负责一个重要客户或者几个小客户。我们凭借在行业和专业媒体的资源，能够挖掘到许多优秀人才。

我们将会开发一种商业模式，展现我们称之为"全面沟通"的价值，现在人们将其命名为整合营销。我们最终会与行业领先的公司展开竞争，争夺最大最好的公司客户。虽然我们将自己差异化，定位到面对 B2B 客户的细分领域，但随着时间的推移，我们会逐渐提供一系列广泛的公关服务，包括企业声誉和财经公关、消费者营销支持、公共事务、内部沟通等。随着我们的业务越来越多，比尔将会担任联合董事会的主席。

最后，我们将会在全国扩张，在华盛顿以及全国开设分公司。在我的敦促下，比尔收购了纽约一家有名望的 B2B 广告公司，在纽约成功立足。几年之后，纽约办公室成为马斯特勒广告公司最大的办公室。作为公司广告方面的权威，马斯特勒广告公司成为《华尔街日报》《财富》《商业周刊》等媒体的最大客户。然后我们将会在海外开设分公司，这些分公司拥有广告和公关职能，归我领导，我将会担任联合财务委员会的主席。

这就是我们大胆的计划。我们将 1953 年 3 月 2 日作为博雅公关的成立日。我们还有两个月时间可以组建新公司，开设银行账户，搬到新的办公地点，在芝加哥拓展业务，一方面为克拉克装备公司提供服务，一方面寻找新客户。

在这两个月，我反复思考了博雅公关的商业模式。我想要培养一种重视如何对待彼此的文化，不论对什么职位的员工或者对待什么项目。这种正直的文化将会贯穿我们的运营，贯穿我们与客户、媒体、员工、商业界的沟通过程。我想要培养一种充满创意和创新的环境，这样我们才能够给客户提供最好的服务。最重要的是，我想要我们作为细心的传播者去传播客户的信息，最终获得媒体的信任和尊重。在所有这些事情上，比尔·马斯特勒都与我意见相同。比尔还建议构建一个正式的培训计划，这样我们就能够对所有员工进行培训，告诉他们我们想要建立一家什么样的公司。

客户获取：增长战略

我花了大量时间说服马斯特勒广告公司的客户，让他们同意接受公关服务。在一开始的 5 年里，这就是我们的增长战略。在我努力说服客户的过程中，我得到了马斯特勒和他的主要助理理查德·克里斯蒂安的大力支持，马斯特勒的两个合伙人也提供了极大的帮助，他们分别是芝加哥的欧内斯特·吉布·格布哈特和匹兹堡的罗德·里德。我的目标是建立博雅公关自己的客户群，独立于马斯特勒广告公司。我私底下设定了一个以 10 年为期限的"50 对50"的目标，即公司一半的客户群是自己的，一半是与马斯特勒广告公司共享的。我们用一年的时间就完成了这个目标。

我们第一个重要的共同客户就是通用汽车旗下的电动事业部，博雅公关是通用唯一雇用的公关公司。另一个重大胜利就是签下了环球油品公司（UOP），该公司主要开发和授权汽油、石油化工产品以及其他石油衍生产品的提炼工艺。该公司总部位于伊利诺伊州的德斯普兰斯，它第一次交付给我们的任务就是人们热议的环境问题。20世纪50年代末，环球油品公司提出在罗德岛的纽波特建立一座大型炼油厂，当地的港口水够深，能够停靠巨型油轮，从岸边就能够看到油轮航行。经过几次全镇大会以及官方听证会，我们意识到，不管我们怎么说这会为纽波特带来好处，当地居民都不会同意这项工程，最终环球油品公司选择了更北的一处地点。

到20世纪50年代结束时，我们的收入比第一年增加了4倍，相当于2016年的400万美元。1957年，我们在匹兹堡开了一个分公司，因为当时这里是美国第三大的《财富》500强企业总部所在地。这个办事处一直繁荣到今天。罗克韦尔公司的总部搬到加利福尼亚的厄尔塞贡多之前，它一直是博雅公关匹兹堡分公司最大的客户。

开拓新型公司结构

虽然初入行，但为了服务多元化的公司，我们对公司的组织结构做了创新。罗克韦尔公司不是一个客户，而是6个，因为公司每一个业务分支都有自己的目标和具体需求。成为罗克韦尔公司的指定公关公司能够让我们既服务整个公司，又服务其每个独立的业务部门。在我们合作的头4年里，博雅的一名员工担任罗克韦尔的首席传播官。罗克韦尔付给我们的月费只针对公司层面的需求，我们

我的公关人生

还要与每个业务部门谈单独的合同。在差不多 10 年的时间里，罗克韦尔一直是我们最大的客户，在此后 25 年里，也一直是我们前五大的大客户。

罗克韦尔公司获得的商业新闻报道数量让我感到震惊。它有激进的研究和开发项目，能够研发大量全新的或改进的产品，以及对现有产品的新应用。行业杂志喜欢这种类型的信息。我们通过所谓的罗克韦尔新闻局发布我们的新闻。在第一年里，我们发表了比以前多三倍的报道，让更多罗克韦尔的消费者、潜在客户、商界和金融界的人看到了这些报道。

随着每年的预算不断增长，我们雇用了更多能够带来新知识的专业人才。我们与广告公司的关联也提高了我们的演示技术：电影是当时科技发展的代表，所以我们将柯达旋转幻灯片做成影片。客户开始明白，他们的名声如何影响消费者对其营销信息的认知，以及投资者如何评估他们的股票。我们尽一切努力保持正直原则：我们与客户的交往是完全公开的，客户也欣赏我们的公开透明。

1967 年，罗克韦尔公司与北美航空公司合并，北美航空公司是"二战"时期 P-51 战斗机和 B-25 中型轰炸机的制造商，此外小罗克韦尔还合并了其他两个罗克韦尔家族企业——罗克韦尔弹簧和车轴公司以及铁姆肯公司。它的主营业务是航空和防务，主要服务于美国航空航天局以及美国空军。合并后的公司随后取名为罗克韦尔国际集团，是当时美国第三十七大的公司。

小罗克韦尔一直担任罗克韦尔国际集团的 CEO 到 1979 年。在新一代管理层逐渐接手罗克韦尔公司后，我们开始渐行渐远。到

134

1990 年，罗克韦尔已经将大部分公关业务内部化。近些年来，为了股民的利益，管理层开始分拆公司的业务部门。最后公司在纽约证券交易所只剩下两个业务部门。作为之前每一次收购后庆祝活动的参与者，我难以想象老罗克韦尔和小罗克韦尔父子如果看到别人分拆他们的商业帝国，会做出什么样的反应。

服务克拉克装备公司

当我们开始合作时，克拉克公司有两个业务部门：分别是叉车部门和动力传输部件部门。后者主要为重型卡车和越野车提供车轴和传输系统。我很快得知，克拉克想要进军第三个市场——建筑机械。

就收益而言，克拉克比罗克韦尔稍微多一点。克拉克的管理结构也很简单：作为 CEO，乔治·斯帕塔依赖于他的 CFO（首席财务官）和工业卡车及自动化部门的主管们，中层管理人员很少。相比于其他客户，不管是通过预算还是审查新闻稿，克拉克公司做决策都更容易。跟罗克韦尔公司一样，克拉克公司没有自己的公关部门。每个部门都有的广告经理，是我们与部门沟通的桥梁。事实上，斯帕塔自己就是公司的首席传播官和首席广告官：他自己控制传播的消息、传送消息的人以及克拉克公司各部门树立的形象。披露财务信息需要 CEO 和 CFO 的同意，在克拉克公司这只要不到一天的时间就可以办到。在将近 17 年的时间里，我们几乎每隔一周就在纽约、芝加哥或者印第安纳州南湾北 20 英里的密歇根州布坎南见面。

在我看来，斯帕塔先生是克拉克公司最值得信赖的发言人。是的，他会接听来自财务分析师以及证券经理的电话，但他从没有在财务分析会议上讲过话，也没有接受过采访。公司这么低调，股东甚至觉得被骗了。公司的增长记录表明其拥有良好的市盈率。我告诉 CEO，他就是解决方案，只有他才能讲述克拉克的故事，改变市场对公司股票的认识。他问道："下一步该怎么做？"

我设计了一个为期一年的计划，描述了他在其中的作用：我们可以安排 3~4 场著名财经媒体的采访，今年在纽约和芝加哥，明年去波士顿和洛杉矶向财经分析师协会发表演讲。我们还会通知大型基金的经理以及少数密切追踪公司股票的"卖方"分析师，斯帕塔先生可以接受一对一访谈。斯帕塔先生决定承担起自己的责任，负责 1952 年的公司年报。"我从 CFO 那里把这个活儿拿过来，交给你去写作和监督。"他说。

"这恐怕会让你手下的财务人员感觉不舒服吧？"我说。我不想在克拉克公司内部树敌。

他听后笑着说："我总是不满意他们写的东西，不让他们写今年的年报他们只会高兴，感到如释重负，因为这样今年我就不会批评他们了。"

斯帕塔先生一年至少安排两次出差，去视察他最大的两个制造工厂。通过陪他去视察，我了解了更多克拉克公司的文化。斯帕塔先生总是时不时停下来，评论一下某个新的机械工具，或者询问产品的废品率。他观察工人工作时脸上的表情，以此判断员工的士气如何。

在我第一次拜访时，斯帕塔先生向我简单介绍了克拉克公司的计划，他们将要生产的轮式挖掘机将比那时候市场上的任何挖掘机都更先进。这将是第一条大规模生产重型挖掘机和货物装卸装备的生产线。卡特彼勒主宰着这个行业、称霸全球，但克拉克装备公司是以生产最优质的叉车而闻名的。

克拉伦斯·基勒布鲁是一个暴躁但敏锐的发明家和建筑机械工程师，斯帕塔先生雇用他来领导公司的新计划。基勒布鲁是一个意志顽强的完美主义者，总能预见到市场需求。和他一起搭手工作很难，他总是教导别人"该用什么正确的方法去做"。没几个人真心喜欢他，但每个人都很尊敬他。他手下的工程师只有经过他的提点才能够拿出完美的解决方案，他总是能一个个说服所有人。他之前在弗兰克·霍夫公司工作，这是一家农业和建筑机械制造公司。在霍夫公司期间，他领导设计和建造了农业史上第一台轮式装载机，很快这项发明就被建筑行业采用。他的发明改变了农民和工人处理大量泥土的方式。基勒布鲁加盟克拉克，要设计一系列的工程机械，首先开始的就是履带式挖掘机，或者说前段装载机。他努力想提高采矿、掘土以及处理大型货物时的效率，降低成本。

基勒布鲁提前做了功课。他认为自己和克拉克公司——也就是他和斯帕塔先生——将会是绝配。他很乐意向一个具有工程背景的CEO汇报，而且这个人非常直率，善于抓住问题的重点。他认为，斯帕塔先生决定生产工程机械的战略决策十分明智。虽然卡特彼勒占据统治地位，但他相信自己能为克拉克公司创造出一个拥有无限潜力的细分市场。"我在克拉克是从一张白纸开始的，"他说，"我

137

我的公关人生

们对工程机械设计没有任何预想的方案，也没有投资过工具制造。我们不必让自己的设计屈从于历史或者以前的工具方案。"

基勒布鲁之所以来到克拉克公司还有其他原因。第一，乔治·斯帕塔能够理解和欣赏基勒布鲁的目标，明白他想要让能量在发动机到受力点的传输过程中更高效的心愿。第二，克拉克公司将是这个新机械的生产者，对制造过程的每一步都有掌控力。第三，克拉克已经是有名的动力传输制造商，这是建筑机械的主要部件。多样化发展进入一个新的市场，要充分利用公司的核心知识——将马力传输到末端的知识。第四，克拉克有足够的资金，能够支撑一项新业务从研究、开发到发布的整个过程。

总之，建筑机械将会把克拉克公司带入一个新的市场，而且对动力传输设备的研究能够给公司带来持续的回报。克拉克之后收购了一家名叫密歇根动力挖掘的小公司，公开表示了公司对建筑机械的兴趣，这家公司最有价值的资产就是商标名"密歇根"，克拉克公司将这个名字用到了新研发的挖掘机，以及随后推出的推土机和铲土机上。我与克拉伦斯·基勒布鲁的谈话很明确，他希望博雅公关能在公司对抗卡特彼勒时提供额外帮助。时间非常急迫，这是一项精彩的挑战。

克拉克公司预计于1953年11月推出密歇根牌挖掘机。这项活动将成为克拉克公司立足于建筑工业的重要战略支撑点。这也将是克拉克公司作为客户对我们的第一次大型公开测试。这种情况与之前任何一场新建筑机械发布会都不一样，我们需要一次盛大的展示。为了获取不同视角的意见，我询问了好几个建筑行业

138

的杂志编辑，其他制造商都是如何发布新产品的。"不是太好"是大家的共识，有时候制造公司甚至只是给编辑邮寄一篇新闻稿和几张照片。我们决定将相关记者和编辑都邀请到工地现场，让他们亲自操作密歇根牌机械设备。我们在工地现场布置好克拉克和"密歇根"的各种标志，给每个参加的记者和编辑都配发了一套密歇根系列的安全帽和护目镜。谁不想看到自己坐在巨大的机械设备上的照片呢？仪式正式安排的部分很简单。基勒布鲁介绍了新机械的各种特征——行星齿轮车轴、液压扭矩转换器以及动力换挡传输，并且回答了记者们的问题。然后他邀请新闻记者们轮流上前操作，亲自体验这些新机器操作起来多么容易。接下来的90分钟里，工地现场上演了儿童沙坑的游戏：一些记者和编辑把泥土从一堆挖到另一堆，其他人则开始挖11月时冷硬的地面。等他们坐到自己的办公桌前时，这些照片会提醒他们记住密歇根牌建筑机械。

建筑行业媒体进行了大篇幅报道，让"密歇根"的发布会成为行业史上最成功的产品发布会之一。克拉克选择的时间也很巧妙，因为当时卡特彼勒还没有发布类似的多功能挖掘机。我们在营销时不断重复的两句话，奠定了克拉克装备在建筑机械行业的地位，分别是"挖掘也是装卸"以及"动力传输是挖掘机械的核心"。我们拿出了克拉克的优势，最终这个策略成功了。

从一开始，密歇根挖掘机一走下生产线就很畅销。在发布"密歇根"之后的第5个纪念日，我们在行业领先的《工程新闻纪录》上发表了文章，其中杂志封面就是一张密歇根牌挖掘机的照片，配文是"金牌挖掘机"。

为了让投资者知道克拉克的发展潜力，我建议面向金融界每季度发布克拉克公司的报告。1954年第一次发布的克拉克财务通稿介绍了公司及其产品。这是今天我们用来解读季度数据的电话会议的前身。我自己写了4页的文稿用于媒体发布，在邮寄给7000多位股东、财经分析师、债券经理之前，斯帕塔先生和CFO杜恩·尼尔逊审阅了文稿。一直追踪克拉克公司股票的财经分析师称赞这篇新闻稿写得很好，用清晰的、有态度的话语解释了为什么、怎么做以及是什么的问题。

1960年5月，克拉克公司在金融市场的表现证明了我对克拉克公司的信心：1946年购买的100股克拉克装备公司的股票，现在市场价值已经升值了1110%，而且分红也增长了660%。

克拉克装备公司也是我学习的地方，我在这里学习了上市公司如何运转。乔治·斯帕塔先生在20世纪60年代晚期退休之后，我跟他的三个继任者也保持了密切合作，这三个人是沃尔特·席尔默、伯特·菲利普斯、里奥·麦克南。当麦克南继任时，我就成了公司里的老人，每当有大事发生时，大家就会向我咨询。后来，日本制造商开始带着价格更低的产品进入叉车市场，连卡特彼勒也要努力抵御日本小松公司侵蚀其全球市场份额。1995年，美国大型生产资料制造商英格索兰主动提出收购克拉克的股份，并且最终成功。在收购前生产的叉车和建筑机械上还保留着克拉克和"密歇根"的商标，除此之外，克拉克就这从在市场上消失了。

重演林肯在库珀联合学院的演讲

乔治·斯帕塔资助了我们第一次与非营利组织合作的尝试。斯帕塔先生是库珀联合学院科学与艺术促进校友会的成员，这所特殊的大学 160 多年来一直在免除学生的学费。

库珀联合学院坐落于纽约东村，它的学生团体是美国学生团体中学术素养最高的之一。在一开始创建的 10 年里，共和党候选人亚伯拉罕·林肯于 1860 年 2 月 27 日在学院的礼堂发表了著名的演讲"正确成就力量"。在当选为第 16 届美国总统之后，林肯将他的成功归因于"马修·布雷迪的照片及库珀联合学院的演讲"。

斯帕塔先生希望博雅公关能提升学院的公众知名度。在沟通时，我们得知库珀联合学院没有明确的计划来纪念林肯历史性的演讲。我们提议在 1960 年 2 月 27 日在礼堂重现林肯当时的演讲。在执行过程中，我们一丝不苟地努力复制原始场景的元素。虽然我们使用的是电灯而不是煤气灯，但我们尽量让灯光的强度保持在 100 年前的水平。跟一个世纪之前的传统一样，我们在丝绸上印刷晚会活动安排，使用的铅字字体也与原始的字体一样。

为了这次活动上的回忆性质的演讲，我们一开始邀请理查德·尼克松做这个演讲。他跟林肯一样，也是以共和党人的身份参与总统竞选的。尼克松感谢我们的邀请，但他觉得发表这样的演讲可能会让他带上林肯的政治立场色彩，会对他以后的竞选活动不利。我同意他的看法，于是又邀请了国会议员埃弗雷特·迪克森议员，他也是共和党人，而且来自林肯的故乡伊利诺伊州。迪克森议员在参众两院都受欢迎。在引用林肯的著名讲话时，他几乎就是在宣传自己的主张和信仰。

> 在这个世界上，没有任何理由限制黑人获得《独立宣言》中所列举的自然权利。生存权、自由权、追求幸福的权利……还有不用获得任何人的允许，享用自己挣得的面包的权利。黑人跟我一样，也跟道格拉斯法官一样，更跟所有人都一样。

在他自己的评论中，迪克森议员呼吁采取"稳健的措施"实现黑人与白人平等，并警告不要草率行事，否则可能最终毁灭林肯所捍卫的事业。他说，林肯先生在 1863 年就已经警告过："我希望能够坚定地站立而不至于后退，但不希望前进得太快以至于毁了这个国家。"迪克森议员说，终有一天，所有的美国人都将享有全部人权。他引用林肯 1861 年在国会的演讲说："今天的争斗不仅仅是为了今天，也是为了更美好的明天。"

为了庆祝这次纪念日，艾森豪威尔总统给库珀联合学院理事会的主席欧文·奥尔兹发来贺电。

> 奴隶制已经在这片土地上消失了，但林肯的勇气和艰苦卓绝寻求真理的信念仍然可以用在现存的其他问题上……林肯在 1860 年指出的某些问题仍然存在于 1960 年的今天。现在仍然存在一种可悲的趋势，用虚假和欺骗代

替真实的证据和公正的理论。

第二天，《纽约时报》就重点报道了这次活动。因为策划和安排了这次活动，博雅公关获得了美国公关协会颁发的特别银砧奖[①]，作为年度最佳活动的奖励，这是我们第一次获得该奖项。

为海湾石油经理做危机培训

海湾石油公司是我们最有创新精神的客户之一。20世纪60年代，商业环境开始发生变化。发布新产品、提供新服务，或者赚取合理的收益开始不足以满足新闻的需求。新的法规强制要求公司在雇用和晋升员工时保证所有人机会平等，坚持更高水平的职业标准和产品安全标准，重视环境保护以及消费者的知情权。总体而言，我们的客户不知道该如何处理社会和政治议题。他们会询问我们公关问题，"我必须回答吗"以及如果要回答的话，"我该怎么说"等问题。

一夜之间，海湾石油的管理团队需要一套新技能——我们的技能。客户要求我们开发一套培训课程，让海湾公司1 000多名项目经理意识到这些社会变化。我们为项目经理安排了两天的课程，课程设定的背景是在一个虚构的小镇上，海湾石油发生了大爆炸。我

---

① 银砧奖，美国公关行业中历史最悠久、最具影响力和公信力的奖项，被认为是美国公关界的最高奖项。——编者注

我的公关人生

们的任务就是培训经理们，让他们知道该如何处理这种导致死伤的事件，如何处理员工和当地居民的抗议，如何参加当地监管专家小组的公开听证，如何应对破坏环保法规的指责，以及在就业过程中歧视女性的指责。这个培训项目引起了其他几家石油公司的注意，海湾石油授权允许我们为它们举办同样的培训。

我们拓宽了公关的定义，让公关包括了向内部受众传播信息。这种进步推动公关总监开始扮演向高管提供咨询的角色，因此也就提升了公关的角色地位。我们现在开始定制标准回答，教人如何回应愤怒的员工或者工会抗议者，也与所谓的公众行善者——非政府组织正面交锋。我们成为议题的掌握者，成为立法或者监管倡议的推动者，应对来自非政府组织的挑战，比如环境、工人和产品安全、歧视、虐待动物等问题。

第七章 / 整合营销

要点

▶ 对今天的人来说，内容营销可能是新鲜事物，但对大部分公关专业人士来说它是早就存在的东西了。通过向各类受众提供准备好随时可以发表的文字材料，你能够拓展你的影响范围。

▶ 不管是大项目还是小项目，公司公关项目的最高目标就是要用同一种声音对外沟通。这也就是为什么首席传播官或首席广告官应该向CEO汇报，因为CEO是唯一有权代表整个公司发言的人。

▶ 首先撰写一个拥有清晰目标和倡议的文字方案，这个方案要完全贴合公司的商业计划。然后带着目标不断审视这个方案，调整或者删除那些无法实现预定目标的活动。

▶ 在大公司或其他大型机构中，全球公关负责人要负责领导公关和宣传人员，他要负责协调各部分的功能，监管员工发展。这些人最好每年见面两到三天，讨论公司的发展目标。

145

第八章

走向全球：
增长战略2.0

我的公关人生

在"二战"即将结束，我还在巴黎的时候，心里就萌发了创建一家全球公关公司的想法。像我家这样来自欧洲的美国移民家庭，都跟欧洲有着斩不断的联系。我们会讨论欧洲政治和国际事务，有时候也会讨论某个我们很喜欢但在美国买不到的品牌。与之相反，欧洲人对美国产品几乎一无所知，美国人对欧洲的制造商也所知甚少。美国军中广播在欧洲的流行让我意识到新闻没有国界，一个外国组织如果能够正直行事，也能够建立起自己的信誉。

当时，只有很少几家美国公司在欧洲制造产品，其中包括福特、通用汽车、埃克森石油、可口可乐和吉列公司。像杜邦和陶氏化学这种大型工业生产商都没有在欧洲制造，因为欧洲没有任何一个国家有足够大的体量，能够承受这么大的资本投资，而且由于关税问题，从经济角度考虑，从一个小市场向另一个小市场出口也不划算。

改变这种局面的催化剂就是《罗马条约》，这一条约带来了20世纪50年代后期欧洲共同体（简称"欧共体"）的成立。欧共体一开始的目标是降低6个国家之间的关税壁垒，这6个国家是联邦德

148

国、法国、意大利、比利时、荷兰及卢森堡。这几个国家联合起来创造出了世界上仅次于美国的第二大市场。这个市场足够大，能够让美国企业在欧洲进行生产，不用从美国本土跨越大西洋进行运输。

当我在《纽约时报》上读到欧共体创立的文章时，我就觉得B2B商人将会蜂拥而上，去迎合欧洲的买家。之后，他们将会拥抱来自亚洲、大洋洲、拉丁美洲，以及世界上其他地区的客户。美国和欧洲的大公司也会把亚洲看成潜在的主要市场，倾销他们的消费产品和服务。日本公司也会带着自己的立体声音响、电视机和汽车开始进攻美国市场。

虽然澳大利亚一家名叫埃里克·怀特的公司已经在东亚和伦敦开了分公司，但到目前为止，还没有公关公司建立全球版图。

进入欧洲（1961 年）

1960 年我去了三趟欧洲，想要为我们第一家海外分公司寻找理想的地点。我要为博雅公关和马斯特勒广告公司都建立分公司。因为语言相同、人才充足的优势，我比较倾向于伦敦，但还是明智地雇用了一个能干的顾问杰瑞·帕特森。帕特森是一名优雅的学者，曾获得罗德奖学金，"二战"时期曾在战时战略情报局工作。帕特森建议我们选择瑞士，由于税收原因，大部分美国企业都把欧洲总部建在那里。

149

我的公关人生

我们一开始打算选瑞士最大的城市苏黎世，那里也是欧洲境内最吸引美国企业设立欧洲总部的地方。在瑞士开个办事处说起来容易，但做起来就很难了。为了限制外国人的数量，瑞士的法律严格限制非瑞士籍员工的数量。外国公司要想获得执照，必须获得所在行业协会的批准。我们的顾问帕特森正好认识瑞士广告和公关行业协会的主席鲁道夫·法纳。

法纳先生是瑞士一家顶尖的广告和公关公司的老板。他建议我们选择日内瓦，不仅是因为有许多美国公司都选择了这里，还因为伟达公关已经在日内瓦开了一个办事处，在当地没有竞争对手。而且当地也没有专攻 B2B 的广告公司。我们申请的执照获得批准，也可以招收员工了。

博雅公关从 1961 年 3 月开始营业。我们在海外的创举引发了大量媒体报道和行业关注。小小的博雅公关已经成了"另一个国际公关公司"，跟伟达公关一个级别。营销行业媒体在美国采访了我，我接受邀请在全美境内向营销和公关组织发表演讲。我在哈佛商学院营销专业学生的培训会上发表演讲。在到欧洲出差五六次之后，我已经被视为国际营销和公关方面的专家了。

我们本来以为克拉克和罗克韦尔公司会成为我们在欧洲的第一批客户，能帮我们赚回四分之一的成本，但两家公司都推迟了计划。我们的第一个客户是美国国家酿酒公司旗下的美国工业化学品公司，之后是德州仪器、派克汉尼芬、美国黏合剂公司、惠普、通用电话、国际电话电报以及科宁公司。仅仅几年之后，我们又把 IBM、杜邦、陶氏这些著名大公司签了下来。1964 年美国

150

国会通过了《税收平衡法案》，国家将按照美国国内税率对美国企业的海外收入征税。我们大约一半的客户因此搬到了欧共体总部布鲁塞尔。1965年，我们也把大约一半的员工从日内瓦转移到了布鲁塞尔。

我们把多才多艺的霍华德·斯科蒂·索伊尔从纽约派驻到布鲁塞尔，与严厉、冷峻而又不失幽默的彼得·海恩斯搭档，彼得是从工程师转行成宣传人员的，他指挥了公司从日内瓦搬迁到布鲁塞尔的工作。分公司很快走上正轨，我们不久又从纽约派了一个很有潜力的新星鲍勃·利夫过去，代替已经回到国内的索伊尔。利夫被派到布鲁塞尔的时候不到40岁，聪明而骄傲，他写出来的商业信件是我见过的最幽默的。在管理博雅公关布鲁塞尔办事处三年之后，他成为欧洲地区经理。在我们进入亚洲市场之后，他又成为我们的国际区域CEO。卢·马格纳尼和罗伯特·川巴斯是我一生的朋友，他们两在布鲁塞尔分公司早期的发展中也发挥了关键作用。

终于，在伦敦开分公司

在设立日内瓦分公司之后，我们就开始着手准备伦敦分公司。我们不想只是单纯地调一些员工过去，然后宣布博雅公关开始营业。从一开始，我们就想做一项长期的事业。直到那时候，我们主要依靠当地几个B2B广告公司来满足英国、法国、德国和意大利的有限需求。1964年，我们收购了伦敦领先的B2B广告公司罗尔斯－帕克公司 15% 的股份，如果合作关系良好的话，后续我们还会完全收购这家公司。

但合作三年之后，我们意识到彼此之间存在文化冲突。他们觉得我们在做生意的时候太美国化了，而我们的一些美国客户觉得他们太过英国化了。我们两个国家被同一种语言所割裂。罗尔斯－帕克广告公司的彼得·帕克和我私交很好。1967 年 7 月周日的一个晚上，我在丽兹酒店餐厅告诉他合同结束后我们不会再续约。来自约翰·艾迪的一个电话加快了我们与罗尔斯－帕克公司的分离。在我们开设了日内瓦办事处后，他来纽约出差第一时间就给我打了电话，他自己在伦敦有一家中等规模的公关公司——C.S. 服务公司，他也有国际化的野心。艾迪的合伙人克劳迪·西蒙兹就像是托马斯·哈代笔下典型的英国乡绅，他马上就要退休了。艾迪有权力优先购买西蒙兹手里的股份，但他没有足够的现金。

我和鲍勃·利夫马上与艾迪和西蒙兹达成协议，我们用现金购买西蒙兹手里的股份，然后与艾迪互换手里的股份。我们还邀请西蒙兹继续留任。他在英国商界和政界都很有名，曾担任贸易委员会主席，为"二战"后的财务大臣斯塔福德·克里普斯担任顾问。西蒙兹最大的优点就是他平静从容的处事方法，这个特质能够抵消脾气火爆的艾迪带来的不确定性影响。

艾迪 30 多岁，为人高调，喜欢炫耀自己的住宅，因为这栋房子位于伦敦时尚的奥尔巴尼街，原属于已故的拜伦爵士。他个人信笺抬头就印着"伦敦，皮卡迪利大街，奥尔巴尼街，拜伦居所"。艾迪头脑灵活，对客户的利益有非常敏锐的直觉。C.S. 公司位于卡洛斯广场五号，在康诺特饭店的对面，像是电影《楼上楼下》里的小洋房。这座建筑建于 19 世纪中叶，其房屋布局对公关公司来说有点局促，因为我们想要让员工可以有地方相互交流想法。艾迪作为公关专家的能力毋庸置疑，他全心全意奉献自己来服务客户。

C.S. 的客户包括英国最知名的一些消费品牌，比如必富达金酒、奥斯丁里德百货商场、巴宝莉、沙宣化妆品。艾迪还吸引了一位特殊的客户——鲁伯特·默多克。当我们在增强自己的知名度时，他正在努力成为舰队街①上主要的报纸出版商，他给我们带来了关注度。他当时正在对英国发行量最大的报纸《世界新闻》发起恶意收购，竞争对手罗伯特·麦克斯维尔也是个外来者，想要建立自己的媒体帝国。

《华尔街日报》写了一篇关于默多克胜利的文章，在这篇文章中约翰·艾迪被认为是博雅公关伦敦分公司的总经理，据说他曾组织起一帮反对麦克斯维尔的人，在麦克斯维尔对股东发表讲话时，对他有粗鲁的行为。鲍勃·利夫打电话给我，向我保证艾迪的策略虽然有点极端，但对默多克的胜利起了非常大的作用。我的回答让他很吃惊："我们现在在伦敦的公关圈子里已经被视为一家成功的公司了，这比我预想的要快得多。"在我们收购 C.S. 公司 9 个月之后，原来的 29 个员工大部分都离开了，取而代之的是更多英国本土的高级公关人才，他们的资历和学识与我们的员工相当。

---

① 舰队街是位于伦敦中心的一条街道，曾是众多全国性大报办公室所在地，因此成为英国媒体的代名词。——编者注

德国、法国、意大利和西班牙

为了给德国的客户提供服务，1968年我们收购了斯图加特一家非常专业的B2B广告公司15%的股份，它的老板赫尔曼·布鲁德马上要退休了。这家广告公司一直保持赢利，而且交付了一项达到我们要求的服务产品，所以我们在1972年全资收购了这家广告公司。

1973年，我们扩大了在德国的业务，在法兰克福开了一家分公司，让埃里克·肖格伦负责掌管。肖格伦是一个具有学者风度的瑞典人，他离开北欧航空公司后加盟了我们在布鲁塞尔的分公司。之后，我们关闭了在德国斯图加特的办公室，在汉堡、波恩、柏林相继开了分公司，有一段时间在慕尼黑也有。博雅公关是德国第一家国际公关公司，也是最大的公关公司之一。

法国跟德国一样，也是个难以渗透的市场。在这两个国家，大多数有想法的客户都在公司内部处理自己的公关事务。1976年，我们派遣布鲁塞尔分公司会说法语的业务经理克里斯·菲舍尔到巴黎。菲舍尔在博雅公关工作了30年，其中有两年作为公关总监外派塞维利亚，为1992年世界博览会提供服务。经过2012年的一次收购之后，博雅公关成为法国最大的公关公司。

20世纪80年代，我们在欧洲大陆持续扩张，在马德里和巴塞罗那开了新的分公司，之后是米兰和罗马，再之后是哥本哈根、奥斯陆和斯德哥尔摩，然后是海牙和苏黎世。

在意大利，我们一开始与拥有一家小广告和公关公司的意大利人合作，他为人和气、幽默，但没有能力提供满足大客户标准的服务。1982 年，我们的主要竞争对手开始进行管理重组，其中流砥柱吉廖拉·伊巴辞职了，她是一个非常优雅、有魅力的女人。我们公司的国际主管鲍勃·利夫在她辞职后，就向她发出了博雅公关在意大利分公司的职位邀请。20 世纪 80 年代，博雅公关的意大利公司已经成为该国知名度最高的公关公司，这一地位一直延续到今天。

在西班牙，我们一开始与美国人伯纳德·詹宁斯手底下的一个子公司合作，詹宁斯是个喜欢冒险的人，菲德尔·卡斯特罗发动古巴革命之后，他从哈瓦那逃到了马德里。詹宁斯患有晚期恶性肿瘤，在他去世后，他的小生意就分崩离析了。我们的联系人是年轻的美国人特雷莎·多恩，她把这个坏消息带过来。鲍勃·利夫雇用 26 岁的特雷莎掌管博雅公关的西班牙公司。经过不到 10 年的时间，我们成了这个国家最大的公关公司。20 年之后，经常被当地人错认为是西班牙人的特雷莎辞职了，她在马德里郊外开办了一家旅店。

东欧和苏联

20 世纪 70 年代早期正逢冷战高潮时期，为了缓和美苏之间的紧张关系，理查德·尼克松总统向苏联领导人尼基塔·赫鲁晓夫提出了名为缓和期的战略。在这种背景下，博雅公关的国际主管鲍勃·利夫被邀请前往铁幕后的莫斯科以及其他东欧国家发表有关公共关系的演讲，观众主要是全苏对外贸易广告公司的代表，这是苏联的国家广告机构。这家广告公司雇了我们三年，在美国境内进行商业推广和贸易宣传。在那段时间里，苏联政府正在分配大量资金来开发石油和天然气资源，美国的管道、阀门和其他油田设备供应商都渴望分一杯羹。1977 年在洛杉矶，我们成功举办了一个为期一周的苏联国家展览会，以此庆祝苏联十月革命胜利 60 周年。

1973 年，全苏对外贸易广告公司邀请我和妻子贝蒂去莫斯科访问三天，时间安排在 10 月下旬。对方跟我们说，当地的天气有些冷，但不是刺骨的冷。然而，等我们到达莫斯科机场的时候看到的却是漫天大雪，温度低得把机场巴士的车门都冻住了。接待我们的三个人给我们在当时新建成的苏联国际旅行社顶层预订了总统套房，从这里能够俯瞰克里姆林宫。对方招待得很周到，我们看了波修瓦芭蕾舞，到莫斯科马戏团的后台见了俄罗斯最著名的小丑波波夫，还品尝了苏联各地的美食。接待我们的人都喜欢贝蒂，因为她与他们相谈甚欢。每到一个地方，在午餐或晚餐之前，俄罗斯人都会喝伏特加或者苏格兰威士忌。通常在经过第一轮或第二轮敬酒之后，我就基本不行了。

我们在东京转机，乘坐夜间航班返回美国。时隔 40 多年，我仍然对俄罗斯幅员之辽阔、石油之丰富印象深刻。想象一下，俄罗斯版图跨越 11 个时区，要在这么多时区内协调沟通和回应有多么困难！在 10 个小时的飞行时间内，我们总是能看到地面的油田或者是天然气田的火光。

拓展亚洲业务（1973 年）

20 世纪 70 年代早期，我开始推动公司在亚洲的扩张。当时美日之间的贸易十分繁荣，这对日本来说比对美国的意义更大。我们公开在亚洲的发达市场开设分公司，这听起来也比以前更为合理。对于我们亚洲的第一家分公司，我觉得东京是首选城市。

通用汽车邀请我参加他们在东京的盛大日本汽车展。这是我第一次造访亚洲，我利用这次机会拜访了日本的三大顶尖公关公司，包括日本国际公关公司、日本宇宙公司和日本电通广告公司，其中电通的公关部门从属于这个在日本广告界占主导地位的广告公司。我当时只认识一个日本人，就是日本国际公关公司的创始人和老板，他非常有领袖魅力，毕业于哈佛商学院，也是日本最受尊敬的公关咨询专家，我几次在国际公关会议中与他见面。

我这次拜访日本的目的有两个：首先，我想要亲自感受日本和亚洲的公关市场；其次，客户和其他一些在日本做生意的人告诉我，我应该慎重考虑，选择合资经营，而不要自己单干。

三家日本公司对博雅公关在东京开分公司的事情没有一点兴趣。每家公司都认为自己有能力满足欧美跨国企业在日本的需求。其中一家公司退让道："或许让一两个博雅公关的美国高管来东京能有点帮助，他们可以成为东京与博雅在欧美公司的纽带。"但没有一个人想让博雅成为自己在日本市场的竞争者，他们都表现出让博雅代表他们的日本客户，在美国和欧洲进行宣传的浓厚兴趣，并提到了以独家合作方式购买少量股票。

我的公关人生

在我返回纽约的途中，飞机在美国北部的安克雷奇停机加油时，我决定在日本寻找一个合伙人，最好是一个中小规模的、拥有全球野心的企业，这家企业的负责人最好有一点点与西方世界做生意的经验。

香港、新加坡和吉隆坡

1972 年 5 月，我和时任博雅国际业务主管的鲍勃·利夫参加了一年一度的国际公关协会年会。我们在奥斯陆会合后登上了一艘游艇，穿过云雾缭绕的挪威水域，两天之后在汉堡登陆。游艇起航后不久，利夫与一个留着山羊胡子的年轻人在游艇上的酒吧见面了，这个年轻人长得跟前英王乔治五世几乎一模一样。他叫彼得·伯申托克，是曾经鼎鼎有名的格兰特广告公司新加坡公关分公司的经理。伯申托克是与他的老板戴维·米切尔一起来的。米切尔是塔斯马尼亚人，身材瘦高，留着一头卷发，他管理着格兰特公司在亚洲 4 家分公司的公关关系网。格兰特最近刚由一家加拿大的广告公司接手，新东家决定关闭公司的公关业务，所以米切尔和伯申托克决定离开格兰特。为了与新的跨国公司联系，他们决定参加此次会议。他们已经听说我和利夫将会参会，并且知道我们有志于亚洲市场。

米切尔和伯申托克已经在亚洲工作了 5 年，看起来对当地的公关情况有很深入的了解。在接下来两天里，我们花了 6 个或 8 个小

158

时一起研究博雅公关该如何使用他们在亚洲的资源。我们唯一的国际竞争对手就是伟达公关，他们最近刚收购了埃里克·怀特的公司。米切尔和伯申托克将带着他们在香港和新加坡的所有员工投奔过来，大概有 25 个人。他们还希望能把所有客户都带过来。米切尔向我保证，他的提议都符合当地法律。我出钱邀请他们来纽约与我的合伙人比尔·马斯特勒见面，在他们见面之后我们会做出决定。

在我回去的时候，我动身前往芝加哥去见我们公司的法律顾问威廉·麦克尼尔。他的正义感远远超出了法律的范畴，如果说世界上还有正人君子的话，他肯定是其中之一。他花了几个星期熟悉香港和新加坡的法律，然后建议说："目前来看，少说多听，不要做出任何承诺，也不要留任何书面把柄。"米切尔和伯申托克在纽约待了一个周，受到了比尔和其他博雅同事的热情招待，同事们都很喜欢这两人的亚洲故事。

在得到我们的行为是合法的保证之后，博雅雇用米切尔和伯申托克在香港和新加坡创办了分公司。正如我们所预料的，两人要求获得除了日本市场之外其他亚洲市场的股份，我们慷慨地给了每个人 20% 的股份，并且一致同意如果他们有一天要离开公司，公司会以双方一致同意的价格回购他们手中的股份。

我和鲍勃·利夫在 1973 年 2 月飞到亚洲，参加了香港和新加坡公司的开业仪式。在每座城市的开业仪式上，参加仪式的人都包括客户、员工、嘉宾，以及当地公关圈子里的人，数量超过百人。一个月之后，我收到一位加拿大律师的电话，他告诉我他的客户—— 一家

我的公关人生

加拿大的广告公司想要谈谈赔偿的问题,因为他们的前员工米切尔和伯申托克的离职给公司带来了很大的损失。我询问了赔偿详情和数额,他们要 5 万美元,主要是差旅、长途电话以及其他行政开支。我没有咨询任何法律或财务建议,我知道这是一桩交易,所以同意赔偿。两家分公司从开业第二个月就开始赢利,直到现在,也是每年都在赢利。7 月,我们在马来西亚的首都吉隆坡开了第三家亚洲分公司。

博雅公关在 1997 年香港回归中扮演了重要角色。为了应对那些预料香港回归后会丧失活力的国际舆论,香港商界大亨们成立了"香港明天更好基金会",旨在为香港回归营造有利氛围。

博雅公关还成为香港第一任行政长官董建华先生的公关顾问。董先生持续不懈地向商界、媒体以及全球各市场传递对香港的信心。我们的目标是重塑香港品牌,以确保其繁荣经商之地的国际地位可以持续发展。我们的回归准备工作没有仅限于香港当地,其中一个重要的部分也包括为高级政府官员提供国际媒体关系和发言人的培训以及对外传播的咨询,以帮助他们做好回归前后将要面对大量国际媒体的准备。

2003 年,一种致命的新病毒 SARS 在中国大陆的南方城市出现并迅速扩散到香港、新加坡、多伦多和其他城市。在公共健康和医疗专家们不分昼夜地努力控制这种很快在全球扩散的致命病毒的同时,香港政府雇用了博雅公关来进行一场危机传播活动,向全世界通报香港政府在控制病毒扩散方面所做出的努力。我们的工作范围包括全球媒体简报,国际媒体支持,以及发布信息资料向国际社会传递病毒控制的进展。

160

东京

接下来几个月里，我继续寻找在日本的立足点。一个同事告诉我，日本第二大金融机构富上银行拥有一家名为富十广告服务公司的子公司。现在这家公司由富士银行 CEO 的儿子岩佐介三管理，岩佐介三想要开拓新业务，因为新业务能对他现在的业务起到补充作用。我邀请介三在东京见面，他很快就回应了我的请求。他不会讲英语，而我又不会说日语。所以我雇了一名年轻的日本记者杉田志聪担任翻译，他是辛辛那提一家报纸财经新闻部门的员工。我们带着志聪来到纽约，打算最终将他调到东京任职。志聪陪着我到了日本，岩佐介三的妻子惠子毕业于美国普吉特海湾大学，英语非常流利。

我向岩佐夫妇解释了我们的计划，那就是双方合作建立一家合资企业，富士广告公司将拥有一小部分股份，而博雅公关负责日常管理。然后双方同意安排一次与富士银行的主席和 CEO 岩佐凯实的会面，他是日本的大卫·洛克菲勒。会面时岩佐凯实的助理担任翻译，这位助理在我们合作期间起到了非常大的作用。这一次我的提议也受到了积极回应。岩佐主席让我提交一个议案，他承诺 30 天后，当他去纽约出差时会做出决定。

我和岩佐主席的第二次会面是在美国第五大道的皮埃尔酒店，各自都带着翻译，我得知富士银行和富士广告公司都同意我提出的安排。这次会面的目的是敲定我们的合作细节。第一个问题就是所有权的划分。我之前提议富士广告公司拥有 20% 的股份，而岩佐

我的公关人生

主席提出的数字是 40%。最终我们商定为 30%。岩佐主席询问了维持运营的资本需求，从第一天开始我们就会有好几个客户，所以我们设想的是各出 250 000 美元作为运营资本。他告诉我，我们需要拿出 200 000 美元交给第三方托管，作为支付租金的保证金。富士银行会给我们的新公司贷款 250 000 美元（70% 的资金由博雅提供担保），还会提供公司需要的授信额度。剩下的工作就是签订正式合同了。

在我们会谈的 90 分钟里，我感觉现实十分奇妙：现在我坐在这里，与日本第二大银行的主席商讨一宗 6 位数的生意。在我看来，这就相当于一个日本公关公司的老板在与美联储的主席商谈一桩如此小的生意。我们进入日本市场的成果超出预期——博雅富士公司第一年就赢利了，在日本很少有新成立的公司能够实现这个目标。

岩佐主席在我们一开始的成功中起到了关键作用。他欢迎我们的潜在客户以及跨国公司 CEO 去拜访他，通常还会邀请他们到总裁餐厅共进午餐。在经过这种款待之后，没有一个客户或者是潜在客户再质疑博雅在日本的人脉。我们没有滥用这种特权，甚至觉得其实我们也在帮助银行获得优质的新客户。

这次合作最让人满意的就是我和妻子与岩佐家族建立了良好的关系。不论什么时候，只要我们到访东京，岩佐夫妇就会邀请我和贝蒂到他们家共进晚餐，通常很少有外国人能得到这种邀请。岩佐家族拥有一片住宅区，占地大约 4 000 平方米，位于东京上流社会住宅区青山区。这片住宅区包括三栋西式风格的房子，分别住着老岩佐主席，介三及家人，介三的姐姐及她的家人，每栋楼房里都有日式风格和西方风格的客厅。之后，岩佐家族将这片住宅区重建为两栋多层公寓，供岩佐家族居住。

在某些方面，日本快速适应了西方的生活方式。20世纪70年代晚期，我们将雅芳引入日本。一个年轻的日本客户专员建议雅芳赞助一场女子马拉松比赛，而年长的日本团队成员不怎么认可这种想法，怀疑能否有足够多的日本女性报名参加马拉松。我们的客户团队理解这种怀疑，也认识到其中的风险，但强烈希望试一试这个想法。雅芳高层同意了这个提议。最终有9 000名日本女性参加了这次马拉松比赛，之后几届人数甚至更多。

然后我们又在日本引入了安利日用品公司以及上门推销这个概念。以前，日本文化中并没有这种概念。警察会监控东京社区的人流往来，每个社区都有电话报警亭。博雅的业务团队认为，为妇女和社区警察举办一次安利聚会能让他们明白安利公司如何推销其产品。这种方法起作用了，上门推销在日本突然之间得到了认可。

我们与富士广告公司和富士银行的合作关系结束于20世纪90年代早期。1978年老岩佐先生卸任富士银行的CEO，他的儿子岩佐介三也不再负责富士广告公司。新的管理层对我们的合资企业兴趣寥寥，在多年尝试加强我们之间的合作无果之后，我们出资收购了他们手中的股份。在我们20年的合作期内，股票价值翻了5倍。但即使这样，我们付给富士银行的钱甚至连这家银行账上的误差零头都不够。

在日本，我们任命福永首田女士担任博雅的全权业务总监，这

我的公关人生

一举措影响了日本公关圈的风气。之后福永去了尼桑汽车公司，成为日本第一位在大公司管理公关和沟通部门的女性。5年之后，她回到博雅并管理东京分公司十多年，这在日本到现在也是很罕见的。

北京

自从尼克松总统和国务卿基辛格融化了美国与中国自"二战"后形成的坚冰开始，我的香港合伙人就将目光放在了将会成为世界第二大经济体的中国身上。戈弗雷·斯科特布鲁克在香港住了将近50年，可能是香港最有知名度的西方人，他与他的合伙人林先生在香港被英国统治期间就与中国大陆的各种机构保持联系。当我拜访香港的时候，他们安排我与新华社、中国银行和中信集团的高管共进午餐。

在一开始的时候，政府要求如果外国公司想在中国开展业务，就必须与中国企业组成合资企业。新华社已经拥有一家翻译公司、摄像公司和印刷公司，得知这些后，斯科特布鲁克和林先生提议与新华社合作。我的合伙人解释道，既然新华社已经有了这么多业务，那他们自然而然也会想涉足公关业务。

我们的提议是，博雅公关将会从1985年开始在北京发展，提供管理和公关战略服务。这些业务主要由香港的分公司负责，然后他们与新华社的编辑和记者合作推动项目实施，博雅将在三年之内建立起提供全面服务的北京办公室。在第 8 年合作结束的时候，新华社将会用博雅培训的人才建立自己独立的公关公司，开始为中国大陆的客户服务。今天中国环球公关公司已经成为中国本土最大的公关公司之一。

新华社的安排有利于博雅公关及我们的客户。这能让博雅提供一项独特的服务，它将成为未来 5 年或更长时间的支撑业务，也就是介绍外国公司高管与中方具体负责人员会面，以讨论其进入中国市场的事宜。在我们之前，许多外国的 CEO 可能花了一个星期甚至更长时间，却找错了政府部门，其对话的官员完全不负责外资企业进入中国市场方面的工作。

我和贝蒂第一次来到中国大陆是在 1986 年，我们以新华社客人的身份造访中国。两车随行人员（包括两名会讲英语的新华社负责人、一名导游以及司机）外加一辆舒适的奔驰轿车在当时还很荒凉的北京机场接我们，把我们送到一家专门招待外国人的小宾馆。新华社的两位招待人员都姓于，年长的大概 60 岁，年轻的那位三十五六岁。年纪大的我们称之为老于先生，年轻的称之为小于先生，就这样我和贝蒂开始了为期 7 天的旅行，这是我们经历过的最为有趣的观光体验。紫禁城、天安门、人民大会堂、长城、颐和园，还有一家北京特色饭店，两位主陪说我们将会充分领略中国文化。

离开北京前一天，我们在北京与新华社领导会面，我感谢他的热情款待，而我们公司只对新华社做出了很小的回馈。在合作的第一年，我们列出 150 000 美元的预算作为新华社为我们服务的报酬。"恰恰相反，"新华社领导说，"你们的 150 000 美元是硬通货，

165

有助于新华社加快计算机化的步伐。"他说政府拨款的硬通货很少，博雅公关将会永远被新华社铭记，因为我们将新华社带入了现代化的数字时代。我从来没想到这一点。

在上海我们住在传统的锦江饭店，住的套房有三个卧室，这是尼克松总统访华时曾下榻的房间。我们参加了一场以美国风格的模特和服装为主的时装秀，第一次观看中国的戏曲和舞蹈，在顶级餐厅品尝上海美食。我们还游览了附近的运河小镇苏州，它被称为"中国的威尼斯"，只是当地的下水道系统让贝蒂吃了点小苦头。

我们还参观了古都西安，那时考古学家刚在那里发现了真人大小的赤褐色士兵陶俑，它们被放置在临时的木架子上进行展示。最后，我们在广州停留一天，"二战"之前广州曾是重要的贸易中心。我们乘坐快艇飞快掠过珠江水面前往香港，周围充斥着数量众多的各种类型的船只。

我们在北京的分公司从 1985 年开始营业，在 20 世纪 90 年代初之前只专注于在北京提供服务。北京办公室业务增长很稳定，其中很大一部分业务都是帮助外国企业在快速增长的中国市场立足。当 1992 年我们在广州开设分公司的时候，我们的员工已经达到了上百人，而且几乎都是中国人。（我们的国际拓展目标是在美国本土以外的所有办公室都实现本地化，尽快培养出一支当地的管理团队。）一年之后，我们在上海又开了一家分公司，现在它已经成为我们在中国的第二大办公室，致力于消费品营销公关。2013 年我们在深圳开分公司，2006 年我们又扩张到成都，每个地区办公室的负责人都是中国人。

第八章 / 走向全球：增长战略 2.0

悉尼与墨尔本

1980 年，我们认为在悉尼与墨尔本开设分公司的时机已经成熟。博雅亚太地区 CEO 彼得·伯申托克与我一起拜访了这两座城市。我的目的是获得对当地市场最直接的感觉，此外我还与数家想要与我们合作的中型企业会面。那时候，澳大利亚市场上一线的公关公司是伟达公关与奥美公关公司，后者由澳大利亚一名企业家掌控。二线公关公司也有四五家，每家都有 15~30 人不等的员工。我们与其中 4 家公司的人见面，探讨并购的可能性。有些跨国公司我们曾经在其他市场服务过，此次我们也与其公关高管会面，此外还有一些澳大利亚本土的公关专家。在进行调查期间，我们惊讶地得知博雅公关在澳大利亚已经是知名品牌，虽然还没有进入澳大利亚市场，但它已经被排在一线公关公司的名单中了。虽然我们的发展比其他两大竞争对手至少落后 5 年，但如果我们以博雅公关的名义进入澳大利亚，市场就会把我们定位成三大公关公司之一。我们如果并购一家中型公司，那么就会被视为二线公关公司。

我们很快就做出行动，当年 7 月公司就派遣彼得·沃尔福特到悉尼开设澳大利亚第一家分公司。沃尔福特于 20 世纪 60 年代加入日内瓦分公司，1973 年调到东京担任第一任总经理。他是博雅公关有史以来最具语言天赋的大师，能够讲 12 种语言。一个月之后约翰·伯奇从伦敦分公司调到墨尔本，他是在印度服完兵役后加入博雅的。之后，我们在堪培拉开设过分公司；在阿德莱德开设过分

167

公司，服务三菱汽车和普利司通轮胎；在布里斯班开设分公司，服务 1988 年的世博会；还有珀斯，当时那里正在经历石油和矿产开发热潮。目前，我们还保留着一开始设立的两家分公司。

在拉丁美洲扩张（1976 年）

拉丁美洲也是一个有潜力的市场，只有相对来说为数不多的公关公司。1965 年我第一次造访墨西哥，与《时代》杂志前记者罗伯特·本杰明的小公司建立合作关系。我们有几个在墨西哥有生意的客户，本杰明的小公司为客户提供了优质的服务。1986 年，我们收购了在业界颇有名声的奥莫德尔塔公司一小部分股票，最终在1991 年全资收购了该公司。

1973 年，我开始探索巴西的公关市场。在开始的几年，我们与当地一家小公司合作，但这家小公司缺乏我们需求的资源。三年之后，我们合并了自有业务，成为巴西最受尊敬的公关公司之一，只是偶尔发生通货膨胀时，经营会变得异常困难。在里约热内卢，我们从 20 世纪 90 年代就开始涉足其中，2012 年我们在巴西首都巴西利亚开设了新的分公司。

1981 年，我们收购了波多黎各一个隶属于扬罗必凯的小公关公司，波多黎各开始进入我们的议程。虽然只有 12 个人，但这家小公关公司已经与我们许多大型客户合作过，尤其是在制药行业。公司由瑞思阁·李察管理，1988 年他成为我们在拉美市场的负责人，并在迈阿密建立起地区总部办公室。杰夫·亨特在纽约加入博雅公关，之后晋升为韩国地区经理，他在 1993 年接替了李察的职位，在那个位子上待了两年。他的继任者是吉姆·道林，他接替我担任博雅公关的 CEO。吉姆是一个高尔夫球爱好者，在退休前两年的准备期里，他接受了将博雅公关打造成拉美一流公关公司的挑战。他的继任者拉米罗·普鲁登西奥也是一个老博雅人了，从 1990 年开始，他先是在华盛顿工作了三年，之后被派到智利首都圣地亚哥，负责在当地开设分公司。在前往迈阿密担任博雅地区 CEO 之前，他还担任过博雅圣保罗分公司的经理。

1994 年对博雅来说是转折性的一年，公司先后在阿根廷的布宜诺斯艾利斯、智利的圣地亚哥、委内瑞拉的加拉加斯等地开设了博雅独资的分公司。至于哥伦比亚的波哥大分公司，一开始博雅的代表在那里工作了两年，1997 年它正式成为独立分公司。在 2006 年，我们在秘鲁利马、乌拉圭蒙得维的亚都开设了分公司，还在哥伦比亚开设了第二家分公司。

印度、中东与非洲

1989 年我卸任 CEO，之后我们在印度的独资分公司成立，比计划提早了 10 年。一开始，我们与印度最资深的公关顾问罗杰·佩雷拉保持独家合作关系。他在孟买有一家公司，博雅的客户在印度的其他地方也有公关需求，但罗杰无意进行扩张。（罗杰的女儿普

169

里亚·佩雷拉·萨维安非常有才华，她现在是我们纽约分公司的董事总经理，在十几年的时间里，她一直是我们公司财经公关方面的中流砥柱。）

印度的基础设施，包括高速公路、铁路以及机场等都非常落后，这导致印度无法形成一个大型的、统一的全国市场。相反，印度是由十几个地区市场构成的，每个市场都有 1 000 万~3 000 万人或更多的人口。

在我们仔细审查的过程中，我们最重视的公司是创世纪公关。这家印度公关公司已有 12 年的历史，在印度的商界和政界享有盛名。公司创始人普雷玛·萨加尔是混血儿，她的父亲是印度人，母亲是丹麦人，普雷玛在印度召集起一支主要服务印度市场的队伍。在交流过程中我们惊讶地发现，几乎所有初创成员都仍然留在队伍里。我们的策略是与创世纪成为关联公司，先合作两年来评估一下双方是否合适。在两年结束之后，对方可以选择退出，或者博雅收购创世纪大部分股份，然后在 2002 年收购全部股份。博雅与创世纪从一开始就合作得亲密无间，创世纪博雅总部位于新德里郊区，在班加罗尔、金奈、海德拉巴、加尔各答、孟买和普纳都有满员的办公室，总员工数超过 250 人。

公司的创始人和 CEO 萨尔加女士是印度商界最受尊敬的人士之一。公司多次被评为印度第一的公关公司，通常能够获得最优质的客户项目。萨加尔女士同时也是创世纪中心的建立者，这是一个非营利医疗机构，主要为印度的儿童提供免费医疗服务。时任亚太区 CEO 的比尔·赖伦斯促成了这次交易。

中东一直都被视为一个新的公关市场，博雅早在 1982 年就在巴林有了分公司，在此之前与当地最大的广告公司有过合作关系。在黎巴嫩爆发内战之前，由于人们对那个地区的兴趣与日俱增，我们正打算在黎巴嫩首都贝鲁特设立一个分公司。事实上，就在黎巴嫩内战爆发前的晚上，博雅国际业务负责人鲍勃·利夫已经签署了开设贝鲁特分公司的合同。我清楚记得自己在 1979 年首次拜访巴林、迪拜和阿布扎比时的情景。迪拜的地标是三座摩天大楼，每座都有 30 层高。出了后门就是一望无际的沙漠。一开始我们在迪拜的两个客户是美国运通与花旗银行。

该地区最有名望的公关专家苏尼尔·约翰负责管理 ASDA'A 博雅，博雅在 2008 年全资收购了该公司。约翰是一个年轻的印度记者，1999 年在迪拜创建了 ASDA'A 公关公司（ASDA'A 翻译成英语是"回声"的意思）。一开始 ASDA'A 只有 6 名员工在一间屋子里工作，此后业务飞速增长，苏尼尔·约翰也很快成为中东最受尊敬的公关专家之一。博雅欧洲地区 CEO（此后担任过中东与非洲CEO）越来越意识到这一地区的潜力，他与 ASDA'A 建立长期独家合作关系，最后 ASDA'A 成为博雅的全资子公司。

ASDA'A 值得自豪的事情包括在中东定义了公关，以及帮助阿联酋成为独立的政治实体。公司成功帮助阿联酋获得 2020 年迪拜世界博览会的承办权，以及 2019 年迪拜残奥会的举办权。ASDA'A 的足迹遍布整个中东，在中东拥有 11 个全资子公司，总员工数达到 200 多人，其中 60% 是阿拉伯人。2016 年，ASDA'A 博雅在国际商业奖项竞争中，连续第六年被评为年度公关公司。

非洲经济具有非常大的增长潜力，我们把非洲作为博雅公关未来扩展的方向。事实上，30 年前我们就对非洲很感兴趣了，当时我们已同意收购南非著名的公关公司，该公司位于约翰内斯堡。由于当时的南非政府奉行排外的种族主义政策，美国政府对南非实行制裁，我们的并购在 1985 年被迫中止。

作为对制裁的应对，博雅深度参与了一位美国客户关闭高利润业务的过程，希望其公司能够得到对方的理解，如果制裁解除的话业务也能够恢复。最终，我们经过内部头脑风暴产生了一项独特的解决方案：建立一个基金会，资助黑人学生学习商学院课程。我们希望通过这种方式，为南非培养一批受过良好教育的黑人学生，这样在种族隔离政策废除后，他们就能够承担起治理国家的责任。我们拜访的目的就是确认成立指导委员会，并招募委员会成员。在会见的人中，有两个人给我留下了深刻印象，30 年过去了，我仍难以忘怀。这两个人就是德斯蒙德·图图主教与祖鲁族的酋长曼戈苏图·布特莱齐。

资助黑人学生这个解决方案其实是主动找上我们的。2007 年初，南非的罗宾·德维利耶就来到我们华盛顿的办公室，讨论建立一个附属子公司或者合作伙伴关系，以此为她的阿肯公关公司在华盛顿的事务提供服务。罗宾拥有在金融部门 6 年的公关经验，她在 1989 年开创了自己的公司。她的使命是建立一个公司框架，这一框架能够在全非洲 50 多个国家为她的客户服务。她在一个又一个国家努力，挑选当地领先的公关公司，双方建立子公司。在一些国家她还能获得少量所有权。她花了 20 年时间，在全非洲除了两个国家之外的所有国家都建立了子公司。

博雅设计了两步走的战略，首先购买了阿肯公关公司的少量股份，几年之后如果双方同意，博雅将会进一步获得控股股份，这是在2011年发生的事情。

阿肯公关公司为全球化大公司提供了专业和高质量的服务，我们对此印象深刻，它的客户包括必和必拓、盖茨基金会、埃森哲、甲骨文、壳牌、雀巢、戴尔、麦当劳、埃克森美孚以及巴克莱银行。2013年，我们收购了阿肯，并且留用了公司的创始人和CEO。我们的行动引起了许多全球消费品营销商的询问，他们都对日益繁荣的非洲国家感兴趣。现在这家公司名为阿肯博雅，它一直被人们视为非洲大陆上出类拔萃的公关公司。

20世纪90年代，埃及政府雇用博雅公关来推广埃及的旅游业。我们在埃及设立了一个小办事处，由英国人杰里米·加尔布雷思负责，他现在是我们欧洲、亚洲、中东和非洲地区的CEO。两年之后，由于无法维持生存，我们关闭了这个办事处。

在30年的时间里，博雅和伟达是仅有的两家国际公关公司。20世纪80年代早期，广告公司占据了前十大公关公司中的八席。此后不久，但凡博雅和伟达出现的地方，很快就会出现更多的公关公司。当新加坡只有博雅、伟达再加上一家本土有实力的公司竞争时，这个市场还很好。但当七八家国际公关公司竞争同样的市场时，情况就不容乐观了。在独立公关公司走向全球化的过程中，其影响最为深远的是爱德曼，它是现在全球最大的公关公司。

173

要点

▶ 人们更喜欢用本国语言做生意，这就是为什么越来越多学习传播学的学生应该学习外语。

▶ 实际上是没有国际公关学这一学科的。跨国公司要针对每个国家制订和执行不同的公关计划。在一个国家有效的公关策略在另一个国家未必行得通。不同文化的人有不同的诉求点，媒体运作的方式也各不相同。

▶ 去国外探索你的职业选择。每个发达国家以及许多仍然处于发展中的国家都有一流的本地化公关公司，这些公司能够与业界资深的国际公关公司展开竞争。

▶ 要密切关注各国政府和政治实体的关系。美国的商业法律，比如1977年《美国反海外腐败法》等，对美国公司雇员的要求更高，而其竞争对手则没有这么多束缚。

夏博新 21 岁时拍摄的照片（1942 年）

夏博新（右起第二个）与休谟高中辩论队（1935 年）

"二战"时期，夏博新隶属于第 1141 工兵部队，拍摄于德国（1945 年）

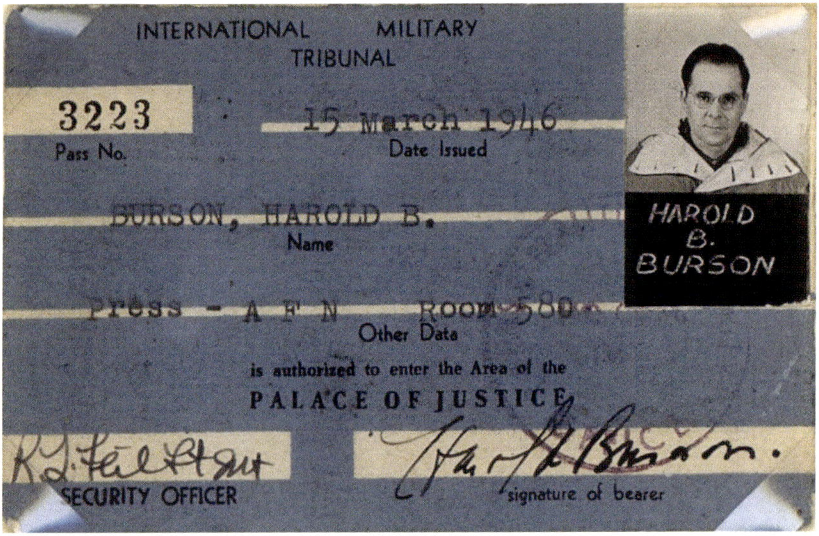

夏博新报道纽伦堡审判时的证件照（1946 年）

夏博新与比尔·马斯特勒一起规划公司在欧洲的扩张计划（1960 年）

夏博新与贝蒂在墨西哥（1964 年）

夏博新与伊莱亚斯·布赫瓦尔德（1968 年）

夏博新（右起第二个）与博雅欧洲的管理团队在法国卢瓦尔河谷，
包括鲍勃·川巴斯、山姆·麦克拉肯、鲍勃·利夫、克劳德·马歇尔、
威利·盖斯勒（1969 年）

夏博新到访香港，参加博雅分公司的开业仪式（1973 年）

夏博新为密西西比大学新闻专业学生讲课（1975 年）

夏博新与博雅东京办公室总经理彼得·沃尔福德及
员工一起庆祝传统节日（1976 年）

夏博新在马来西亚槟城参观万佛宝塔（1978 年）

夏博新在办公室（1978 年）

To my good friend, Harold Burson,
With appreciation and best wishes, William Winter,
Governor of Mississippi

夏博新在密西西比与州长威廉·温特（左）一起参加"夏博新日"（1982 年）

《纽约时报》报道博雅成为顶级公关公司（1984 年）

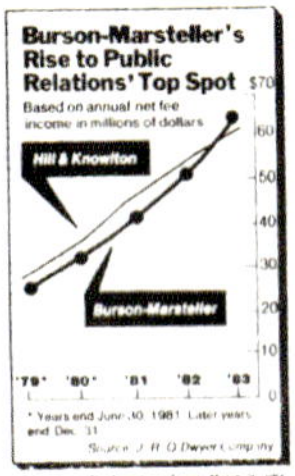

夏博新参与"新可口可乐"的宣传活动（1985 年）

博雅中国合作方新华社出访纽约的照片（1986 年）

夏博新和博雅中国第一任总经理苏思纲在长城（1986 年）

夏博新与吉姆·道林（1987 年）

夏博新接受波士顿大学荣誉文学博士学位（1988 年）

夏博新在纽约经济俱乐部与英国前首相玛格丽特·撒切尔夫人会面（1991 年）

夏博新与罗纳德·里根总统聊天（1992 年）

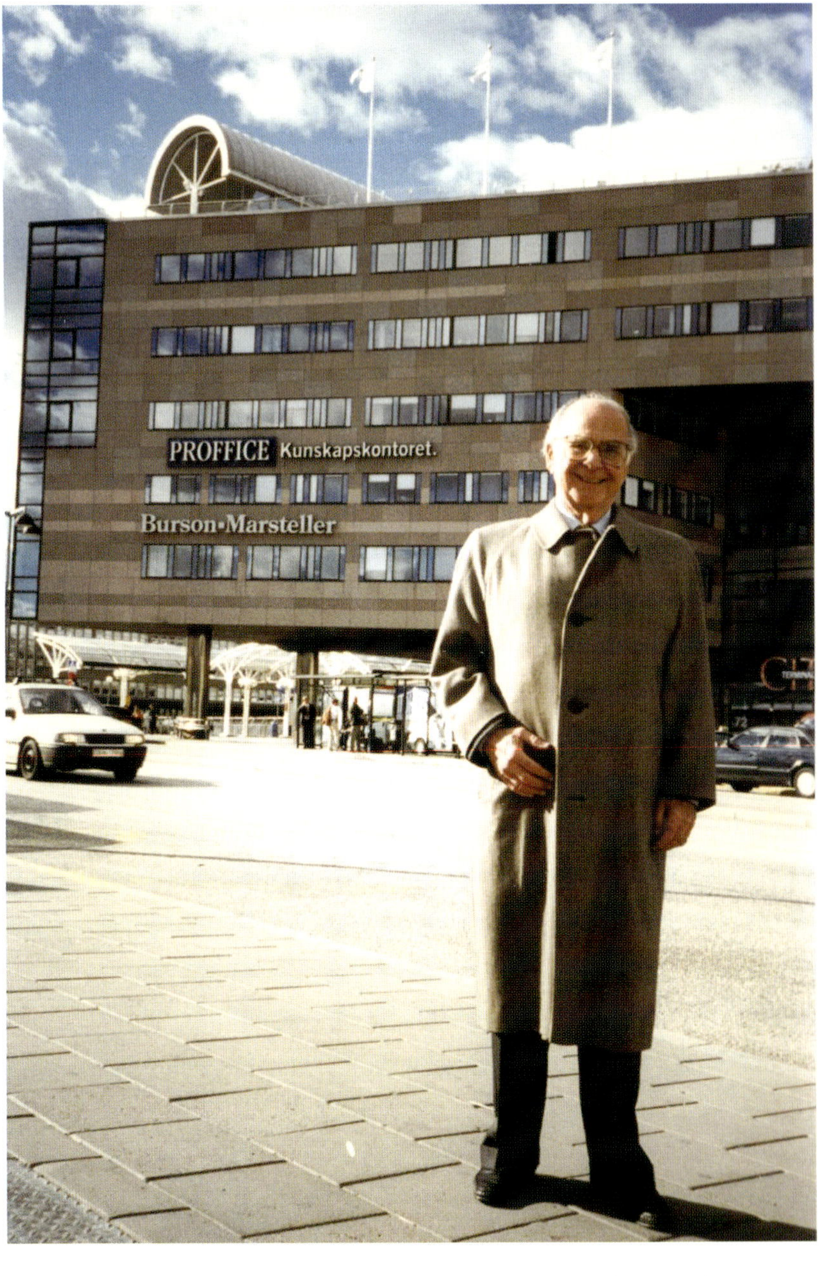

夏博新参观位于瑞典斯德哥尔摩的博雅分公司（1997 年）

《公关周刊》以夏博新为封面人物的广告（1998 年）

夏博新与博雅美国地区前 CEO 克里斯·科米萨耶夫斯基合影
（2003 年），照片由劳拉·莫斯拍摄

夏博新在纽约经济俱乐部 100 周年晚宴上与美国前国务卿
康多莉扎·赖斯合影（2007 年）

夏博新与博雅全球主席和 CEO 唐·贝尔一起参加公司六十周年纪念会（2013 年）

第九章

拓宽服务：
增长战略 3.0

我的公关人生

在我们进行全球扩张的同时，除了我们核心的 B2B 业务以及日益繁荣的企业声誉和财经公关业务之外，我们也开始拓展博雅公关的服务内容。我们最紧迫的任务就是要有能力吸引并服务生产消费者产品的客户（比如 B2C 客户），我们还要有能力提供在华盛顿的公共事务咨询服务。

从一开始，我们就更倾向于逐步发展壮大我们的公司。第一种办法是派遣博雅的员工到其他地方开设新的分公司。这种方法从地理上来说行得通，但实际效果却会大打折扣。我们有一些经过专业训练的人才，可以承担额外的业务线，因为我们已经打出这种招牌，说博雅的客户经理是"懂客户业务的人"（这一点我们是从马斯特勒广告公司学来的）。

第二种办法就是收购现有的公司，我们的大部分收购目标都是由具有企业家精神的创业者掌握的中小型公司。第三种办法就是雇用有资质的著名专家，让他们通过招募必要的专业人才，建立新的业务团队。作为一家员工持股的公司，通过发行新股票来融资的方法是受限的，这也是为什么有几次，我们其实是通过出售我们个人持有的股票

176

来促成收购的。不论哪种方式，那些持有股票的人最后都获得了不错的收益。

拓展政府关系领域

我们的第一步是进入公共事务咨询领域，当时人们称其为政府关系，我个人对这一领域很感兴趣。以前政府关系主要是游说，但现在它已经发展成为公关的一个分支，涉及政府、立法、监管以及公共政策的议题。许多年来，它一直扮演着法律总顾问的角色。但在政府关系开始影响到普通民众之后，它就逐渐进入了公关的职能范围。我们最终的目标就是成为华盛顿圈子里的主要服务商，此外因为欧共体逐渐发展成为一个政治及经济实体，我们还会进入布鲁塞尔以及伦敦等其他主要市场，成为当地主要的公共事务专家。

我们的时机把握得很好。社会变革正影响着全世界的人类，不论是什么经济阶层、受教育程度、工作类型，不论是在城市还是农村，不分种族、年龄、性别或者能力。20世纪50年代中期到60年代，电视机开始进入美国家庭，让普通人看到了罗莎·帕克斯[1]的遭遇，让我们知道了种族歧视和不容异己的残忍之处，加速了社

---

[1] 罗莎·帕克斯（Rosa Parks），美国黑人民权行动主义者。1955年，帕克斯因在公交车上拒绝给白人让座而被捕。她的遭遇引发了蒙哥马利市长达381天的黑人抵制公交车运动，最终促使最高法院禁止"黑白隔离"，并于1964年颁布反种族隔离的民权法案。——编者注

会的变革。

有线电视和 24 小时新闻产生了我们博雅人称之为"时间压缩"的现象，这是指一项议题能够传播到全国大部分人中的速度以及强度，这些信息可以让人们充分了解其中的利害关系，从而自行甄别并形成意见，促使他们以选民、消费者或纳税者的身份采取行动。这种压缩加速了立法和监管的过程，立法者很快就感受到压力，并开始采取措施，纠正一些长期存在的问题。在 20 世纪 60 年代，政府开始强化企业和其他商业机构的社会义务。因此，这种立法和监管给公司的 CEO 们带来了新的挑战。

蕾切尔·卡森的畅销书《寂静的春天》成为环境保护运动的催化剂，美国最早的环保立法可以追溯到 1899 年颁布的《河流与港口法案》，该法令禁止任何人污染可以通航的河流及水域。《清洁空气法案》于 1963 年 12 月通过，禁止人们污染空气以及向天空排放污染物质。这是第一部授予公民可以起诉污染者权利的法案，今天我们称之为集体诉讼。

那时的企业高管几乎都是白人男性，他们毕生投身于设计、融资、制造或者营销产品与服务，现在他们发现自己正面临史无前例的领导力挑战：社区民众要求当地企业停止污染他们的空气与水源；女性及其他少数族裔在公司总部前抗议，要求平等的雇用机会；由于不道德和不安全的公司行为，工人开展罢工，消费者抵制其产品。有些人为了大众利益致力于矫正民事侵权行为，而另一些人扰乱、破坏美国的市场经济，只是为了自身的利益。

CEO 们向他们的公关经理求助，认为这些问题主要与公关有关，与其他部门关系不大。公关经理很乐意承担起这种社会雷达的新角色，成为一枚社会传感器，接收并解读那些对老板或好或坏的消息。作为公司的重要信息接收者，公关经理要为企业管理团队解读社会信号，将短期风尚和长期的社会变革区分出来，提早做出预报，将管理重点聚焦于当前的问题。

有一天我听到一个消息，前《纽约先驱论坛报》记者卡尔·莱文想要找一个大公司，与自己在华盛顿有6个人的公司合并。莱文曾被派驻欧洲报道"二战"，具有很强的创业精神，在华盛顿圈子里如鱼得水。他主要的客户是雅培公司以及蒸馏酒罐装商辛雷公司。谈判时，卡尔态度强硬，很难对付，我们最后商定用股票补偿他。他管理博雅的华盛顿分公司15年，之后又担任了5年的高级顾问。

美国富美实公司是我们华盛顿分公司的一个客户，它是美国最大的磷酸盐生产商。磷酸盐是一种被广泛使用在清洁剂中的有机物，能够消灭细菌，达到"比白更白"的清洁效果。但在通过下水道排到水里后，磷酸盐会造成水体富营养化，导致藻类植物疯长，消耗尽水里的氧气。在20世纪五六十年代，人们排放了大量含有清洁剂的污水到湖泊里，导致包括伊利湖在内的许多湖泊受到污染，表面漂着一层绿色藻类。这些藻类消耗尽水里的氧气，有时候甚至让湖泊散发出臭鸡蛋的气味。一些州开始立法，限制清洁剂中的磷酸盐成分，这就要求制造商为不同的州和自治市生产不同配方的清洁剂。

在调查中我们发现，只有部分污水处理厂安装了过滤残余磷酸盐的设备，成本问题导致许多污水处理厂都没有升级设备。我们的策略是号召人们劝说当地政府升级污水处理设备，以此消除污水中含有的磷酸盐。

女性投票者联盟同意发起一场全国性的运动，支持在污水处理设备中增加深度处理设施。因为用来替代磷酸盐的其他化学物质要么不健康（有些据说还致癌），要么就是在洗衣服和亚麻制品时不好用。一段时间之后，地方政府同意升级污水深度处理设施。家庭主妇和她们的家庭可以继续拥有比白色更白的汗衫、床单以及桌布了。曾经一度布满水藻的湖泊重新开始有鱼儿游荡，臭鸡蛋的气味也消失了。

在尼克松政府时期，国会推动通过了《职业安全与健康法案》，成立了一个监督执行安全工作标准的机构，此外还通过了《国家环境政策法案》。尼克松总统将所有的生态保护计划和措施都置于环境保护署的监督之下。《国家环境政策法案》与《职业安全与健康法案》规定了排放标准，确认致癌物质，并且设定了最后的整改期限。汽车、能源、化学、造纸以及矿业企业纷纷开始游说政府，要求合理的标准和充裕的整改期限。他们声称，过高的标准没有必要而且不够经济，而整改期限太紧只会使企业应付了事而不是真正推动创新。

让客户一直知情

虽然博雅帮助客户处理广泛的与法律法规相关的争议问题，但我们认为博雅应该在企业社会责任这个全新领域采取一些特别的举措，来教育客户应对公众期待。这种想法最终被贴上了"思想领导力"这个标签。我们将自己与消费主义，或者消费者的知情权密切挂钩。1962 年 3 月，肯尼迪总统列举了四项消费者的基本权利：知情权、安全权、选择权和发表意见的权利。他宣称他这一届政府将会在全国发起消费者保护倡议，并且用法律来捍卫消费者的权利。

我和我的同事相信，消费者权利将会对美国所有消费产品与服务的制造商和营销商产生深刻影响，而我们公司将会是这一问题的权威专家，负责向企业提供专业意见。我们出版了 4 本综合性的研究报告，许多客户、媒体、国会议员及政府官员、大学教授、数以百计的公司和个人都向我们索要报告。这些报告回顾了消费者议题的立法史、即将生效的相关联邦立法及州立法和个人倡议的法律地位，并且评论了私人部门制造商及营销商该如何应对消费者权利。主动推进消费主义的议题，帮助我们实现了为消费者产品与服务客户服务的目标，我们对这些问题的透彻解析也提高了我们的声誉。

我们的第一本报告追溯了从 1872 年的《反欺诈法案》开始，美国消费者保护的历史。在这本 51 页报告的结尾部分，我们简单介绍了在没有与立法或者行政机关打过交道的情况下，公司该如何处理与国会的关系。我们建议商业领袖应该提醒与他们有关系的参议员及国会议员注意与消费者相关的法案。我们建议他们为自己的商业活动做好防护，当然如果能向国会通报一些可能存在异议的计划就更好了。最重要的是，CEO 们必须要为他们的公司或者是产品的缺陷负责，采取措施纠正缺陷。他们应该在政府采取措施，限制企业制造、营销和管理之前，寻找解决消费者问题的方案。

1973 年 8 月，我们出版了第四本也是最后一本报告《消费主义：市场中不断壮大的力量》。消费主义的领域大幅扩充，甚至已经涵盖了产品和商业准则。当时最紧迫的问题是汽车安全，因为在1965年，当时美国最有影响力的消费者代言人拉尔夫·纳德出版了一本畅销书《任何速度都不安全》。

总之，政府在20世纪60年代采取的行动，孕育了从20世纪70年代直到今天的公关活动。政府的行动还提升了公共事务职能在公司里的地位，结束了法务部对法规、立法和其他政府问题的垄断。这使两个职能部门之间产生了一种友好的、富有成果的工作关系，二者之间保持动态张力，共同服务好老板与客户。

收购食品行业的公关公司泰德·西尔斯公司

1970年，食品领域最受尊敬的公关公司老板泰德·西尔斯告诉我，他准备在5年内退休。他的公司一直很赚钱，在25年的时间里一直稳定增长。他希望能够制订一个退休方案，而不是直接把公司卖掉大赚一笔。我们最后统一以现在的价格进行换股并购。西尔斯和他夫人从芝加哥搬到了太平洋海岸的帕利塞兹，就在前总统罗纳德和南希·里根所在街道的对面，能够俯瞰太平洋。西尔斯的高尔夫球打得很烂，之后他花了两三年时间与客户一起在里维埃拉高尔夫球俱乐部打球。西尔斯退休之时，我们回购了他的股份，这时候股价已经翻了三倍。此外他还收到了之前商讨好的延期补偿。

西尔斯公司实际上是一个一稿多投的新闻机构，提供食品与食品制备方面随时可付印的新闻和专题文章。直到 20 世纪末，大部分日报都会在每周四出版一期食品专题，因为家庭主妇会在周五去超市采购。报纸的头版会单独刊登某一产品的照片，占据整个版面，比如洋蓟或杏。食品版编辑知道，西尔斯公司能不花一分钱就包装出一个不错的故事，即使最挑剔的编辑也从文章中找不出什么毛病。西尔斯公司的客户知道，整版的报道能为他们的产品加分。要想写好出文章，就必须协调各种节假日和季节时令的蔬菜和水果。

西尔斯为客户带来了许多新创意。比如，餐厅通常很少把细面或通心粉放在菜单上。但在西尔斯公司将这些低价的食品称为"意大利面"，重新包装后，它就变成了时髦餐厅菜单上的高附加值食物，通常是餐厅利润最高的菜品之一。

为唐培里侬香槟提供服务时，我们的创意团队提出了一个十分新颖的想法，建议客户赞助新年假期期间美国十几个城市的芭蕾舞开幕场。表演的曲目是米凯亚·巴瑞辛尼科夫的新芭蕾舞剧《灰姑娘》，我们乘坐协和式客机飞到巴黎，与唐培里侬的高管及他们的夫人一起共进奢华午餐，最后敲定各项活动安排。新年夜的活动在营销上很成功，但新版的《灰姑娘》芭蕾舞剧没有火起来。

获得我们第一个重要的消费者客户

收购西尔斯公关公司之后，我们获得了第一个重要的消费者客户——汉堡王，并且意识到了消费者产品市场的竞争比传统的 B2B

市场更加激烈。当时快餐业正处于发展中，麦当劳是当之无愧的第一名。汉堡王正在奋起直追，而处于第三名的温迪快餐被远远抛在后面。汉堡王的总部在佛罗里达的科勒尔盖布尔斯市，所以我们的客户团队要来回奔波，花费许多时间在往返于肯尼迪国际机场和迈阿密机场之间。他们通常要在激进的汉堡王营销团队和更加激进的大型特许经销商之间充当调解者。

在持续的压力之下，我们知道了客户需要什么样的竞争力。我们第一次策划了当地、区域以及全国同步的营销项目，其中许多直接针对高中生和大学生。在当地，我们举办了消防演习活动，包括展示教室消防用品和教孩子如何使用，此外还有商场展示以及全国宣传。而全国的营销项目名为"投掷、击打、逃跑"，是博雅与美国职业棒球大联盟和所有汉堡王授权店展开的合作。每个汉堡王授权店都会产生一个赢家，然后是每个市场、每个地区，最后的高潮就是美国职业棒球大联盟全明星赛，最终的赢家将会与全明星球员一起坐在休息区。最终的赢家让人大吃一惊，媒体报道的数量翻了两三倍，因为一个 12 岁的小女孩打败了同年龄组所有的小男孩，第二天这个小女孩登上了《今日秀》的舞台。

汉堡王还赞助了一项为纽约警察捐赠防弹背心的活动。我们的团队在人潮拥挤的时代广场举行发布活动，吸引了全国的注意。我们还在全国其他城市举行类似的活动，为当地警察捐赠防弹衣。

汉堡王教会了我们，消费者市场的公关就是要能拉动消费者人流，以及把货卖光。不像 B2B 客户在购买大宗商品时需要经过深思熟虑，我们可以通过衡量即时销量来判断提升消费者和宣传的效果，这对我和我们的许多高管来说都是一个全新的概念。收购西尔斯公司 5 年之后，在为包装消费品提供公关服务方面，我们已经成为市场龙头。之后汉堡王管理层变动，更换了公关公司，换了一家新的广告公司。后来我们还相继与温迪快餐和麦当劳展开过合作。

雇用女性时我说错了话

直到 20 世纪 70 年代后期，公关行业中的女性还是主要从事食品、时尚、家具装饰、服装、个人护理等领域的工作。在《财富》500 强的公司里，公关专家几乎都是清一色的男性。我记得在五六十年代，只有 4 个女性占据了重要的公关职位，她们分别是安娜·罗森堡，她是罗斯福总统的密友，曾为多个大型公司提供咨询服务；李·贾菲，纽约港务局的公关总监；卡罗琳·胡德，在洛克菲勒中心工作；还有缪丽尔·福克斯，卡尔·拜奥尔合伙人事务所的高管。1967 年，博雅雇用了第一位女性公关专家林恩·瓦普林顿，她毕业于化学专业，被分配负责我们刚签下的大客户埃克森化学品公司，它是当时我们最大的客户之一。1970 年，我们把西尔斯公司的女性员工合并进博雅公关，这改变了我们公司的男女比例。在这些可靠的员工中，有 4 个人——唐娜·迈尔斯、莎拉莉·斯隆斯凯、玛吉·沃德、帕梅拉·杜博斯在为人严肃的埃莉诺·埃尔曼的领导下，以博雅的名义服务过许多重要的消费者客户。今天，女性已经占博雅总员工数的近 70%。

185

很早之前，我就支持女性进入主流公关行业里，这能够立即将公关业的人才储备翻一番。但在 20 世纪 70 年代中期，我对男女平等就业的热情却让我惹上了一大堆麻烦。有一次我在一个主题是女性对公关行业的影响的专家会议上发言。在阐述男女在公关行业实现完美平衡会是什么样子时，我说这对我一点也不重要，只要公关不会像教师和护理一样成为"女性的职业"就行，在这里我错误地将那两个职业形容为"女性贫民区"。

随后出版的奥德维尔时事通信一字不差地引用了我那天说的话。那个星期接下来的日子里，我的电话一直响个不停。有一段时间，我的邮箱里塞满了信件，几乎开头都以一句"你怎么能这样"来质问我。我非常尴尬。事情发生后，我们公司三位级别最高的女性高管出现在我的办公室，她们没有责骂我，而是建议我写一封信，向批评我的人做出解释。她们知道我在这个问题上的真实立场——我非常支持雇用更多有经验的女性员工，并赋予她们与男性平等的地位。这封信几经修改，但大家还是无法统一意见。有些人甚至说这样一封解释信只会火上浇油。但是，我们的客户，尤其是我们的竞争对手都在静观事态发展：著名公关公司的老板将会如何应对因自己的失误造成的公关危机呢？最后我决定给每个写信的人打电话，写信的有 100 多人，我挨个向他们道歉。我的纠错行为持续了 10 天。

这次经历令我谦卑。我道歉的对象最终都明白了我是什么样的人。而且因为这次危机处置得体，我们还签下了一位新客户。这次意外强调了企业良知在公关上的作用。我不是说只有公关从业者能够敏感地感知企业良知，或者是公关人比其他高管更有道德或良知。当然所有高管都有义务指责工作中出现的不道德行为。但代表公司公开正式发言，反对麻木不仁的、不道德的、没有职业精神的商业政策、做法或者声明，并且做出补救，这是，或者应该是首席传播官工作的一部分。

首次进入健康医疗与制药行业

为了拓展公关服务的范围，我们开始进入健康医疗领域。我已经读过一些文章，知道在 20 世纪 70 年代中期到后期，许多新药都严重囤积。我得知美国食品药品监督管理局不鼓励药品制造商直接接触消费者，而是提倡由医生告知病人某种新药及疗法。这种做法似乎与消费者的知情权相抵触。当时在制药行业中只有两家公关公司，都是隶属于广告公司的公关部。由于美国食品药品监督管理局的限制，制药公司在发售一种新药时，通常需要说明公司在制造药品时使用了哪些原料，还要发布一份总结性的新闻稿，重复美国食品药品监督管理局批准的药品说明书上的内容。

自从亚瑟·赫尔·海斯博士担任局长之后，美国食品药品监督管理局对药品的监管力度开始减轻，制药公司有了更大的活动空间，可以直接向公众宣传新药的功效。我们雇用专业人才服务我们的第一个处方药客户德国赫斯特公司，这家公司是利尿剂的生产商。当时赫斯特公司的竞争对手正在推销自己公司的利尿剂，但这种利尿剂有负面作用，赫斯特想获得美国食品药品监督管理局的许可，告知公众这种利尿剂存在的风险。最终在我们的斡旋下，美国食品药品监督管理局予以配合，甚至还发布了一份权威声明，详细分析了两种利尿剂产品的情况。

博雅很快就成为在制药行业领先的公关公司。大型制药商与拥有健康医疗客户的公关公司已经开始雇用博雅的前员工，有的甚至多达五六个人。我们帮助发布或提供支持的处方药，包括辉瑞公司的降胆固醇药品立普妥及治疗关节炎的药物吡罗昔康，美国礼来公司的抗抑郁药物百忧解，杜邦公司的抗凝血剂药物华法林，惠氏的激素产品倍美力软膏。我们还为道康宁公司的乳房填充物、达尔康盾宫内节育器及强生公司的两次泰诺危机提供过公关咨询服务。

创意收购：凯维公关

凯维公关是亚特兰大领先的公关公司，在纳什维尔、夏洛特和坦帕市都有分部。可口可乐的营销人员非常尊敬这家公司及其高级合伙人鲍勃·科恩，科恩像喜剧演员罗德尼·丹泽菲尔德一样高大威猛，块头就跟东南大学联盟的左内边锋一样粗壮。凯维公司的营收仅有约 150 万美元，其中大部分都是亚特兰大办公室 30 名员工挣来的。我听说科恩想要公司能够更上一层台阶。从我们第一次见面，他就想与我们合作。我们很快就达成股份交易，并且在 1983年收购了这家公司，这次收购是因为我们希望能够在成为指定公关公司后，为可口可乐公司提供覆盖全国的本地化公关服务。

第九章 / 拓宽服务：增长战略 3.0

凯维公司的名声很大一部分来自鲍勃·科恩的创新，而且我们需要凯维公司在体育圈里的专业性。科恩创造了奥林匹克胸针收藏市场，他是世界上最大的胸针收藏者之一。科恩的合伙人鲍勃·霍普十分擅长推广运动项目，这一点在专业体育运动圈里十分出名，他能够在 10 分钟里就与你结下一生友谊。在博雅纽约分公司，霍普策划了迈阿密马林鱼棒球队的特许活动，还有丹佛洛基队、夏洛特黄蜂队以及渥太华参议员冰球队的特许活动。

在我们签订协议的前一周，博雅美国地区主席吉姆·道林和我决定保留凯维公关这个品牌，而不是把它变成博雅亚特兰大分公司。之所以这样做是出于两个原因：第一，深入了解这家公司后，我们很重视凯维在美国东南部的宝贵声誉；第二，博雅现在的客户群已经非常庞大，我们有时候会因为一些利益冲突而不得不拒绝某些客户。所以虽然还没有这样做过，但我们决定建立一家独立于博雅的公关公司，这样我们就可以为相互冲突或者是预算比较低的客户提供服务。

很快我们就在纽约开设了凯维公关的分公司，公司地址离博雅纽约分公司很远。一开始它有三个客户，我们说服客户：虽然服务他们的是凯维公司，但得到的服务质量一定是博雅的标准。我们在凯维纽约和亚特兰大两个分公司之间调派员工。不到两年的时间，凯维纽约分公司的规模已经远远超过亚特兰大分公司。我们相继在美国国内多地开设凯维分公司，并且于 1988 年在伦敦也建立了分公司。世纪之交的时候，凯维的年收益已经达到 5 000 万美元的级别，现在更是达到 1.5 亿美元。公关行业杂志《公关周刊》将凯维

189

公关评为 2013 年的年度公司。

最早引入新科技

在我们为客户提供服务的过程中，我们是最早一批采用高科技服务客户的公关公司，当然这也因为高科技公司是我们的客户。马斯特勒广告公司曾为 IBM 的数据处理部门服务，所以我们理解计算机带来的好处，我们是第一家配备计算机的公关公司。我们的 IBM 360 系统能及时为客户成本核算提供专业的时间记录服务及第三方代垫费用服务。这简化了账单手续，我们可以更及时地寄送发票。我们在 1980 年开始使用拉尼尔文字处理器，是第一家使用它的公关公司。我们订购了 8 台拉尼尔文字处理器，这些机器成了新的文字处理部门的核心，这笔大订单促使拉尼尔雇用我们公司来宣传他们的新机器。

1986 年，我们将纽约的办公室合并到一个地方，并且开始聘请我们的客户数字装备公司来帮助博雅实现全球联网，将我们在全球 20 个国家的 36 个办公室连接到一起。我们在位于公园大道南 230 号的 13 层办公大楼地下安装了以太网系统。它能够加强整栋楼的计算机连接，让全球沟通和文件传输的成本几乎可以忽略不计。这是当时最先进的系统，我们允许数字装备公司向其他潜在客户展示我们的效果，证明全球化的计算机网络有多么便利。我们的数字创举得到杂志《计算机世界》的认可，并获得了 1999 年的史密森尼通信技术创新勋章。博雅的信息知识管理系统成为史密森尼通信技术的永久收藏品。

20 世纪 80 年代后期，博雅投资 500 万美元创建了格拉默西广播中心，这是一个联网广播和后期制作中心。为了在 42 街以南安装最先进的电视演播厅，我们不得不将演播室远离嘈杂的大街和地铁。我们随后安装了卫星接收设备，可以在我们的大楼与国内外的接收点之间实现上传和接收电视和广播采访。我们把这套系统对外出租，预订总是排得满满的，尤其是在每年的联合国大会期间。格拉默西广播中心能够让我们制作客户的视频新闻和外景视频，这些未经剪辑的视频声音十分自然，如果广播或者有线电视台觉得合适，可以在他们的报道中使用。中心的两个编辑室总是早早被预订。许多年来，音乐视频制作人都会在我们的设备上编辑音乐录影带。我们使用三个小片场来进行沟通训练，每个小片场都能够记录和重播培训课程。

我们的广播中心运营了大概 15 年，直到数字视频、音频存储系统颠覆了我们的模拟装备。我们认为这个中心能为我们提供工作便利，它从来没有获得太多收益，部分原因在于我们没有一个对此十分精通又与视频制作圈子有足够联系的人来管理它。

最早设立平面设计部门

在我们建立自己的平面设计部门之前，我们都是请广告技术总监和平面设计师为我们客户的年度报告进行设计。他们的设计通常表达不出客户想要的风格，客户因此质疑我们为了节约成本而敷衍了事，这对我们与客户的关系十分不利。在 20 世纪 60 年代早期，博雅开始招聘专业的平面设计人才以满足客户的需求，以合适的价格提供合适的风格。

柯达公司在纽约世界博览会上首次发布了彩色幻灯片，我们逐渐变得特别擅长制作这样的幻灯片。我们使用圆盘传送带与电影放映机进行播放，广泛应用于客户的销售会议或者其他活动中，有时候我们为一项重大活动就会准备上千张幻灯片。

由于幻灯片业务体量的增加，我们在 20 世纪 80 年代后期投资了 80 万美元更新计算机平面设计设备。我们估计，高成本的投资门槛将会阻碍其他竞争者，我们的猜想得到证实：不到两年的时间我们就收回了之前的投资成本，我们的幻灯片制作业务成了纽约分公司的第二大业务，带来了高利润。然后突然有一天微软发布了 PPT（演示文稿软件），几乎一夜之间就将我们从这个行业里踢了出去。

要点

▶ 在进入公关公司之前，你最好先在政府部门工作几年。

▶ 不管是美国，还是现存或潜在客户展开业务的任何地方，你都要关注该地区的立法和监管动态，明白这些法规变化可能对你或客户产生什么影响。每次变动都可能产生一个咨询机会或你们公司可以主导的议题。

▶ 关注技术创新可能带来的潜在变革，它能够提供新的服务机会或者对现存商业模式产生威胁。在可能的情况下，随时掌握客户的研发计划和颠覆性技术。

第十章

与客户一起工作

我的公关人生

作为一个南方人，我觉得能将可口可乐发展成客户，就像是实现了自己的梦想一样。20 世纪 70 年代，我在密西西比大学的同学卢西恩·"卢克"·史密斯被任命为可口可乐的总裁和首席运营官。托马斯·迪根的公司那时候负责可口可乐的公关事务。迪根是纽约的名人，曾经在 20 世纪 60 年代中期担任纽约世博会的主要承办人。后来他解散了公司去追求别的事业，另一家公关公司罗德公关就与迪根的一个员工见面，商谈继续服务可口可乐的事情。

我得知罗德公关公司最大的客户——世界上第一大烟草制造商、第二大食品公司菲利普·莫里斯公司已经收购了七喜，而七喜是可口可乐旗下"雪碧"品牌的直接竞争对手，因此可口可乐的高管把菲利普·莫里斯公司看作是对手。在 20 世纪 70 年代后期，我的大学同学卢克安排我认识加思·汉比，他是罗伯特·戈伊苏埃塔的高级行政助理。当时可口可乐的 CEO 保罗·奥斯汀已经年迈，戈伊苏埃塔是有资格继任 CEO 一职的 6 个人中的一个。戈伊苏埃塔也有公关经历。

196

第十章 / 与客户一起 工作

与可口可乐 CEO 罗伯特·戈伊苏埃塔共进晚餐

加思·汉比与我一拍即合，他告诉我，现在谈聘请外部公关顾问还为时过早，但敦促我继续保持沟通。在 1981 年底，他安排我在纽约会见他的老板。我当时以为这只是例行公事的寒暄，但没想到最后变成了一场三小时的深度会谈，我们一起讨论了可口可乐存在的问题，比如百事公司极具侵略性味道的盲测电视广告。戈伊苏埃塔临别时说："不久我会告诉你消息。"

第二天，汉比打电话告诉我："太棒了，你跟罗伯特想到一块儿去了。"他再次确认新的一年我会得到更多确切消息。

1982 年 3 月，可口可乐公司任命戈伊苏埃塔为公司董事长与 CEO。我写了一封手写信祝贺他，并且表达了希望能够一起合作的心愿。大概一个星期之后，汉比打电话给我："你有空跟戈伊苏埃塔一起吃私人晚餐吗？"地点是可口可乐在公园大道酒店的套房里。

当天只有我一位客人，所以戈伊苏埃塔可以无所顾忌地说话。对于重振可口可乐，他有许多想法，但也承认他缺少 CEO 的经验，前任的方法不适合他。他知道我与许多 CEO 有过密切合作，其他人可能对强势的 CEO 虚与委蛇，但我却会直言不讳。所以他提议雇用我为私人顾问，直接向他汇报。他知道像我们这种的公司更喜欢就一系列广泛的公司问题提供咨询，为客户的营销活动提供支持。他向我保证可口可乐不会找其他公关公司，如果公司有诸如新产品发布这样的大事，一定首先会找博雅公司。他让我与汉比商量一个合理的报价，用来支付我的服务费用。几天之后，我们商定我

197

的咨询服务费是每月 12 500 美元。如果可口可乐公司需要博雅提供额外的服务，我们会按标准小时费用收费。

戈伊苏埃塔让我去亚特兰大，与他的直接下属会面。我提议可以先见一下可口可乐当时还不大的公关部的同事。我希望能够得到他们的支持，让他们明白我与他们老板的关系，否则他们可能会暗中给我拆台。戈伊苏埃塔让他的手下准备好我的访问。在备忘录里，他要求下属对待我就像是对待其他高管一样。他知道，只有员工能够给我持续提供真实的公司消息，我们之间的关系才能够实现互惠互利。从一开始，我就得到了他们的全力配合。

管理可口可乐的客户关系

虽然我时不时会向我的员工咨询可口可乐的问题，但我还是自己管理客户关系。在像我们这样的公司里，当对一个客户的服务内容这么少，而潜在的合作机会又这么多时，有些人内心就可能会升起一点嫉妒之情。我的一些同事将我在可口可乐的工作说成"夏博新又一次自我表现之旅"。本质上来说，他们怨恨的不是我，而是在这么重要的一个舞台上没有他们的身影。他们还抱怨可口可乐每年只支付 15 万美元的费用，为什么我要花这么多时间服务年金这么低的客户，而不是用来服务付钱更多的客户？

在博雅和可口可乐公司合作一年左右的时候，我们的高级客户经理巴里·霍尔特辞职去了百事公司，负责百事的国际公关业务。

我开始听说在百事的机会比可口可乐大多了，然后是重磅消息传来：巴里想让博雅负责管理百事的海外公关业务，费用是每个月3万美元，如果做得好的话，国内的业务也可以交给博雅。巴里希望我们能在"两三天之内"做出答复。我们的职业道德守则不允许我们因为客户的竞争对手出钱更多而抛弃已有的客户，尤其是长时间合作的客户。但我不想让我的合伙人误以为我是因为和可口可乐及其CEO良好的私人关系，才拒绝这样一个收入更高的机会。

我打电话给加思·汉比，向他说明我需要与CEO见面。我强调事情很紧急，不到两个小时之后，汉比打来电话说："明天下午来我办公室，罗伯特想要见你。这是他安排的会面，所以到时候让他先开口。"我乘坐那天晚上的航班飞往亚特兰大，住在亚特兰大市中心的丽思卡尔顿酒店，但几乎一夜无眠。

戈伊苏埃塔在私人餐厅等我见面。他跟往常一样，打扮得一丝不苟，西服刚刚烫过，衬衫也是刚上过浆，鞋子擦得锃光瓦亮，脸上也刚刚刮过胡子。他说的第一句话是："夏先生，我之所以邀请你来亚特兰大，是为了纪念我们已经合作一周年了，我想要感谢你在过去的一年对我和可口可乐公司的忠诚奉献"。当他想让我特别注意他说的话时，就会使用"先生"这个敬语，我比他大10岁。他说："现在是时候好好利用你们公司的全球公关资源了。我已经跟加思以及可口可乐内部的公关和营销部门讨论过了，我们都认为应该让你们的人参与到我们的营销事业中。一开始每月的费用是4万美元，我们从现在开始进入新的合作阶段。"

我称呼他为戈伊苏埃塔先生，感谢他能给予我们与可口可乐公

我的公关人生

司共事的机会，我向他保证我的同事们会提供跟我一样水平的服务。关于可口可乐我很高兴的一点是，30多年后它仍然是博雅的客户。

美国企业的全球象征

在我与可口可乐公司合作之前，我以为它的业务很简单：先用秘密配方调制原料，然后加入糖或其他甜味剂还有苏打水，装进瓶子或罐子里，最后运到超市或者用飞机运到全球其他国家的供应商那里。然而在第一年合作的时候，我了解到可口可乐是美国企业在全球范围内的商业象征，代表着对我们这个国家或好或坏的评价。当其他国家的人想要抗议美国的政策或者行动时，他们几乎都是会到可口可乐的工厂进行抗议或者是抵制可口可乐的产品。（现在伴随着麦当劳和星巴克在全球的扩张，可口可乐已经不再是唯一的抗议对象了。）

像可口可乐这样一个无处不在、历史悠久又有价值的品牌，总是要面临一系列的问题，现今最为紧迫的问题就是含糖饮料对健康的影响。美国联邦和州政府想要对软饮料征收营业税，希望能够促使生产商减少购买和销售铝罐和瓶子，促进玻璃、塑料和铝制品的回收利用。环保主义者则大谈特谈包装浪费以及水资源消耗。劳工则讨论工资、工时以及工作环境。可口可乐的高管要处理商标和广告、授权经营、定价、赞助以及营销等事务，雪上加霜的是还要面对竞争对手百事的挑战。

200

"没有那么蠢，也没有那么聪明"：新款可口可乐

1985年第一个工作日，我与戈伊苏埃塔在他的办公室见面。通常他的办公桌都很干净，但那天不是。几块大硬纸板面朝后放在一个金属三脚架上。"我们准备开始发起可口可乐历史上最有挑战性的事业，"他说。"我可以记笔记吗？"我问道。他回答："只要别给别人看就行了。"

第一张图表上只有两条线，上面下降的红线代表可口可乐，下面上升的蓝线代表百事，两条线在20世纪90年代早期交汇。这两条线代表着两个公司的市场份额，反映的是过去10年的走势和未来5年的预测趋势。近百年来，可口可乐一直是软饮料市场当之无愧的第一名。在20世纪80年代早期，百事开始用高效的广告活动"百事挑战"缩小与可口可乐的差距。这个营销活动的理念简单却有效：百事在消费者中举办了一系列的味道盲测活动，让消费者决定百事和可口可乐哪个更好喝，结果是消费者更喜欢百事。百事投入越来越多的广告预算，市场份额也开始增加。其实味道盲测的结果是可以预测的：美国人大体上更喜欢甜一些的产品，所以百事就比可口可乐放了更多的糖。

第二张图表上有两个柱状图，反映的是百事每花一美元在广告和营销上，可口可乐就花1.35美元，但结果是可口可乐输了市场份额。第三张图表是10万份味道盲测的试验结果。与百事现有的产品相比，53%的参与者更喜欢可口可乐的新配方，从统计数字来

看，可口可乐的新配方比传统配方更受欢迎。

戈伊苏埃塔让我参与新可乐的发布活动，这是可口可乐公司历史上最为重要的项目，目的就是继续确保可口可乐在软饮市场的领先地位。戈伊苏埃塔会建立一个由 6 个人组成的特别小组，成员分别是可口可乐的总裁唐·基奥、美国市场主管布赖恩·戴森、首席营销官艾克·赫伯特、首席技术官亚历克斯·马拉斯皮纳，最后就是我。时任《商业周刊》亚特兰大分社的主任戴维·格雷辛报道称，我是第一个知道可口可乐改变配方的外人。戈伊苏埃塔让我起草一个公关发布计划，为艾克·赫伯特以及广告团队提供咨询，同时在项目开展时担任 CEO 的总顾问。这个项目一开始的代号是"伊顿"，可口可乐的前 CEO 罗伯特·伍德拉夫建议我们将"伊顿"改成"堪萨斯"项目，以此暗指堪萨斯州的传奇报纸编辑威廉·艾伦·怀特喝可口可乐的著名照片。

1985 年 1 月底的时候，戈伊苏埃塔问我："我的致命弱点是什么？"他想要知道自己在哪一点上比较薄弱，有没有漏掉什么关键地方。我在亚特兰大待了很久，已经充分了解发布计划方方面面的信息。可口可乐的消费者研究主任罗伊·斯托特已经大体向我介绍了他们的研究框架：他的团队将美国划分为 20 个试验区，每个地区饮料的销量决定了当地参与味道盲测的试验者的数量。虽然这种方法听起来有道理，但是整个项目毕竟都是建立在试验结果的基础上，因此试验结果事关重大。我担心如果研究有什么纰漏的话，那么 53% 的试验结果也就站不住脚了，这是一个重大隐患。

我提议雇用外部研究公司进行独立的试验，第二次研究结果与第一次基本一致，53% 的参与者更喜欢可口可乐的新配方，47% 的参与者更喜欢百事。对任何有脑子的人来说，戈伊苏埃塔提议的可口可乐新配方似乎都会在市场上赢得满堂彩。

在获得授权之后，我与公司最大的几个罐装公司进行了面对面交谈，他们都支持戈伊苏埃塔改变配方的决定，支持可口可乐公司生产出比百事可乐更受欢迎的产品。

每个人都指出，"百事挑战"会带来风险。"这是毫无疑问的，"有人对我说，"我们必须遏制不断下滑的市场份额。"这些额外的反馈让特别小组的领导增强了信心，相信自己是在做正确的事情。

我们决定在 1985 年 4 月 23 日星期二那天正式发布新配方可乐。我们推荐将林肯中心的维维安·博蒙特剧院作为这次历史性发布会的场地，这样做的好处是纽约当地的记者和编辑将会更加深入广泛地报道此事，撰写更多文章以及进行更多的电视和广播报道。三年之前，健怡无糖可乐在纽约无线电城音乐厅的发布会上成功发布，最后结果超出每个人的预期。事后想来，可口可乐和博雅都有人认为发布场地应该选在亚特兰大。

我建议戈伊苏埃塔也通知财经分析师，我估计在纽约的发布会上，我们能够吸引大量财经分析师和财经媒体。另一方面需要注意的就是保密问题，在亚特兰大做保密工作比在纽约更加困难。

可口可乐的管理层努力防止消息泄露，但市场上仍然有谣言。马达加斯加的香草市场就疯传可口可乐——据说是世界上最大的香草买家——将会取消未来的订单。一些人怀疑可口可乐可能要改变老配方。可口可乐为此发布一份正式声明，说明其未来的香草订单是平稳的，谣言这才消散。

考虑到巨大的工作量和短暂的时间，我请求调派博雅的同事来帮忙。为了保密，我们在靠近纽约办公室的地方另租了一套房子。我选择芝加哥分公司的高级合伙人阿尔·斯梅德利作为我的副手，他为人可靠，多才多艺并且十分沉稳。我告诉他不要让纽约或芝加哥分公司的其他人知道他的任务详情。在像我们这种鼓励沟通的文化氛围中，想要保守住秘密几乎不可能。当人们问我"斯梅德利哪去了""他在干什么"的时候，我就说："我派他去亚洲了，去帮忙在中国开设分公司。"

在有需要的情况下，我又陆续添加其他人进入博雅秘密小队。到4月18日，我已经调派16名同事加入，我们还雇了10个人负责新闻发布会和管理媒体需求等事宜。可口可乐的广告代理公司麦肯公司也在其办公室不远的地方建立了一个秘密基地，距离我们租的房子大概几个街区。

我们快速推进发布会的各项活动，与可口可乐的员工一起计划整个项目，一起思考改变配方的理由，撰写发言稿并进行彩排演练，我们提前准备了记者和财经分析师可能会问的100多个问题并且准备好了答案。我们还准备通过卫星将纽约发布会的情况传送到多伦多，这在当时可是高科技。我们又检查了一遍试验研究的结果，说服自己改变配方是明智的决定。

在制订计划的过程中，我们绞尽脑汁想要写出一个关于新产品味道的描述。我们不能将新可乐与原有产品或者是百事做对比。我们甚至不能使用"百事"这个词。戈伊苏埃塔也不许我们承认软饮

第十章／与客户一起 工作

市场人所共知的事实：百事正在蚕食可口可乐的市场份额。发布会的前一周，我们发出了请束，我们要确保媒体和财经分析师能够在周五下午收到邀请。我们一开始讨论了邀请函是否在周一早晨送达，但对这么重大的新闻发布会来说，这个时间太过仓促。毕竟，邀请函上说宾客将会参加"可口可乐近百年历史上最为重要的软饮市场营销活动"。

距离发布会还有 6 天时，我们却得知此次活动的消息严重泄露。杰西·迈耶斯是饮料界最具权威的杂志——《饮料文摘》的出版人，人际交往十分广泛，他已经得知了这个消息并且打算与全世界的读者分享。他特别喜欢在其他媒体还不知情的情况下发布独家报道，所以十分乐意报道可口可乐的计划。幸运的是，迈耶斯十分尊敬罗伯特·戈伊苏埃塔，戈伊苏埃塔对像他这样对行业有深入了解的人也十分尊敬。我们与迈耶斯达成协议，他可以在 4 月 19 日，也就是周五的《饮料文摘》上刊登特别专题报道此事。虽然我因为对发布会正在一点点失去控制而失望，但我相信特别报道会加重记者的好奇心和报道此事的力度，新可乐将会在很长一段时间里占据头版头条。直到今天我也不知道杰西·迈耶斯是从哪里得到的线报，有人猜测是一个参与公司计划的罐装商向他通风报信的。

事情没有像我一开始预料的一样在下周二爆发，主要的媒体在周五晚上就开始播报称，可口可乐很快将会有一种新口味。

然后按可口可乐公关总监的说法，"一切全乱套了"。电话在接下来几个月里一直响个不停。配方改变开始演化成新闻媒体所说的"可乐战争"，这场"战争"持续了三个月，以可口可乐重新使用原

205

来的配方结束。媒体从来没有在这么长时间里这么深入彻底地报道一款新产品的发布。原定于周二的发布会蜂拥来许多财经分析师和媒体记者，他们不请自来想要看一看新产品。在维维安·博蒙特剧院外，抗议者已经开始抗议可口可乐公司改变原有配方。最让人闹心的是百事的回应："另一个家伙刚刚眨了眨眼"，这就是百事在《纽约时报》整版广告的标题。当人群蜂拥挤入可口可乐发布会现场的时候，百事CEO罗杰·恩里科和百事的员工团队却在免费分发饮料。

财经分析师对可口可乐对抗百事的决定基本持正面态度，即可口可乐是在用新配方保持自己行业领导者的地位。然而，记者却煽风点火，用讽刺性的评论和随机路人测验证明新口味的可乐没有达到消费者的预期。抗议者聚集在可口可乐各个罐装厂前，打着横幅表达对改变"我的可口可乐"或"我们的可口可乐"的愤怒。消费者的信件如雪片般飞来，质疑可口可乐高管团队的心智是否健全。货架上的老款可口可乐被可乐爱好者一扫而光，以备以后饮用。新可乐的销量处于较低水平，即使在可口可乐的销售核心地区，比如亚特兰大、新奥尔良、孟菲斯以及休斯敦，新款可乐的销量也十分惨淡。许多罐装商，比如纽约可口可乐的查尔斯·米勒德、伯明翰的克劳福德·约翰逊、费城的布鲁斯·卢埃林，还有在全国拥有许多授权点的约翰·勒普顿，他们都曾是改变配方的坚定支持者，但现在也敦促可口可乐高管重新考虑这一决定。

戈伊苏埃塔和他的副手基奥决定重新使用原来的配方。但新配方可乐也必须保留下来，因为它能够抵消百事的挑战。百事公司表示他们将会停止"百事挑战"这个营销项目，但如果可口可乐将新配方从市场上撤出的话，他们就会重新恢复"百事挑战"。特别小组成员、其他可口可乐高管及员工想了几十个名字来称呼传统配方，包括原味可口可乐、优质可口可乐、唯一可口可乐、优选可口可乐、超级可口可乐等。戈伊苏埃塔和我讨论过这个问题，就在他必须下决定之前几天，他让我们每个人在一张纸上写下自己选中的名字，他和我写的两张纸一样——经典可口可乐。

可口可乐原配方将以经典可口可乐的名义重新回归，时间就定在 7 月 11 日。在这之前，我花了三天时间，与可口可乐公关总监厄尔·伦纳德、他的副手卡尔顿·柯蒂斯，还有其他成员一起在亚特兰大策划这次活动。我们都一致同意唐·基奥比戈伊苏埃塔更加受欢迎，应该由他在可口可乐的大本营亚特兰大主持这次发布活动。

我们的使命十分明确——我们欠可口可乐的粉丝一个道歉。可口可乐的最高管理层犯了一个严重的错误。我们承认，就算是那些最了解可口可乐品牌的人，也低估了数百万美国粉丝对可口可乐的品牌忠诚度。我表达了基调和信息传递的重要性。厄尔·伦纳德对此表示同意，但又问道："你说的基调是什么意思？"

我回应道："厄尔，我们得去吃屎了。"他明白了。

厄尔和我走到高管办公室，去向戈伊苏埃塔、基奥还有特别小组的其他成员通报这次新闻发布会的计划。我特别强调要以谦卑和悔改的姿态进行沟通，要乞求数百万不安和愤怒的消费者的原谅，原谅我们擅自改变了他们喜爱的软饮的口味。厄尔脱口而出："夏博新，告诉他们我们必须做什么才能让媒体和消费者相信我们是真诚的。"

我重复了谦卑、悔恨和乞求原谅。

厄尔坚持说道:"把你跟我说的告诉他们。"我从来没听罗伯特·戈伊苏埃塔说过脏话,甚至连"见鬼""下地狱"这种话都没说过。我对他十分尊敬,所以不想在他面前说粗话。但厄尔一直怂恿我。

最后,我摆正姿态说:"同志们,我们得去吃屎了,这就是消费者希望我们该有的态度,所以我们就得这么做。"我的建议赢得所有人起立鼓掌,这次会议就此结束。

可口可乐公司的第二次新闻发布会座无虚席,唐·基奥在发布会上的表现十分得体优雅。这一次没有提前泄露消息,所以这是公众首次知道可口可乐打算恢复可口可乐原配方。唐·基奥给记者们展示了数千封消费者的来信,其中有很多"笨蛋""蠢货""亲爱的傻瓜主席"等句子。

一个记者问基奥,新配方可乐是不是一次宣传噱头。他回答道:"我们没有那么蠢,我们也没有那么聪明。"基奥还现场播放了一系列电视广告,在里面他承认管理层的误判,并为因改变配方而给可口可乐忠实粉丝造成的痛苦而道歉。

1985 年,百事公司以 19.5% 的市场份额成为行业领导者,而可口可乐的市场份额是 14.1%,但百事的胜利只是昙花一现。可口可乐分别统计了其两款含糖饮料的销量,合起来的话市场份额就超过百事了。

新可乐配方帮助可口可乐守住了世界领先的地位,但有人却将其称之为"历史上最大的营销败笔"。如果没有新可乐挡住了百事的挑战，百事的市场份额很可能就已经达到了巅峰。如果可口可乐立即将新可乐从货架上撤下来，百事就会重新恢复其高效的挑战活动。我自己很喜欢一个对我们努力的评价："可口可乐把球打到了树上，但最后却阴差阳错一杆进洞！"

如何解释 8 000 万美元

"我们碰到难题了，我需要你的帮助，"戈伊苏埃塔在电话里对我说，"你可能知道董事会给了我一笔股票分红，作为我担任 CEO 10 周年的奖励。"

不久公司就要为 1992 年的年度股东大会给股东邮寄委托书，到时这个消息就会公布。我已经听说这会是一笔大数目，我对他说："想想自从你担任 CEO 后公司的业绩表现吧，这是你应得的奖励。"

他告诉我数目是上百万股份，我以当时的市值算了一下，是 8 000 万美元。他说："我确定这会引发很多负面的舆论报道，并招来股东的批评。"

"确实是这样，"我说，"但没几天这些消息就会烟消云散，可口可乐在你担任 CEO 的这 10 年里表现异常突出。"

不管以谁的标准来看，8 000 万美元都是一笔巨款。我快速做了调查，当戈伊苏埃塔担任 CEO 的时候，以纽约证交所流通股股价来计算，可口可乐当时的市值是 40 亿美元，10 年之后它的市值变成 350 亿美元，分红也大幅增长。我想要知道华尔街专业人士对此的态度，所以打电话给与公司合作密切的两个人。

"你听说戈伊苏埃塔 10 周年分红的事了吗？"我问。

第一个人回应："这可能是一笔很大的数目，可能有 25 万股或更多。我觉得这没什么，他为我和我的客户挣了很多钱。"

第二个人回应："如果有哪个 CEO 值得这么大笔的奖励的话，那个人就是罗伯特·戈伊苏埃塔，即使给他 50 万股或更多奖励，我也不会觉得奇怪。你可以引用我说的话。"

我告诉戈伊苏埃塔："只有一点负面回馈，但不用太担心，这件事不会持续很久。"

在可口可乐的年度会议上，戈伊苏埃塔提出增加分红的提议。全场股东大多数都已经从股票升值中获得巨大回报，数次爆发出激烈的掌声，打断了他的讲话。从那次之后，他的分红就再没有过争议。在他担任 CEO 第 15 年的时候，可口可乐付给他现金加股票总计超过 10 亿美元的奖励，这可能是迄今为止，上市公司里非创始人得到的最大数目的奖励。

对可口可乐和我个人都是巨大的损失

在 1997 年劳动节的时候，罗伯特·戈伊苏埃塔在蒙特卡洛举办了一场庆祝晚宴，招待可口可乐的主要客户。在他返回亚特兰大的路上，他感觉十分疲惫。跟着他很久的秘书劝他早点回家休息。第二天他的情况也没有好转。他很少去看医生，所以他的秘书坚持让他去埃默里大学医院做一次身体检查，检查结果是肺癌。一个月之后他就去世了，那一天是 10 月 18 日，正好距离他 66 岁生日还有一个月。他的病逝对可口可乐来说是巨大的损失，公司有 10 多年没有缓过来。继任 CEO 的内维尔·艾斯戴尔花了 4 年时间稳定公司的业务，之后穆泰康接着带领公司达到并超过之前的业绩。罗伯特的死对我个人也是巨大损失，我们已经密切合作超过 15 年了。

公关获得一席之地

我在可口可乐这个客户上最引以为豪的成就之一，就是帮助管理层明白了主动建设公司内部传播和公关团队的必要性。在我刚开始服务可口可乐的时候，只有五六个员工负责公关相关的事情。公司确实有能力很强的员工负责华盛顿的公共事务，由说话总是有浓重的佐治亚州口音的奥维德·戴维斯负责。他进出于国会大楼以及负责软饮料商业管理的政府监管部门。在 20 世纪 80 年代中期，厄尔·伦纳德接替了他的职位。厄尔的佐治亚口音稍微轻一些。在戈伊苏埃塔的强力支持下，厄尔将公共关系与公共事务合二为一。厄尔曾为佐治亚州的议员理查德·罗素工作。他将工作重心放在公共事务上，他的副手卡尔顿·柯蒂斯与兰迪·唐纳森负责让厄尔了解最新的公关和传播挑战。

穆泰康担任 CEO 之后，可口可乐全球公关负责人克莱德·塔格尔在董事会中获得了一席之地。在市场支持部门，可口可乐有世界上最为野心勃勃的计划之一，从为非洲的小村庄带去饮用水，再到提升美国人的健康生活等。

虽然我作为可口可乐顾问的身份在过去 10 年逐渐淡化，但我仍然与塔格尔保持沟通。在他退休后的十几年的时间里，他的接班人唐·基奥是我跟可口可乐公司沟通的主要纽带。直到 2013 年基奥都是董事会的活跃成员。艾伦公司是一家专注于传播行业的投资银行，唐·基奥是这家投行的非执行主席，他每周都会在纽约待三天，我们每个月都会碰头一起吃午饭或晚饭。他乐于分享自己的人生智慧，我很珍视与他的友谊。他在 2015 年病逝时，我很悲伤。

最后一个小故事是关于戈伊苏埃塔与唐·基奥的关系。他们两个人都是当初有望接替保罗·奥斯汀担任可口可乐 CEO 的人选之一。经过几个月筛选之后，四位候选人被排除，只剩下基奥与戈伊苏埃塔。在董事会会议前夜，这两位候选人在下班后出去喝酒。两个人都发誓，不论谁得到那个职位，另一个人都会继续留在公司。最终他们俩的合作是我见过的最为高效的二人组合。CEO 戈伊苏埃塔扮演战略规划和公共形象的角色，基奥则负责公司的具体运营。

第十章 / 与客户一起 工作

要点

▶ 沟通、沟通、沟通。并且你要记住，沟通仅仅是公关从业人员的作用之一。

▶ 要想建立良好的客户关系，你首先要明确你的角色和目标，这不仅是指在客户公司内部，更是要体现在你自己的日程中。客户内部公关团队可能会因为你直接跟他们的 CEO 或其他高管一起工作而感觉受到威胁。要借助那些高管来强调你在客户公司中的角色和任务。

▶ 关注你的人际关系网，在同事工作变动时与他们保持联系，并且注意培养新的关系。当一个潜在的客户告诉你现在不是雇用你的好时机时，你要做的就是选择相信而不是继续啰唆。继续保持联系就够了。

▶ 客户的忠实消费者是品牌含义的最终拥有者。如果你在发布会之前没有考虑到他们，那么你最精心设计的计划也会付诸东流。

第十一章

危机管理和有争议的客户

我们很少称赞客户为公关结果做出了杰出贡献。换句话来说，客户会极大影响公关顾问产出的质量，公关产出部分取决于项目简报的质量和客户参与的程度。这么多年来，我一次又一次看到同样的团队在服务一个客户的时候呈现出完美结果，而在服务另一个客户时却收效甚微。区别不在于公关公司的客户服务团队本身，而一直在于客户。在客户层面，那些与服务团队互动的客户能够起到过滤器的作用。在向公关公司提出项目目标之后，客户应当详细审查和评估公关公司服务团队的提议。当他们的指导明确清晰，他们的目标与之相匹配的时候，结果就是正面的；当他们无法提供清晰的指导或者目标无法得到充分理解之时，结果就会是负面的。一次危机能够放大输入对产出的影响。

在黑石镇的艰难日子

在过去的 60 年里，博雅总共服务了近 7 000 名客户，其中行业领先的玻璃纤维制造商欧文斯科宁公司是近30年来最让我们满意，也是报酬最多的客户之一。从一开始，我们就有意在两个公司之间培养牢固的关系，范围上到CEO下到刚加入公关部的新人。双方紧密合作，以致最后我们通常都分不清某个主意到底是谁首先提出来的。这是一种创造知识的关系：科宁的人向我们学习，我们也向他们学习，我们一起创造新的知识。他们乐于接受新想法，从商业的角度来看，这一点很重要，他们付钱让我们了解他们的业务并深入思考，想出新点子，让他们唯一的产品玻璃纤维能够得到更广泛的应用。

科宁公司与博雅的合作始于社会动荡的20世纪60年代晚期。科宁高层希望工厂经理知道该如何应对由新劳动法、环境立法和政府监管等导致的问题。高层希望能够在集团范围内建立起统一连贯的政策。他们还想让所有的工厂都能够以一个声音说话，遵循同样的政策，在公司范围内实现言行一致。

为了实现这个目标，我们建议开展一场所有经理都可以参加的现实场景模拟培训。我们的团队提出一个独特的想法，虚构了一个名叫"黑石"的小镇，假设科宁在当地拥有一座工厂。我们将这个项目命名为"黑石的艰难日子"，在为期两天的培训开始之前，我们给每位参加培训的人发送了15页的黑石社区背景资料。

位于某州南部的泰奥加县，黑石镇是个相对繁荣的社区，距离州首府大概60英里。人口为41 000人，虽然当地人喜欢说大黑石有将近"60 000人"。

我的公关人生

坐落于珀斯河的浅谷里，黑石一度非常荒凉。但在过去30年里，良好的水源供应、便利的铁路和公路交通、宽阔的发展空间和高素质的劳动力吸引了大量企业来此发展。现在，过度工业化及糟糕的城市规划让居民都搬迁到新建成的城郊地带，其中包括三个专门规划的社区。

虽然郊区在扩张，但最为重要的政治和民事机关都掌握在原有居民的手里。当地这种"贵族"可以追溯到过去的农商时代，虽然当地人对新来的工商业者没有恶意，但仍保持疏离和冷淡。然而，新市长以改革的口号当选，特殊利益集团对此一片哗然。

科宁公司是黑石的第三大雇主，预计除现有的1 267名员工之外，还要再雇用200名新员工。资料介绍了黑石社区的政府状况，简单描述了市长、议会成员以及当地组织：茜拉俱乐部和地球之友都是积极的环保组织，成员主要是郊区的新居民。父母－教师协会和女性投票者联盟经常会在对公司造成影响的措施上产生分歧，除了教育问题之外，父母－教师协会基本上都很保守，而女性投票者联盟则支持民主党角逐国会议员的席位。资料还介绍了当地的教育系统、消防、警察以及医院等公共服务系统，以及种族构成，并且分析了媒体情况以及他们对当地议题的政治倾向。我们虚构了科宁公司在当地社区的整个历史，结尾则是公司遇到的各种问题。

科宁与黑石镇在过去几年里都经历了大幅扩张。阳光

218

谷地区的房价开始下跌，有证据显示科宁公司和工厂附近开始出现贩卖毒品的迹象。由于工业的不断扩张，郊区也不断延伸，市民们开始口头抗议进一步的工业扩张。

现在公司面临的一大问题就是当地人误解了科宁的扩张计划。由于科宁公司忘记发布项目进度报告，只有极少数人对项目有现实的认识。当地人主要是强烈批评建筑噪音和扬尘，他们认为这是公司对当地社区不尊重的表现。

虽然工厂已经在1972年安装了电熔炉，但许多村民都抱怨工厂排出的废水、废气散发异味。许多人都认为科宁正在向小镇的河里排放含有油墨和染料的污水。这条河是当地人十分喜爱的垂钓地点，正好流经科宁的工厂。而实际上，科宁公司在几年之前就已经安装闭合回路系统，并没有向河中排放任何污水。

麻烦的不仅仅是污染的问题。人事在招聘新员工时也遇到障碍。想要在生产线上工作的女人们批评科宁公司不公平的雇佣关系，一些少数派激进团体把科宁当作活靶子，以夸大就业需求。

我们把这些问题告诉参加培训的工厂经理们。

管理层过去一直把时间和精力放在管理现有设备的正常生产和大规模的新工厂建设中。一切看起来都在按计划展开，但是已经担任工厂经理4年的吉姆·魏克尔突然中风，不得不辞职。他的辞职让本来已经捉襟见肘的管理层更加雪上加霜，因为自从塞缪尔·奥尔登去世以来，人事主任的位子一直空缺。新的工厂经理和人事主任预计6月上任。

博雅的吉姆·道林和科宁的首席传播官詹姆斯·墨菲一起设计了这个项目。

博雅还为一些大型石油公司，比如美国海湾石油公司和阿莫科石油公司，设计过类似的培训课程，雪佛龙公司也购买了这些课程。在这些培训课程里，我们创造了克里斯波特小镇，在那里每个客户都经营一家炼油厂。这个计划还包括应对就业、污染、石油泄露以及导致数人死亡的爆炸等危机。美国公关协会对我们的石油工业危机培训项目很欣赏，授予我们和科宁公司银砧奖。

这些培训项目为什么会起作用？因为高质量的客户投入。在20世纪60年代中期，我、吉姆·道林还有另外三个博雅员工一起去见科宁公司的创始人及CEO哈罗德·伯申斯坦，向他证明我们的资历。我们制作的35毫米柯达幻灯片需要两台放映机来播放。伯申斯坦先生不仅热烈欢迎我们，还帮助我们一起安装设备，甚至趴在地上去找一个在沙发后面的插座。实际上，他自己已经融入我们的团队，一直到他退休。他被尊为美国著名的商业领袖之一，"二战"的时候他担任战时生产委员会的运营副主席，负责在战时协调美国的工业界。在30多年的时间里，他服务过6任总统。他很欣赏将培训当成一个整体的想法，他目的性很强：他希望他手下的经

第十一章 / 危机管理和有争议的客户

理们能够准备好应对突发状况，回应问题时相互协调。

他的继任者劳里斯·诺斯塔德将军是从"二战"中脱颖而出的传奇军官，也是我共事过的最有趣的人之一。诺斯塔德以四星上将的身份从空军退役后，伯申斯坦聘请他负责领导科宁公司当时刚刚起步的全球业务。诺斯塔德 36 岁时就被授予上将的军衔，之后他曾在欧洲艾森豪威尔将军麾下服役，回国后在华盛顿空军总部工作。就是在这个职位上，他与伯申斯坦相识。诺斯塔德最后的军队职务是在与苏联对抗的冷战时期，担任北约最高指挥官。

"在空军，高级指挥官与基层士兵总是距离遥远，"诺斯塔德将军有一次对我说，"让军队运转自如的秘诀就是预先设定好章程，建立一支统一的部队。"他自己十分勤奋，经常在两地来回跑，在托莱多总部担任高管的同时，又经常造访纽约的运营部门。在担任 CEO 的 5 年时间里，他一直是我主要的午饭搭档。我一直调侃他说，从西点毕业之后他应该就再也没有跟一个士兵一起吃过午饭了。我在军队最高的职衔就是下士，所以我经常调侃他，跟我一起吃午饭是他对以前亏欠的弥补。除了通用性很强的玻璃纤维，我们午饭讨论的三个主要议题是世界地缘政治、其他 CEO 怎么处理工作，以及如何在环境保护署监管者要求的日期之前达到排放标准。他十分坚持科宁公司所有层级都应支持平等就业。

1970 年，诺斯塔德将军招募了退役少将理查德·尤德金进入科宁公司，他最后在空军的职务是负责规划和行动的副总参谋长。在科宁，他担任诺斯塔德将军的总裁助理，负责处理"二战"时期石棉生产中出现的问题。尤德金身高大概 1 米 65，身材圆滚滚的。

221

我的公关人生

他是从福特汉姆的预备役军官训练团毕业的，作为一个非西点人，他必须非常聪明才能获得少将军衔，而且还要务实并富有激情。不管什么东西他都能很快理解，问问题总是能问到点子上，正中问题核心。我们的关系非常好。

我们帮助科宁公司破解了"发痒的臀案"。在20世纪60年代，女人们开始抱怨臀部总是不时会出现皮疹，新闻媒体觉得读者们会喜欢这个话题。过了一个星期人们找到了源头：在洗衣机洗过含有玻璃纤维的窗帘后，里面的玻璃纤维碎片就会溶解，人们洗内衣的时候，这些纤维就会沾到衣服上。作为玻璃纤维的制造商，虽然科宁并没有生产惹麻烦的东西，但它的名字也总是被人提到。解决方案很简单，让消费者把含有玻璃纤维的窗帘、桌布与衣服分开洗。为了保护自己的声誉，科宁公司不得不劝说其他几百家小企业在包含科宁玻璃纤维的水洗产品里添加一个警告标签。

1972年诺斯塔德将军退休，哈罗德·伯申斯坦的儿子比尔接任CEO，公司在他的领导下继续繁荣发展。玻璃纤维得到广泛应用，三个主要的新增长点分别是船体、地下油罐以及汽车轮胎加固（用来代替钢丝）。比尔信任传播，尤其愿意告诉员工公司在做什么，向他们解释为什么要这样决策以及应该如何执行，而不是仅仅告诉他们决策的内容。

我们服务科宁的客户团队囊括了博雅最优秀的几名员工。吉姆·道林后来接替我担任博雅的CEO，鲍勃·费尔德曼成为美国通用配件集团的CEO，后来又担任了梦工厂的公关负责人。鲍勃在联合学院的同学罗布·弗莱厄蒂现在是凯旋公关的CEO，凯旋公关

222

是世界十大顶级公关公司之一。迈克·莫里斯成为我们香港分公司的总经理。在科宁，乔·多尔蒂接替了吉姆·墨菲的职位，并在退休之后又加盟了博雅。

我们与科宁长久的合作关系在 2001 年戛然而止。比尔·伯申斯坦的继任者是从外部聘请的，他带来一位新的公关负责人，他认为我们已经跟科宁合作太久，与这个组织的联系比他更加紧密。他对美国公关协会已经连续 4 年授予科宁公司银砧奖并不在意，虽然这一纪录至今仍无人打破。他也没有给予我们应有的尊敬——他并没有当面告知我们要解除合作，而只是打了个电话通知我们。

泰诺：危机管理的典范

强生公司应对 1982 年和 1985 年发生的泰诺毒药丸事件的举措，已经成为全球企业危机管理的范本。故事的英雄主角是强生公司的 CEO 詹姆斯·伯克，他有一种与生俱来的能力，能够完美契合强生公司的信条。当芝加哥发生 7 人因为服用掺杂毒药的泰诺药丸而死亡时，伯克亲自处理这次危机，而不是授意属下应对。在接下来 6 个周里，他充当全职的危机公关经理，强生公司的信条——人命重于利益——指导着他的决定。他主动从全国的药店、超市和其他销售点召回了大约 3 100 万瓶泰诺药丸。这次召回虽然让强生损失了大约 1 亿美元，但是消费者、公共健康官方机构和媒体都赞扬他的果断决定。之后不到一年的时间里，他就让泰诺起死回生，从召回

223

我的公关人生

时的零市场份额回升到以前的市场第一。

我们与强生的拉里·福斯特和内部公关团队合作，努力告诉公众这次令人发指的悲剧背后的故事：分销到杂货店和非处方药的销售渠道被人做了手脚。药品不是在泰诺的生产车间里被添加毒药的。为了让公众知道强生如何确保生产设备安全，伯克放弃了禁止摄像的规定，允许电视台记者随意拍摄泰诺包装的场景。

伯克还勇敢地接受了《60分钟》主持人迈克·华莱士的采访，让公众相信强生一直在竭尽全力确保消费者的安全。一直以来都像斗牛犬一样好斗的华莱士也称赞伯克个人在危机处理中的表现。伯克雄鹰童子军般的风采向《60分钟》的观众展示出了能力、激情以及忠诚，他们中许多人都是泰诺的使用者。

然后我们必须重新发售这款产品。首要的目标就是设计出防篡改的包装，为消费者提供最大限度的安全保障。我们与拉里·福斯特的团队合作，决定大规模报道包装的保护措施，获得最大程度的新闻曝光，让消费者相信药品很安全。我们提议在纽约召开新闻发布会，在泰诺最大的20个市场同步举办地方发布会，使用卫星进行转播。我们的目标是让泰诺新的防篡改包装成为全国的头版报道。在消费者打开泰诺之前，新包装有三重防护。想要打开包装再重新密封而不被发现几乎是不可能的。（当时，强生发明了一种新的药品形式叫作胶囊，现在这已经是非处方药品的标准形式。）大量报纸都头版刊登了发布会的两个报道，一个是泰诺防篡改包装，另一个就是当时第一次使用卫星的新闻发布会。

224

危机预防的一课：杜邦

1995 年，《纽约时报》上面报道一则新闻称，杜邦的子公司康菲石油公司已经与中东某政府谈判达成了一项协议，将会开发一片刚被发现的大型天然气田。之前美国国会已经制裁那个国家，并禁止美国企业在当地做生意。读了这则新闻之后，我打电话给杜邦备受尊敬且英俊潇洒的 CEO 埃德加·伍拉德。在我看来，杜邦可能是在与媒体玩火，而且如果康菲石油公司继续推进这个项目的话，也是在与美国政府玩火。他也认同我的顾虑，找康菲的 CEO 了解更多情况。其实这项制裁不具体针对美国企业在境外注册的子公司，而康菲负责这次合作的子公司位于第三方国家。但我们担心公众可能不会对法律细节这么在意。

更重要的是，康菲在签署协议的这个国家有 50 名工人正在工地上。保护他们的安全是一切事务中的重中之重。我们一致认为，可回旋的余地很小，而且时间也很仓促。给伍拉德打完电话后我把情况告诉斯泰西·莫布利，他之前是杜邦负责内部事务的高级副总裁，也负责法律事务，最后是以公司法律总顾问的身份退休。我们已经一起工作了好几年，彼此信任对方。

我在一夜之间想到一个办法。如果我们劝说白宫发布一份总统令，禁止美国公司的全资子公司在被制裁国家开展业务呢？我不知道这样一份命令有没有用，更不知道克林顿政府是否会同意这样的举动。我得到客户允许，以非正式的方式联系了一位在白宫地位很高的朋友，向他提出这个想法。这位朋友给了正面回馈，这个想法可行，并且帮我们联系了具体负责此事的官员。

我向伍拉德报告此事，他当时正在与康菲的 CEO 会谈。这件事被移交给康菲在华盛顿的法律公司美迈斯律师事务所。该公司的合伙人之一是亚瑟·卡尔瓦豪斯，他曾担任里根总统的法律顾问，与克林顿政府成员都熟悉，知道白宫是如何运作的。伍拉德委托莫布利和我追踪此事的进展情况。追加的总统令在几天之内就正式颁布，媒体没有报道此事。康菲的合同因此作废，其员工也安全返回国内。

在克林顿总统赢得选举后，宣誓就职前的一段时间，我还代表杜邦公司与白宫协调了另一件事情，那就是用杜邦生产的一种化合物代替传统的汽车空调制冷剂，这种新化合物能够减少对大气层的破坏。在总统选举期间，克林顿将夏至定为使用老式制冷剂汽车的截止日期，但要在这么短的时间内改装数百万辆汽车，产能完全跟不上。无法完成改装的车主在夏天最热的时候只能放弃使用空调。

我向伍拉德建议与新政府接触，告诉他们即将面临的危险情况。我能够联系到即将就任副总统的阿尔·戈尔，他在选举期间带头关注环境问题。我和莫布利的前任杰克·马洛伊与戈尔的高级幕僚凯利·麦金尼斯和彼得·奈特见面，我们会面的成果就是政府推迟了现有汽车改装的截止日期。

伍拉德卸任 CEO 之后，我们仍然是好朋友。在我看来，伍拉德是一位全能的 CEO，能够快速确认问题，认清一个人的能力，克服障碍，并解决手边的问题。

第十一章 / 危机管理和有争议的客户

我们失败的例子：石棉工业

第二次世界大战期间，造船业使用石棉来防火隔热。军队使用一种特殊的石棉纤维来制造飞机。石棉对飞机和造船行业都非常重要，所以联邦政府采购并储备大量石棉，以确保供应。

在 20 世纪 70 年代后期，博雅为由 34 家石棉生产商和 16 家保险公司组成的联合团体工作，针对石棉污染受害者沟通赔偿金问题，向这些企业提供建议。石棉污染受害者中有许多人都得了间皮瘤，这是一种因为接触石棉而导致的肺癌。他们对石棉生产商发起集体诉讼。我与一家中型企业基恩公司的 CEO 格伦·贝利交流，基恩公司收购了一家生产包含石棉产品的小公司，这让他的公司也面临潜在风险。我还与科宁公司联系，他们为美国空军供应的材料含有微量石棉纤维，法庭裁决接触这些材料的人也会患上间皮瘤。

从一开始我就主张，联邦政府的责任、跟石棉生产私营企业以及业务与石棉有关的企业一样多。毕竟，大部分有害的石棉都来自政府拥有的储备。美国海军和其他政府机关制定了石棉技术标准。虽然我们进行了大力公关，但政府和立法机关都没有认真思考政府的责任，没有承认他们对那些在造船过程中受到严重损害甚至死亡的人的责任。这一责任将会完全由企业承担并赔偿。

法庭审理很缓慢，他们只处理了 6 000 件案子。我们帮助建立起石棉索赔服务机构，作为传统司法系统的一种替代。在一开始两年里，这个机构就解决了 22 000 多件案子。然而，最终赔偿受害者的金额高达数十亿美元，私营企业已经没有钱了。包括科宁在内

227

有 100 家相对成功的公司被迫宣布破产重组。在我看来，这一次是美国政府没有履行自己的义务。

我们选择客户的准则

美国宪法保证了任何一个被控犯罪的人都有获得律师辩护的权利，不论他所犯的罪行有多严重。为被控犯有野蛮罪行的杀人犯在法庭上申请无罪辩护，律师并不会因此而产生污点。律师事务所也很少会遭受恶意批评，很少会有人去他们的办公室抗议。

另一方面，公关公司有时候会因为自己的客户而招致恶意批评和抗议。媒体和公众对公关公司及其客户采取双重标准，这一标准有时候会诋毁他们的道德、伦理和名望。

我相信在我们的社会里每一个实体都应该被倾听，不论是在司法法庭上还是公众意见的法庭上，或者两者兼而有之。即使最不受欢迎或最具破坏力的组织，宪法也赋予它们表达自己观点，为自己辩护的权利。如果它的目标是合法的，不会煽动暴力，那么它就可以自由雇用专业的公关顾问，在影响媒体方面更是如此，因为今天媒体已经成长到和我们的司法体系一样复杂。尽管如此，当这些客户找到我的时候，我从来没有觉得有义务代表他们。相应地，从我干这行开始，我就列出一系列原则——夏博新准则之类的——来决定哪些客户可以接，哪些不可以，无论酬金多少。

基本上，我不会代理那些会让我们现在的客户或员工感觉不

第十一章 / 危机管理和有争议的客户

舒服的人。我也不会接手那些会惹恼现在的客户或者员工的议题。比如，我们拒绝为堕胎议题的某一方进行公关，至于到底是支持方还是反对方则不重要了。我们还拒绝为那些联合国或大多数政府都认为该国人权状况堪忧的国家服务，还有那些我们知道自己几乎不可能改变他们的行为的国家。对于私营企业部门，我们会放弃那些财务报告有问题的客户，通常都是小型初创企业。我们还拒绝过一家大型上市公司，现在他们的 CEO 已经因为公司财务造假入狱了。

本质上，我们会问自己这样的问题："这个客户或者任务对我们长期经营有好处吗？"对我来说，更多是从商业决策而非道德决策的角度出发。即使如此，我们还是会与有争议的客户合作，不论争议是真实存在还是潜在的。自从创立以来，博雅服务过的客户有的面临致命的工业事故，有的被非政府组织和其他组织抗议，还有的客户其产品据称会造成人体伤害。

媒体时不时会批评我们，说博雅支持不受欢迎的一方，为他们辩护。一个有线电视评论员从来没有与我们有过联系，却说我们是"从地狱来的公关代理公司"。虽然许多公关从业者有记者经历，但在媒体记者和公关从业者之间有一种爱恨交织的关系。虽然记者和编辑们总是会引用公关从业者的话，对他们的工作也有帮助，但记者和编辑们认为，我们的客户之所以雇用我们，就是为了粉饰他们的缺陷或阻止媒体直接与客户公司 CEO 对话。

社会上还存在一种不断增长的反商业偏见，让存在不良行为的公司陷入尴尬的境地。对我来说，最关键的问题是"这家公司是以

229

公众利益为前提运营的吗"以及"它是否更多的是靠自己的行为而不是宣传获得公众的认同"。

我和同事一致认为，只要博雅仍然是世界上最大的公关公司之一，我们就会一直面临一定程度的争议。作为一家公司，衡量我们成功的标准之一就是看有多少公司、政府和其他机构的领导会在遇到传播障碍时来寻求我们的帮助。

为有争议的政府服务

1976 年，在墨西哥城开了一家公关公司的美国人罗伯特·本杰明打电话给我。他之前是《时代周刊》报道拉丁美洲的记者。他告诉我新的阿根廷政府——一个以军事政变的方式推翻伊莎贝尔·贝隆夫人左派政权的军政府——想要在美国、墨西哥、西班牙、法国、英国、德国和日本等国家寻求公关帮助。军政府的一名高官曾让美国大使提供一份能够承担此项任务的公关公司名单。

本杰明建议我找机会与阿根廷驻美国大使见一面。我一开始先探听国务院的意思，想知道美国对阿根廷的军政府是什么态度。我得到的回应是国务院和参议院外交委员会都持支持态度。国际货币基金组织给阿根廷新政府发放了一笔数额可观的贷款，美国政府还提供 5 000 万美元的军事援助。在正式的国务院文件中，美国大使说："这可能是阿根廷历史上执行力最好、最文明的军事政变。"

我同意争取拿下这项业务。博雅还没有在墨西哥开设分公司，

第十一章 / 危机管理和有争议的客户

所以我想请本杰明帮助，我告诉他如果我们谈下这笔业务，他将会负责在墨西哥的工作。经过几个周的谈判，阿根廷政府与我们签订了一个 4 年的合作协议。博雅以外国代理公司的身份在司法部进行登记，一名博雅的英国高管迈克尔·霍顿负责管理我们在布宜诺斯艾利斯的团队。霍顿已经在布鲁塞尔分公司工作了差不多 5 年，有负责 200 万美元客户的经验。他会说法语，在前往布宜诺斯艾利斯之前，他先在西班牙生活了 6 周以熟悉拉丁美洲文化。

当务之急是健全阿根廷的财政状况，主要是确保偿还由外国人持有的几十亿美元债券。我们与阿根廷财政部长、著名的银行家何塞·阿尔弗雷多·马丁内斯·德奥斯一起推进此项目。我们还推动对阿根廷的国际商业投资以及阿根廷产品的出口，主要是红酒和其他农产品。另一项紧迫的事情就是推广 1978 年的足球世界杯，这项赛事能够向全世界的观众展现出阿根廷的进步。

我们与德奥斯部长成功地帮助阿根廷恢复了财政稳定，但与此同时阿根廷面临着严重的人权问题。阿根廷的新领导者在全世界都受到了负面的舆论批评。但我们没有参与阿根廷政府应对负面报道的行动，这些事情由总统办公室和阿根廷驻外代表负责。

在博雅与阿根廷政府为期 4 年的合约即将结束时，在我们位于伦敦、纽约和布鲁塞尔的分公司外面都出现了抗议者。虽然这些抗议对我们的客户或员工产生的负面影响微乎其微，却促使我反思当初决定接受阿根廷政府委托的决定。40 年之后，仍然有人会问我，如果当初知道会是这种后果，我还会为阿根廷军政府服务吗？

如果得到美国政府的强力支持，我很可能还会采取相同的举

我的公关人生

动。但是，我会在合同中加入一项条款，任何一方有权以任何理由终止该合同，只要提前 30 天通知对方即可。如果我们当初与阿根廷政府的合同包含这一条款的话，我很可能在前 6 个月之内就取消合同。在合同到期后，我们没有与阿根廷政府再续约。

罗马尼亚的尼古拉·齐奥塞斯库

20 世纪 70 年代，罗马尼亚驻美国大使雇用我们，希望我们能帮助罗马尼亚获得向美国出口商品的最惠国待遇。我们成功帮助罗马尼亚实现这一目标。1969 年，理查德·尼克松总统作为齐奥塞斯库政府的官方客人，受邀访问了罗马尼亚首都布加勒斯特。尼克松是第一位访问社会主义国家的美国总统。我们说服美国全国广播公司的《今日秀》节目在罗马尼亚进行为期一周的报道。在邀请尼克松总统访问中国的决定中，齐奥塞斯库是重要的中间人。

在我们为罗马尼亚服务这段时间里，齐奥塞斯库是东欧国家里与西方世界关系最好的领导人，他想要发展罗马尼亚的农业和工业。然而不到 10 年的时间——当时我们的合同已经结束很久——齐奥塞斯库就累积了大量赤字，他努力想要减少赤字，却严重降低了罗马尼亚人民的生活水平。面对人民的抗议，齐奥塞斯库转向专治统治，他控制了所有媒体，并开始杀害反对他的罗马尼亚人。我们的批评者今天还拿这位暴君的事批评我们。如果齐奥塞斯库能像一开始那样对外界的影响保持开明态度，那么罗马尼亚人民就不会遭受那么多折磨，我和同事们也就不必竭尽全力地澄清我们与该政府之间的关系了。

印度的悲剧：博帕尔事件

当我们时不时为卷入重大事故的客户服务时，比如石油泄漏或爆炸，一些自诩维护公共利益的团体就会批评我们。1984年美国联合碳化物公司在印度偏远地区的工厂爆炸事件就是一个例子，这次事故造成超过1 000名员工死亡。一开始，联合碳化物公司的经理们就知道虽然还没有弄清爆炸的原委，但他们有责任为全球媒体报道此事提供便利。当他们雇用我们的时候，他们就已经意识到这件事将在相当长一段时间内成为头条报道。

我们马上派遣团队前往印度搭建信息收集和传播设备，为现场及全球媒体提供后勤支持（比如卫星传送及新闻摘要等）。我们建议联合碳化物公司每天都在康涅狄格州的公司总部举行新闻发布会。我们还建议联合碳化物的CEO前往印度的工厂，表达他和公司对遇难者的哀悼之情。

事实上，当爆炸发生时，这座工厂根本不在联合碳化物公司的管理之下。数年之前，印度政府开始接管外资企业，并且派印度本国的管理团队负责运营这些公司。30多年后的今天，联合碳化物公司已经被陶氏化学公司收购，但印度人还是会因为那次爆炸指责它，偶尔也会提及博雅。

我的公关人生

我们已经服务过很多家发生石油泄漏的客户。其中之一就是英国石油公司的"托里坎荣"号油轮 1967 年在英国东南部水域的泄漏事件；另一个就是 1988 年在俄亥俄河匹兹堡河段的阿什兰溢油事件。1989 年埃克森公司在阿拉斯加水域发生瓦尔迪兹泄漏事件，公司雇用我作为独立顾问来评估公司整个应对过程的优劣。最近刚退休的美国电话电报公司首席传播官爱德华·布洛克和我一起负责这项事务。我们的调查完全不受约束，最后认为除了 CEO 没有到访现场之外，埃克森的公关工作做得非常彻底，并且在信息透明方面可以成为其他公司的典范。

在 20 世纪 80 年代早期，由沙特政府拥有的石油公司沙特基础工业公司雇用我们公司参与一项 B2B 项目。我们的任务就是在美国和英国市场为他们提供市场营销支持，我们与沙特的合作关系持续许多年。由沙特皇室赞助的哈立德国王基金会也雇用我们宣传他们在美国和英国的项目。在 2001 年恐怖分子袭击了世贸大楼和五角大楼后，沙特驻美国大使班达尔王子询问我们该如何回应恐怖袭击。为此，博雅在全美的报纸上投放广告，表达了沙特对美国人民的同情和支持。

第十一章／危机管理和有争议的客户

要点

▶ 大型公关公司通常会选择性接受他们认为会引起争议的客户。通常情况下，如果员工认为这项任务让他感觉不舒服的话，他也有权拒绝这项任务。

▶ 公关行业第一条戒律是"你必须说实话"。记住，你没有必要把自己知道的所有东西都说出来，但你说的每一句话都必须是真实的。

▶ 在危机情况下，发言人最常犯的错误就是在确认事实之前，将推测的情况告诉媒体。在最初比较紧张的情况下，最好的答案是"我还不知道这个问题的答案，一旦我得知真相会立即通知你"。

▶ 当发生麻烦而你又知道所有事实时，告诉媒体整个故事的全部事实，是你把它变成只"发酵"一天的新闻的最好方法。

▶ 当接受采访时，思考清楚你希望通过记者传达什么信息。（一张提示卡是个不错的选择）否则，你就失去了一个对你和你的客户而言说清楚重要事情的机会。

235

第十二章

公关的商业属性

当 75 年前我进入这个行业的时候，人们经常会说："开一个公关公司，你要做的就是买一个油印机、一个打印机和一部电话。"其他行业认为公关就是家庭手工业。即使那些对公关作为一种商业服务最乐观的人，也无法想象公关公司每年能获得上亿美元的收益。其实，在 2016 年至少有 10 家公关公司的收入超过了这个数字，最高的据说已经超过 7 亿美元。到 2020 年结束时，很可能有公关公司能达到 10 亿美元级别。

如果一个公关公司想要实现全球扩张，那么它的规模就非常重要，原因有两个。首先，规模就是影响力。大多数全球化的公司都在四五十个甚至更多国家展开业务。由于今天的新闻是以光速在传播，如果企业管理者不能快速且专业地处理所遇到的问题，那么即使在最小、最遥远的国家发生的负面新闻，也会对形象最好的企业造成致命影响。当这些企业需要帮助的时候，在当地办公的公关公司就可以为这些公司提供更好的服务。没有人能预测到这个时间是什么时候。

其次，规模化能让公关公司横跨不同的行业，为客户提供高质量的解决方案，比如金融行业就包括从上市到重组和破产等一系列问题，还有劳工关系、员工沟通（有时候要使用超过20种语言）、环境议题、国家文化，甚至是部族和伦理等亚文化问题，还有包括分销、批发和零售环节在内的供应链体系。即使是最大型的跨国公司在公关上也有缺陷，因为为所有可能发生的意外事件雇用全职的公关专家，成本很高。

行为准则

20世纪90年代，吉姆·道林接替我担任博雅的CEO之后，与团队成员一道努力制定公司的职业准则和目标两份文件。第一份文件标明了公关行业的职业准则，第二份则列出了公司的愿景和价值观。职业准则声明的开头第一段就浓缩了公司的专业和道德准则。

> 公司建立伊始，我们就坚信，开展业务时遵循的最高专业、伦理和道德标准不仅包括做正确的事情，还包括做对行业最有利的事情。换句话说，我们始终坚信，好的商业决策和判断包含专业、道德、正直的价值观和实践，能够被我们的员工、客户、媒体、业务所在国政府，乃至大众广泛接受。

文件正式定义公关公司对所有利益相关方的义务——"我们作为公关从业人员的责任，就是以负责任的态度协调客户的目标与公众利益"。文件声明，所有社会成员，即使是那些应受谴责的人，也有权利获得专业公关顾问的咨询服务。但公司会针对每一个案例具体甄别，保留为其服务的权利，并且如果我们认为其与我们的商业和专业利益冲突的话，公司随时准备好终止自己的服务。

在媒体关系方面，我们声明，公司不会参与任何意图阻碍或破坏公共传播渠道及法律法规流程的行为。在员工权利方面，公司保证没有任何一个员工会被要求从事与他本人良知或观点冲突的工作。

在客户方面，文件声称，我们至高无上的目标就是与客户建立长期的合作关系，我们会尽自己所有努力实现这个目标。但文件中也明确表示，如果客户要求我们发布任何虚假或误导性信息，贿赂媒体渠道或者政府监管和立法人员，我们将会与这种客户切断关系。在文件最后我们总结，"我们必须认识到自己作为客户发言人及倡导者的身份定位"。

我们的愿景

我们的第二项事业就是在 1994 年的时候着手整合公司，将公司在全球 5 个大洲 40 多个国家的员工整合起来。用来实现这一点的就是一份声明"我们的愿景和我们的价值观"。这份 1 500 字的文件明确了公司的使命以及公司在实现自己目标时所遵循的行为品格。

愿景部分的开头是这样的："博雅在传播的世界里不断探险，这个旅程没有终点，却有明确的归宿。公司将努力建立世界上最令人兴奋的咨询和传播组织，为公关和公共事务的意义增加新的维度"。文件承认，这个过程永远没有终点，当世界发生变化时，我们也会随之改变。唯一不变的就是我们致力于在思想和行为中追求卓越的信念。

在客户方面，文件指出，公司存在的唯一目的就是服务客户，我们之所以保持灵活，持续发展，不断创新，就是为了用最好的资源来解决客户的每一个问题，为他们提供适合的解决方案。这样，最终，我们的客户将会把我们当成真正的商业伙伴，但我们不会自满于这种客户满意度。

文件还承认，在这个世界上没有绝对的事情，我们无法控制人或产品。我们不满足于现状，不断寻找新的可能。我们将会不断寻找最有才华的人，最新颖的观点，最广泛的理念和最新的视角，努力增强我们对于客户的价值。

在全球扩张方面，文件声明，企业的全球扩张要求我们在全球都要以统一的卓越标准来工作。我们将会建立科学的系统，使用现代科技让全球所有员工在任何地方都能平等地获取我们的知识、经验和技能。

我们的价值观

博雅的价值观声明在一开始就承认，公关是一项高要求的业务，要求员工具有高度的激情，能够努力地工作，甚至具备承受痛

241

我的公关人生

苦的能力。考虑到我们业务快速增长所带来的压力，这些都是员工必备的能力。除此之外，我们还欣赏其他品质，包括团队工作、忠诚、好奇、分享以及冒险。

就成就而言，我们希望的不仅是超出预期，还要在个人和专业目标方面都能够超过常规的标准。我们的员工努力对客户的业务产生真正的影响。不论面临什么样的挫折或者是需要什么样的牺牲，我们的员工都努力发现真正的问题，提出真正的解决方案。

就团队工作而言，声明指出博雅人已经意识到，只有合作与支持才能带来个人的成功。我们崇尚个人价值，但也为团队欢呼。

就忠诚而言，声明保证，要说实话，让客户和同事都可以相信我们。

让许多公关行业的人感到非常意外的一个价值就是好奇心。之所以会有这一条，根本原因在于博雅人都对传统感到不安，我们意识到，对任何议题或者问题，都不可能只有一个正确的解读视角。今天绝对的真理到了明天也只不过是老生常谈。我们的员工欢迎新知识、新视角、新观点。在博雅，观点没有等级，也没有国籍之分。虽然公司会为员工提供培训和成长的机会，但我们坚信个人成长最终要取决于个人。

对公关公司来说，另一个不同寻常的价值就是冒险，但博雅在文件中大胆声明我们鼓励冒险。我们认同以下观点：如果事情还没有做，它绝不会成功；如果我们认为它是对的，我们就会去做。我们将会努力争取这样做的机会。

创作一份目标声明是一回事，但让 5 个大洲的 2 500 名员工真

242

正接受这份声明,并把它当作行为准则,又是另外一回事。为了通知所有博雅人,我们的第一步就是召开 5 个地区的总部会议,其中两个在美国,其他三个分别在欧洲、亚洲和拉丁美洲,有近 90%的员工参加会议。之后是由博雅高管在各个分公司单独召开会议。为了能够时刻提醒员工,我们还大量复印"我们的愿景""我们的价值观"这两份文件,将其镶嵌在透明的萤石里分发给所有员工。接下来 10 年里,几乎每个博雅人的办公桌上都能看到这两份文件。

公关的商业模型

就像麦肯锡、普华永道和克伦威尔律师事务所等全球化的专业服务公司一样,全球化运营的公关公司也需要在运营资本、办公空间以及沟通网络方面进行大量投资。运营资本一般需要年预期收入的 20%。客户支付款项的周期一般是 60 天,在此之前的费用都需要公司垫付,包括员工薪水、租金,以及差旅、通信等费用,还有客户要求的其他服务费用。

和法律、审计和管理咨询的同行一样,大型公关公司通常也是根据员工为客户服务的小时数收费。小型公司通常会为某一系列具体服务收取一笔固定费用,如果有原协议之外的其他服务需求,他们会额外收取费用。在过去 10 年里,大规模合作的趋势使公关变得更廉价:客户通常选择小时收费更低的公关公司,而不是有更高质量产出的公司。许多大型公司都是由采购部门负责合同谈判,他们会要求公关公司按比较低或者行业平均水平的小时费用收费。一些年度预算较多的客户还会要求批量打折，好像服务行业像其他行业一样有规模效应。实际上公关公司的预算越高，就有更多的员工要工作，也就需要更多的高管、更大的办公空间，以及更好的后勤支持（科技、管理以及最重要的协调能力）。

客户筹备期的投入，尤其是高级员工在新公关项目中的投入，会影响我们工作的成本和利润。当客户有明确的公关目标时，我们的成本会比客户没有目标时更低。这主要取决于负责与公关公司对接的个人或团体的经验和知识储备。

从公司开始运营的早期以来，我们每年就按照 1 680 小时的收费时数来制定每小时的收费标准，这其中还包括所有后勤服务和支出租用费用（即经常性支出），以及一定比例的利润，通常是 15% 左右。当我们对项目内容比较确定的时候，有时候会收取固定的费用。这样做的结果就是，如果对客户的要求预估过高，我们就可以大挣一笔，如果低估了客户的需求，我们最终就会赔本。除了在危机情况下无法预估工作量之外，我们在与客户几乎所有的合作中都是按照预算工作。在这种体系下，业务能力强的公司效率就会更高，消耗的时间也就更少。只要一个电话或一次访谈，更有经验的员工通常就能解决问题，而没有经验的员工则可能需要几个小时或者几天。

在 20 世纪 80 年代，博雅的收入从 35 113 000 美元增长到 159 860 000 美元，涨了 4 倍。为了容纳美国地区快速增加的员工，我们大幅扩大了办公场所，尤其是在纽约、芝加哥和华盛顿。比如在 1967 年，我们以 6 美元每平方英尺的价格在纽约曼哈顿第三大道东 866 号的一座新大楼里租下 20 000 平方英尺的办公空间。1975 年我们续租的时候价格调整到 5.5 美元每平方英尺。到 20 世纪 80 年代中期，我们又在同一座大楼里租下 20 000 平方英尺的空间，其中有些地方的租金超过 35 美元一平方英尺。除此之外，我们还在第三大道 919 号（20 000 平方英尺）、第三大道 757 号（12 500 平方英尺）、第三大道 880 号（8 000 平方英尺）各租下一层楼，这样我们总的办公面积就已经超过 80 000 平方英尺。1986 年 2 月第三大道 866 号的租约到期后，我们的业务和办公面积需求仍然处于增长之中。

我们之所以想要找一个新的办公地点，是为了将我们分散的办公室整合到一起，并且为以后的扩张提供办公空间。但 20 世纪 70 年代末纽约市遭遇财政危机，办公空间很少，也没有几家开发商兴建新的商业地产。早先我们已经考虑过，认为我们租不起在市中心且符合我们品牌的大楼。因为市中心的大楼基本租金是 50 美元一平方平尺，而且租约还包括自动调整条款，即房主可以把每年增加的成本（建筑维修费、房地产税等）平摊到所有租户身上。按照 20 年租约计算的话，最后 5 年的租金可能会达到每平方英尺 100 美元。

我们开始转而在有一些单人公寓建筑的第三十四街寻找合适的办公场所。我们看上了一栋建于 1905 年的房子，它位于公园南大道西南角和第十九街之间，之前的租户是一家印刷商，主要印刷夹在报纸中的广告插页。整栋大楼共有 13 层和一个地下室，总面积为 330 000 平方英尺。在联邦政府开始补贴南布朗克斯区的新兴轻工业之后，房主想要出售这套房产。我们的顾问建议我们继续在曼哈顿寻找合适的地点。

接下来一年时间里我们又看了其他三处大楼，最后我们又回到公园大道南 230 号。两位年轻的开发商已经以 1 600 万美元的价格买下大楼，我们可以用 2 000 万~2 200 万美元的价格从他们手里买过来。由于重新装修大楼也需要 1 500 万美元的资金，我们的母公司扬罗必凯否决了我们买下大楼的意向。扬罗必凯最近刚决定购买一栋位于麦迪逊大道 285 号的大楼。我们觉得自己做了一个还算可以的决定。然而，当我们得知新房东用我们 20 年的租约从银行获得了 5 500 万美元抵押贷款的时候，我们大吃一惊。更让人吃惊的是，2000 年左右的时候，房东以 2 亿多美元的价格把大楼卖掉了。

我们的办公室经理莫琳·弗林负责新办公室的搬迁事宜并且完成得很漂亮。我们占据 8 层，扬罗必凯的其他部门则使用大楼剩余楼层。在搬迁的时候，我决定不将 13 层的楼层号换成别的数字，我们不会屈从于迷信。在选择我办公室的电话号码时，我从 614–4000 到 614–5499 这个区段里选择了 614–4444。一年之后，一位香港客户来到我们 13 层的会议室开会，会议中途他递给我一张纸条："在中国，你的电话号码翻译过来就是 61- 死 - 死 - 死 - 死 - 死。"

我很羡慕以前一个 CEO 客户办公室里的摇椅，所以在装修新办公室时，我就要求在自己超大的全新办公室里放一个老式摇椅。最后我办公室里有 4 个橡树色的摇椅和一个橡树色的大桌子，全都是由教会派家具大师古斯塔夫·斯蒂克利设计的，教会派风格的家具与度假酒店有关，主要是在 1890 年到 1910 年之间盛行于拥有长

第十二章 / 公关的商业 属性

阳台的度假酒店。在我买这些家具时，家具和装修行业盛行斯蒂克利热，著名的歌手、演员芭芭拉·史翠珊就是其中一个狂热的收藏者。2011年，她把所有藏品拿出来拍卖。一个博物馆馆长打电话问我想不想卖自己的桌子。我回答说不想卖。他问能不能看一下桌子。我说可以，只要他不会缠着我卖桌子就行。他对我小小的斯蒂克利收藏品大加赞赏，尤其是那张我用来当桌子的工作台。他向我保证，现在卖的话价格会比以前涨几倍。

1986年2月，我们在纽约的657名员工全都搬到了公园大道南。在10年左右的时间里，这是世界上最大的公关专业人才聚集地。

雇用、培训和发展人才

从20世纪60年代，我们就开始进行员工培训和提升项目，我们可能是第一家建立正式的内部培训项目的公关公司。我们的培训有三个目的，那就是确保员工为客户提供优质服务，提升员工的工作技能，让他们准备好承担更大的责任。我们还希望建立一个强大的全球对接的人才网，全球所有的博雅人都采用同样的方法论和卓越标准。我们从职能和地域两方面来创建我们的培训项目。职能培训的重点在于教授员工如何提供专业的服务，比如如何策划一个公关项目、如何与媒体对话、如何与客户沟通。地域培训由当地办公室、区域总部以及全球总部构成，主要教授管理和行政方面的内容，比如新手经理管理员工时需要知道什么，在管理他人的同时该

247

如何管理自己的时间，以及如何创建和管理一个专业服务预算。

当时员工的在职时间要比今天长，所以我们要求参加培训的人——一年大概有 30 个名额——要有三年工作经验。在管理层看来，那些经受过考验的人更有希望晋升到高级管理层。这些培训项目还催生了好几例跨国和跨洲婚姻。也是在 20 世纪 60 年代，我们启动了公司的夏季实习生项目，主要目标人群是大学生。现在，这个项目每年为全球 100 多名大学生提供学习机会，每年有上千名甚至更多的本科和研究生毕业班的学生申请。相关专业的大学老师认为我们的项目是最为专业的实习项目之一，部分原因是，在为期 8 周的实习期内，我们给实习生支付工资，而且会把他们分配到具体的项目之中，让他们亲身经历实际的客户工作。一般来说，我们会录用将近一半完成夏季实习项目的人，他们大部分都会接受。在 20 世纪 80 年代，员工们在没有告诉我的情况下，就正式把这个项目定名为"夏博新夏季实习生项目"。

我们一开始是希望能雇用到最优秀、最聪明的人才。我们将雇用看作是双向选择，我们寻求那些致力于投身公关和我们公司的人，不仅为他们提供工作场所，让他们能够定性定量地将他们的产出最大化，还给他们提供有丰厚回报的晋升机会。

20 世纪 80 年代我想到一个主意，那就是用模拟测验的方法来判断一个求职者是否能胜任。我们雇用了一位专业的心理学家，他让我推荐 12 位我认为很优秀的员工。在与每个人进行深入交谈之后，他发现每个人都具有 4 种共同的特质。第一，这些人都很聪明，但聪明的表现方式却不一样。这与他们的高考分数或者大学成绩无关，其中有一个人只读了两年大学，还有一个甚至根本没上过大学。第二，每个人都有企业家思维，总是问"接下来我能为客户做什么"，并且马上付诸行动。第三，他们都是优秀的沟通者。几乎所有人都是能让人信服的演讲家，而且他们的写作能力超出常人，也都喜欢写作。第四，他们都是团队协作型员工。他们更多地使用"我们"这个代词而不是"我"。他们与老板、同事和下属都能愉快相处。他们都体现了"关怀和分享"精神，这正是博雅文化的特征。

但我们的顾问专家最后得出的结论是，没有一种测试能够识别出这样的人。与之相反，他主张让员工推荐具有这4种品质的人，然后对他们慎重考察。"现在的员工知道，在博雅什么样的人才能获得成功，"他说，"他们不会推荐那些不符合标准的人，这样对他们没有好处。"

广告和自我提升

不管是过去还是现在，广告公司和公关公司都很少使用他们的资源来推广自己，但比尔·马斯特勒是个例外。1951年，他就在行业杂志上为自己的广告公司发布月度广告。他还会参与各种广告和营销组织，尤其是那些可能发展成他客户的人经常参加的组织。我认同他这种观点，从一开始就经常参加几个公关组织的活动。其中美国管理协会和世界大型企业联合会能够帮我与潜在客户建立关系，这两个组织都赞助了领导力开发项目。我会定期受邀参加他们的活动。

我们会利用公司与广告和营销杂志，以及与《纽约时报》《芝加哥论坛报》及其他媒体的专栏作家的紧密关系，来宣传自己的工作和员工。这么多年来，几乎每个月我们都会在行业刊物上发表署名文章。1971 年，当杰克·奥德维尔在他的时事通信上首先发布公关公司收入排行榜的时候，我是第一批向他提供具体数字的人，我想博雅的规模可能比人们预期的要大得多。在他第一次发布的排行榜上，我们以 6 000 006 美元的收入排行第三；1980 年我们以 35 113 000 美元的收入排行第二。三年之后，在我 62 岁生日的时候，杰克又一次发布新的排行榜，博雅以 63 771 000 美元的收入问鼎公关公司收入榜首。对我来说这真是一个难忘的生日礼物！

让员工知情

我和比尔·马斯特勒都认为，让员工们了解公司的事情是很重要的，包括公司的营收状况。在过去，有 25 年的时间，我们都是一家独立的公司，我们每年都会拿出一天来为任职 5 年以上的公关专业人员和后勤员工举行会议。在会上，我们会评价前一年的工作，并为接下来一年的工作制订计划。我们会向员工分享公司的财务信息，并展示公司在全球范围内的工作案例。

我和比尔还都支持广泛的员工持股。博雅的副总裁们（相当于今天的董事总经理）可以在任职一年之后购买公司股票，所有入职 5 年以上的员工都有资格购买公司股票，可购买的额度取决于个人职位和业绩。我们要求离职的员工要以前一年的市价卖出手里的股票。当我们 1979 年与扬罗必凯合并的时候，大约有 300 名员工，也就是绝大多数员工都持有公司的股票。

开发新业务

开发新业务，尤其是拓展业绩优良的全球大型公司客户是我的重要职责，我自己列了一张企业名单，努力想要与他们的公关高管建立关系，一般都是一起吃午饭。我的目标是宣传博雅的优点和它所代表的价值观。我名单上的公司包括可口可乐、美林公司、宝洁、联合技术公司、柯达、杜邦、菲利普·莫里斯、美国电话电报公司和麦当劳等。有些情况下，我们要花费 5 年时间才能签下这样的客户，但只要我们获得这个客户，大部分都会与我们保持二三十年的合作。

此外，我还负责处理全球各地分公司总经理的各种需求，尤其是欧洲和亚洲的分公司。当有重大的新业务提案、客户会议或是宣传机会时，我都会随叫随到。在我到国外出差时，我会花两三天时间与我们海外的领导层和重要客户建立关系。在这方面，我的妻子贝蒂也起到了非常大的作用。在国外的时候，贝蒂会与客户和分公司总经理的家眷一起观光或者吃午饭，与她们建立良好的关系。我很少会花时间查阅国外分公司的账本，财务问题主要是区域 CEO 和财务人员的事情。我主要依靠我们的 CFO 威廉·比尔，他为我们提供了优质的服务，公司合并后他去了扬罗必凯。

让博雅成为最大的公关公司从来不是我的主要目标。相反，我相信如果我们雇用正确的人，并给他们很好的待遇，如果我们全心全意服务客户，如果我们的每一个行动都遵循最正直的标准，那么我们就会一直成长和赢利。也就是说，我们就需要持续的增长才能保持员工的高积极性。只有不断给员工提供晋升和新的学习机会，我们才能把他们留住。只有更高的生产力（即每位员工创造的营收），我们才能满足员工的工资待遇目标。这么多年来，博雅员工的工资增长幅度平均超过10%，对表现优秀的员工来说甚至更多。工作满一年之后，所有员工都可以参加公司成立的一个利润分享的退休基金。

美林证券：信托行业的传统

20世纪70年代中期，"滞胀"这个词开始进入主流媒体，美国经历了严重的通货膨胀。美国债券的利率上升到史无前例的15%，甚至更高。在金融界有一个声音仍然相信美国经济，而在华尔街只有一家公司仍然"看好美国"，这就是美林证券公司。

美林公司的CEO唐纳德·里根在"二战"时是海军中校，他领导的美林公司是全国领先的证券公司，拥有"华尔街通向主街①之路"的美誉。作为纽约证券交易所的副主席，里根正在为《华尔街

---

① 主街（Main Street），与华尔街一样都是经济术语。主街一般指代美国各个行业的实体经济，而华尔街则指代美国的金融行业。——编者注

邮报》称之为史上最重大的转变做准备。1976 年 5 月 1 日，纽约证交所将会终结股份交易的固定佣金制度。它的目标是为经纪业务建立一个更加有竞争力的环境，这对纽约证交所上市的股票投资人大有益处。

与此同时，里根准备推广"美林现金管理账户"（CMA），这是一种新型金融产品，能够让投资者将所有金融交易合并到一个账户里进行管理。里根接受的是命令 – 服从型的教育，他知道向美林的金融顾问、客户以及数百万潜在客户解释这种新型现金管理账户的概念，需要专业人士的支持。

当时，博雅已经在公关和传播领域赢得了声誉，而美林公司的公关部门却很小。时任美林公关部经理的约翰·弗林打电话给我们，第二天我们就开始合作运作现金管理账户的项目。

10 年之后，美林公司邀请我在 1987 年 12 月 20 日的早晨与其 CEO 见面，前一天纽约证交所刚刚经历了自 1929 年以来的最大暴跌。美林公司坚信股价将会缓慢回升，但媒体持悲观态度。我建议美林 CEO 比尔·施赖尔通过电视告诉公众："美林看好美国经济。"当时明尼苏达双城队与圣路易红雀队正在角逐世界职业棒球大赛的冠军。如果我们能买到已经卖出的赛事广告时段，我们就能让更多的观众看到美林公司想传递的信息，只要出得起钱就有可能实现这一点。当投资界处于一片恐慌的时候，美林的态度和声音相当冷静：美国经济基本面很好，市场将会回升到正常水平。公众的回应也异常积极，股价开始快速回升。

在唐·里根、罗杰·比尔克、威廉·施赖尔、丹尼尔·塔利、戴维·科曼斯基和斯坦利·奥尼尔等 6 人先后担任美林 CEO 期间，我都是美林核心团队的一员。我与他们的首席传播官通力合作，尤其是保罗·克里奇洛，他是前宾夕法尼亚州州长理查德·索恩伯勒的新闻秘书。在博雅工作的时候，克里奇洛就负责美林的项目，后来美林将他挖走了。

克里奇洛接替拉里·斯皮克斯担任美林的首席传播官。拉里曾担任里根总统的第一任新闻秘书，在将拉里介绍到华尔街的过程中，我起了重要作用。我们俩都是密西西比大学毕业的，20 世纪 70 年代他担任密西西比某个国会议员的新闻秘书时我们成了朋友。后来拉里在私营企业工作了三年，一直做得很好，直到他出版了一本新书《大声说出来》（与罗伯特·帕克著），讲述了他在白宫的日子。这本书几乎讽刺了他在白宫工作时的每一个同事，包括内阁成员、国会议员，还有众多媒体。

当这本书上市的时候，我正在墨尔本参加国际公关协会的年度会议。时任美林首席运营官的丹·塔利打了两次紧急电话找我。华盛顿和纽约都因为拉里的轻率言行而一片哗然。美林的高管层都认为拉里是在玩火自焚，而且这一行为表明他糟糕的判断力。他们经过慎重考虑之后要求拉里辞职。丹告诉我，拉里不愿意接受这个要求。他问我我能够说服拉里吗？是的，我完全赞同拉里应该辞职。我打电话给拉里劝说他辞职：他在美林已经没有发挥作用的空间了。虽然很不情愿，但拉里最后还是同意了。他收到了一笔很丰厚的辞职补偿，此后我们也一直是朋友，直到他在 2014 年因阿尔茨海默病而去世。

博雅与美林的专业合作几乎是天衣无缝，我们合作的时候更像是一个团队而不是客户与代理公司的关系。"9·11"事件之后，美林的公关部搬到了我们的办公室，因为美林公司的总部距离世贸中心几乎不到 100 码。我们与美林的合作已经将近 40 年，现在它仍然是我们的重要客户。美国银行也是一样，它在 2009 年的金融危机期间收购了美林公司。我可以自豪地说美国银行现在是我们最大的客户之一。

洛杉矶奥运会火炬接力：美国电话电报公司

经过我们近 10 年的不懈努力之后，美国电话电报公司最后给了我们一份大合同，其首席传播官爱德华·布洛克，同时也是亚瑟·佩奇社团的联合创始人，选择博雅帮助运营公司赞助的一项赛事——1984 年夏季奥运会火炬接力，这是博雅遇到的最大的后勤挑战之一。1982 年，美国电话电报公司被取消作为受管制的垄断企业时，我们就与布洛克合作过。这次火炬接力点燃了我们与国内外奥运活动 25 年的关系。

作为火炬传递唯一的赞助商，美国电话电报公司想通过这次活动巩固其作为美国领先的长途通信服务商的地位，贝尔电话系统的解体主要影响的是国内的电话服务系统。因为业务覆盖范围遍及全国，公司打算让火炬接力路线穿越其客户群体，总长度达到 9 300 英里，总共有超过 4 000 名火炬接力手。这次活动另一个利益相关

我的公关人生

方是洛杉矶奥组委。洛杉矶奥组委的目的是想调动起基层观众对赛事的兴趣，让公众对奥运会有一个好印象，并且为当地的青少年和运动慈善组织筹集资金。

我们的第一个任务就是帮助美国电话电报公司设计整个活动，包括火炬传递的路线。为了完成传递活动，并为火炬手在地广人稀的地区提供保障，我们动员了美国电话电报公司退休员工组成的"美国电话先锋组织"。美国只有两个公司在全美3 300个县都有现役或退休员工，美国电话电报公司就是其中之一，另一个是美国邮政总局。我们负责后勤支持、安保以及交通需求；推进工作包括活动安排，获得许可，管理交通，在沿线每个城市、乡镇和村子获得安保支持。活动前的宣传，包括在47个市场展开预热活动，在每个市场都会安排对重要奥林匹克运动员的电视、报纸和广播采访，还有扶轮社①、基瓦尼②和其他组织的演讲活动。我们定期在当地电视台投放新的奥运新闻和奥运选手资料。美国电话电报公司的火炬接力新闻部还有一条媒体热线，负责数千个咨询问题，时间从活动开始前一直贯穿82天的火炬接力活动。从媒体报道量来说结果非常好。每周的三大夜间新闻广播都会报道火炬接力活动，《今日美国》还制作了一幅地图，每天更新火炬接力的最新位置。

为了火炬传递活动，从一开始，我们就调动24个博雅员工全

---

① 扶轮社：依循国际扶轮的规章所成立的地区性社会团体，以增进职业交流及提供社会服务为宗旨，其特色是每个成员需来自不同职业，并且在固定的时间及地点每周召开一次例行聚会。

② 基瓦尼：北美一个鼓励男性参与社区服务的社团。 ——译者注

职负责管理媒体关系、赛事营销、政治推进工作还有大型赛事运营。另外有 90 名博雅员工兼职负责平面设计和音频视频，还有一些有经验的员工负责运营新闻局。这个团队由托马斯·莫瑟负责，成员包括阿尔·施赖伯、尼克·基尔斯比和马克·贝恩。我主要作为博雅的联络人，与洛杉矶奥组委的 CEO 彼得·尤伯罗斯以及美国电话电报公司的首席公关爱德华·布洛克进行沟通。

结果如何呢？奥运火炬在 3 000 多万名观看电视直播的观众的注视下，于预定时间内到达了洛杉矶纪念体育馆。据《纽约时报》报道，"这是所有体育、娱乐和政治活动里，历史上参与度最高的活动"。有将近 2 000 名记者和电视台人员参与火炬报道活动，40 亿名电视观众和 10 亿名报纸读者关注火炬接力活动。由 47 辆后勤车辆组成的车队伴随着奥运火炬接力活动，沿线经过 1 600 个村、镇和城市，没有出现过一起负面事件。火炬接力活动从纽约的联合国大厦广场开始，中途在白宫停留，在到达洛杉矶目的地之前穿越了美国一半的州。传递火炬在全国都成为爱国的象征。

美国电话电报公司以每个名额 3 000 美元的价格卖出将近 4 000 个"青年遗产公里"名额，这些资金被捐赠给青少年俱乐部以及基督教青年会。美国电话电报公司的一项调查显示，全国有 90% 的人知道火炬接力，有 48% 的人知道是美国电话电报公司赞助的这项赛事。虽然主要与我对接的是美国奥组委的 CEO 彼得·尤伯罗斯，但我也成功与奥组委的很多高层建立了关系，包括主席罗伯特·赫尔米克，营销主管约翰·克里姆斯基，公关总监迈克·摩根，还有哈维·席勒、比尔·马丁和斯科特·布莱克门等杰出人物。我得以近距离观察奥运会的运作方式，奥运会的管理层比较复杂，包括国内的管理组织、奥林匹克认可的赛事组成的协会、国际奥组委，还有企业赞助商和电视网络。

博雅的任务完成得怎么样？在纪念体育馆举行的开幕仪式上，我全家人的座位在50码线上，就在奥组委CEO彼得·尤伯罗斯一家的后面。

第十二章 / 公关的商业 属性

要点

▶ 要想在一家公关公司获得成功，你要向别人展现你善于团队合作，在谈吐和写作方面都优于常人，时刻思考你还能为客户做什么，并且主动采取措施。

▶ 从教授、同事、经理或者是实习主管那里征求反馈，确认你在他们眼中比较擅长的方面和独特技能，这样你就可以认识并且着力培养这些方面和技能。

▶ 公关是一项专业服务，需要律师、医生和神职人员的谨慎、沉着和专业技能，不是所有性格都适合这份工作。

▶ 由于大多数公关公司都是按照他们的小时投入来收费，公关专业人才就需要拥有创业家的思维，就好像他们是在企业的帮助下经营自己的生意一样。

▶ 作为自我驱动型的专业人员，在记录有效收费小时数的时候我们总是觉得有一定压力。那些觉得压力太大的人，或者为了完成营业额而违背自己的价值观，降低自己的标准，以及钻空子甚至做出违法行为的人，应该考虑换一个职业。

259

第十三章

企业在社会中的角色

我的公关人生

1853 年，查尔斯·狄更斯出版了著名讽刺小说《荒凉山庄》，讲述了维多利亚时期英国童工、血汗工厂以及债务拘禁等问题。小说里最让人难忘的主角之一就是杰利比太太，尼日尔河左岸伯里奥布拉加人的苦难引起了她的注意。为了帮助这些人，她发起了她称之为"非洲项目"的计划，这一公益活动占据了她所有时间，因此杰利比太太没有精力做家务或去关心她自己的孩子。杰利比太太所付出的一切似乎并没有得到人们的关注。但毕竟，她是在拯救伯里奥布拉加的人民！

杰利比太太支持所有正义的事业。离国内越远的不公正事件，她就越发关注。狄更斯生造了一个短语"望远镜式慈善"来形容这种状况。

1973 年，我受邀去哥伦比亚大学研究生商学院上第一次的"加勒特课程"。该系列课程以通用汽车第一位首席传播官保罗·加勒特命名，他在哥伦比亚大学捐助了一项关于公共政策和商业责任的项目，用来研究当时非常深奥的公司治理细分领域。

我与几个同事一起坐下来讨论并征求看法。我们很快就发现这

262

第十三章 / 企业在社会中的角色

个议题有多么广泛的挖掘潜力。实话说，我感到很惊讶。在我职业生涯早期，最早追溯到我在弗格森公司的时候，尤其是在联邦政府规划和预算失职时，国会听证会却让企业背黑锅，我就问自己一个问题——企业在社会中的角色是什么？如果企业对社会有责任，那么除了给员工、合同商和供应商支付报酬，向地方、州和联邦政府缴纳税款之外，企业要对公众（比如投票者、纳税人、社区群众）负什么责任？

工业与慈善的典范

现代企业的先行者们是在欧洲君主制下产生的，主要用于爆发式发展贸易的往来和分配土地及资源。大家耳熟能详的东印度公司，就是由伊丽莎白女王在 1600 年授权诞生的，负责扩张英国在亚洲的贸易。还有国王詹姆斯在 1606 年授权的公司，负责开拓在美国弗吉尼亚地区的种植园和矿产。这些企业获得王室的许可，受王室庇护，并且会把一部分赚到的财富支付给王室，但这些企业是属于那些出资人的，他们把各自的资金集中到一起，去做任何一个单独企业家所做不到的事情。

在美国，19 世纪中叶到 20 世纪早期，企业数量激增，主要是为铁路融资，扩张石油和钢铁产业，建设全国的基础设施以及投资所有大型、冒险的事业。想想"海军准将"科尼利尔斯·范德比尔特、约翰·洛克菲勒、安德鲁·卡内基和约翰·皮尔庞特·摩根，这

263

我的公关人生

些人在不同时期翻云覆雨，在商界大规模地相互联合或者相互斗争。在大多数情况下，各州都会授权允许他们这样做，但监管力度却因州而异。

但当这些庞然大物斗争时，处于底层的弱小者（通常是工人）就会受到伤害。俄亥俄州参议员约翰·谢尔曼（美国内战时期威廉·特库姆赛·谢尔曼将军的弟弟）就受够了这些工业诡计，开始推动联邦政府对企业行为进行监管。"如果我们不能忍受国王作为一种政治势力存在，那么我们也不应该忍受在生产、运输和销售各种生活必需品方面存在国王。如果我们不会向皇帝屈服，那么我们也不应该向贸易独裁者屈服。"他在国会如是说。他不是唯一一个有这种想法的人，50 名参议员，还有全部 242 名众议院议员都投票支持谢尔曼提出的反托拉斯法案，本杰明·哈里森总统于 1890 年签署了该法令。

1906 年西奥多·罗斯福就任美国总统之后，公司合谋和腐败仍然十分猖獗：最高法院反对拆散糖业联盟的决定，让谢尔曼提出的反垄断法案失去了约束力，但现在最受伤害的是小股东和消费者。美国讽刺作家安布罗斯·比尔斯在 1906 年出版了《讽刺家词典》，在书里他将企业定义为"一个设计精巧、用来获取个人利益而不用承担个人责任的工具"。

之后的泰迪·罗斯福总统向华尔街垄断企业宣战。在数十个企业中，他将目标选定为摩根大通的北方证券公司和洛克菲勒的标准石油公司。各大铁路公司雇用公关宣传局公司在华盛顿维护他们的利益，但罗斯福心意已决。在具有里程碑意义的北方证券案中，最高法院投票以 5 ∶ 4 的比例支持罗斯福总统的决定。总统紧接着又

264

建立了美国联邦贸易委员会的前身——美国企业管理局。之后威廉·塔夫脱接替罗斯福担任总统，他继续执行打击垄断的政策，标准石油公司在他任期内被拆分成了 20 个公司。

1889 年，卡内基写了一篇文章《财富的福音》，在文章里他强调了富人有道德责任来分配他的财富，去推进所有人的福利保障。"一个人死时拥有大量财富是不光彩的。"他说。然而在 1892 年时，他在宾夕法尼亚州霍姆斯特德的钢铁工厂发生了一场悲剧。当时钢铁工人罢工，抗议工厂削减工资，所以工厂总经理亨利·克莱·弗里克就下令关闭工厂，并且请求平克顿的武装力量来保护他们。冲突爆发，最终导致 10 人死亡。弗里克成功地瓦解了工会，并压制了工人的诉求长达几十年的时间。对普通人来说，这是悲伤的一天。弗里克最后起诉卡内基，卡内基的名誉遭受了重大打击。

卡内基在 1901 年卖掉他的钢铁帝国后，成为全球最富有的人之一。他开始全身心投入到慈善事业中，资助艺术和教育，建了 2 000 多所图书馆，建立宗教设施、科研中心，为教师提供退休金，捐赠了象征世界和平的海牙和平宫，他的捐赠还有更多。

洛克菲勒一生都是虔诚的浸信会信徒，他一直通过美国浸信会教育协会等教会组织向教会捐款。他支持亚特兰大浸信会女子学院接收黑人女性入学（这所学校后来用洛克菲勒夫人的娘家姓命名，改为斯佩尔曼学院），并且资助芝加哥大学，使其成为一所世界级的研究机构。跟卡内基一样，他慷慨地资助艺术和乡村教育。他还非常关心医疗培训，资助建立洛克菲勒医学研究中心。他创建了永久捐赠型组织洛克菲勒基金会，这样他的慈善事业就能长远存在。

我的公关人生

然后在 1913 年，洛克菲勒家族旗下的一家企业科罗拉多燃料和钢铁公司发生罢工，导致十多人死亡，其中大多数都是儿童。公众为此指责洛克菲勒家族（也证明了名誉是多么脆弱），所以洛克菲勒雇用了公关先驱艾维·李负责恢复他们家族的名声。李建议洛克菲勒亲自去视察工厂，与矿工面对面交谈。

卡内基和洛克菲勒在 20 世纪早期的慷慨捐赠无疑影响了那个时代大多数企业。大企业和公众的关系进入缓和期，这个缓和期几乎贯穿了整个 20 世纪。20 世纪二三十年代的一个特点是，行业巨头和国家元首之间出现一种富有创新性的紧张关系，双方都在思考，并试图找出在不断成熟的民主社会里他们各自的角色是什么。但这对普通美国民众来说却是痛苦时期。虽然德怀特·艾森豪威尔总统也警告过军工联合企业的隐秘行动，但企业在"二战"胜利中起到的作用以及迎合战后美国被压抑的消费需求都让企业赢得了好名声。

现代企业对社会的责任

1949 年春天，哈佛大学商学院院长唐纳德·戴维发表了三篇演讲，讨论企业领袖在社会不稳定时期的责任。军队已经撤回国内，在民主与集权主义之间的冷战也正式开始，全世界的人都已经见到了大规模杀伤性武器在广岛和长崎的威力。面对这种恐惧和不确定性，戴维号召企业高管做三件事：高效管理他们的商业事务，也就是说有目的性地管理他们的资源，当面临危险的时候做出正确判断；

运用他们的社交技巧让企业成为一个"良好的社团"，在这个社团里每个员工都有机会参与活动和提升自己；致力于更广泛的公共事务，接受他们自己的办法不是唯一有效的办法，尽量不对自己领域之外的事情评头论足，保持自己动机的透明性。我很赞同这些观点。

大约 25 年之后，当我开始准备自己的加勒特课程时，我开始反思大公司 CEO 身上具备的领导素质，比如美国电话电报公司的约翰·德巴茨、IBM 的弗兰克·卡里、通用电气的雷金纳德·琼斯，还有杜邦的欧文·夏皮罗。他们都知道应该如何参与国家大事。美国前总统吉米·卡特曾经说过："他们在白宫办公室花的时间跟其他内阁成员一样多"。在商业和公众的共同利益方面，他们的参与度非常高。我们非常幸运。

我具有实用主义倾向，所以我给自己的演讲起的题目是"论管理具有社会责任感的企业"。我的聚焦点是，我认为什么是企业对社会负有的责任。在我看来，企业的首要责任就是管理好自己的业务并且赢利。这是它在社会中能够提供的最好的服务。企业提供的产品和服务有责任满足最高标准的安全和可靠性测试，并且价格合理，与产品的描述一致。为自身着想，企业还有义务为员工提供维持生活的工资、健康的工作环境、稳定的就业和体面的退休金。企业还有责任公平对待供应商。此外，企业还有责任给予投资者公平的回报。

我认为，没有尽到这些责任的企业，也就是一个管理不善的企业是不可能用与公司日常运营无关的善行来弥补它的不足的。虽然我们欢迎企业为教育、文化机构、医院以及人道主义事业大量捐款，但这些活动都不能真正表明它是一家对社会负责任的企业。而且，这些捐款并没有回应社会对企业最关注的问题。没有人会因为企业没有建一个操场或剧院而抗议，但很多人会因为企业没有雇用少数族裔，没有晋升女性成为高管，没有公正对待消费者，没有安装排污设备，或者没有对他们的行为负责而抗议。

我的观点是：那些通过自己的非营利基金会或企业社会责任部门，而参与可见的慈善事业的企业，它们所承担的企业社会责任不比狄更斯笔下的杰利比太太多。只是赞助一个赛事或者把饥饿儿童的画作挂在走廊里的企业，不是对社会负责任的企业。一个企业要是想真正对社会负责任，就必须做得比"望远镜式慈善"更多。这就要首先从内部做起，负责任地对待员工、顾客、供应商、投资者，及所在的社区。

看到一个公关从业者说出这样的话，读者可能很吃惊。但即使在我的加勒特演讲结束40多年后的今天，我还是这样认为。社会对公关仍存在误解，认为公关就是用表象取代实际行动，或者公关就是操纵公众对企业的认识，以便企业高管为所欲为。

其实恰恰相反，公关从业者的一个主要职能就是充当企业和社会之间的调解者，平衡社会对企业的期望与企业的资源和活动之间的关系。公关高管应该对社会趋势进行评估，并且制定政策，使企业适应这些趋势。换句话说，在企业必须满足社会义务而采取的行动中——包括分析、行动和传播在内——公关会参与每一个环节，这些社会义务为数众多且变化无常。因此，定义一个对社会负责的企业就像是定义一个对社会负责的公民。我们看到一家企业的名字就能知道它是否对社会负责任。

第十三章 / 企业在社会中的角色

企业的本质

每次选举的时候，选民都会问自己："我们对政府和领导层有什么期望？"与之相似，我们也需要问："我们期望企业做些什么？"毕竟，我们不会因为汽车不会飞（至少目前不会）而抱怨。所以我们也不应该因为企业没有做我们期望他们做的事而责备求全。跟人体不一样，我们不必等待企业像人一样随着代际更替而进化。我们可以调整企业，增加对我们有用的新特性和新功能。

但我们必须记住，典型的企业是一个保守的机构，它的创建是为了生产人们所需要的产品和服务，而不是为了重塑社会或者引领变革。最近，一些热心公益的企业家创建新型的社会企业，试图解决社会中一些急需解决的需求，政治机构在这一方面滞后了或者正在努力追赶。

企业本质上不是追求道德，而是讲求务实的。那些管理企业的人和那些为企业工作的人都只有一个最高目标：完成任务。他们希望完成自己的目标和分配的任务。因此，正如我在 44 年前演讲时所说的，谴责企业没有在社会变革方面起引领作用是很傻的行为。

那么，改变的压力就一定来自企业外部。在像我们这样一个多元化的社会里，我们有许多机构拥有比企业更多的资源，可以起到社会批评和变革的作用，他们可以对社会目标做出价值评判，并做出实际行动，比如教会、大学、政府机构以及抗议团体等。

那些保持现状的机构也有它们的一席之地。它们提供稳定性。企业必须适应两种类型的压力，包括产生利润和为公共事务做贡献。

269

真正衡量一个企业的标准，是看它是否组织起来回应社会变革。

我们还必须认识到，不是所有的企业都一样，它们有不同的能力、背景和一系列广泛的特质。只要有多样性，就同样应该有包容性。没有企业能够拥有所有美德，也没有企业拥有所有罪恶。在研究企业的时候，我们应该避免陷入绝对判断的陷阱。

经验告诉我们，我们不可能列出一张"你不能做"的列表，用来约束所有企业。我们应该现实一点："我们认为，在这种情况下，只要你这样做，我们就能容忍这个程度的二氧化碳排放。"这种相对的标准将可以使企业和社会都受益。

在现实中，企业必须同时为自己负责任和不负责任的行为做出说明，有时候它们可能同时有上述两种行为。我知道有的企业拥有非常完美的污染减排项目，但在多样化方面做得很糟糕。

总之，我发现企业就像人一样，有时会变得非常矛盾，充满悖论。其实也就是这样，与流行的观念不一样，企业也是由活生生的人组成的。虽然企业也可以起诉人，并且在法庭上态度强硬，但企业无法感觉、思考或者行动。只有人才能做出负责任的行为。梭罗在他的散文《论公民不服从的义务》里总结得很好："企业确实没有良知，但一个由有良知的人组成的企业，就是一个有良知的企业。"

当我们思考整个美国社会共享的价值观的时候，我认为我们对个人责任的理解主要集中于我们说了什么和做了什么。我们的文化遗产专注于个人，我们尊重政治和个人内在的价值，以及平等的权利和机会。所以不论是企业性质的还是政治性质的大型机构这个想法违背了美国的精神，成为社会动荡的源头之一。我在这里不是讨论左派还是右派等政治倾向，我讨论的是内嵌在美国性格中的一种特质，那就是天然怀疑一切大型、不透明的权威组织的领导没有履行他们的职责。

从没有任何一个时期，公众对大型企业的支持率如此之低，几乎与公众对美国国会的好感度持平。这不是无效沟通或者是管理无能的问题，而是有些企业的行为不可接受。

合理收益 vs 最大收益

在上述的企业责任中，我写道，企业应该对投资者的投资给予公平的回报。与投资界理念一致，我认为企业的义务不仅仅是获得利润，还包括以合理的速度增长。这里的关键词是公平，在20世纪大部分时间里，华尔街和公众看起来都满意这份社会契约。随后，杠杆收购和私募股权公司开始登场，让股东的财富利益最大化成为新目标。为了使投资收益最大化，企业管理者开始剥离资产，减少招聘，将员工明确的退休收益变成个人退休账户；此外企业还对供应商压价，在消费者毫不知情的情况下降低包装消费品的质量；不给员工涨工资，社会正经历着通货膨胀，然而工人调整后的工资就跟20世纪70年代中期是一个水平。

企业对股东一项未说明的义务就是每个季度增加收入，这样收入和市场份额就会随着增长幅度一起增加，无论经济周期和整体经济情况如何。董事会对CEO们的衡量标准就是看华尔街对企业每个季度收益的评价。

要让最大利益一直保持增长，对 CEO 们来说也非常困难。据说《财富》500 强公司 CEO 的平均任期是 5 年左右，所以 CEO 只能被迫采取那些能很快产生收益的举措。但这种行为损害了企业乃至美国在全球市场中的竞争地位，因为它是无法持续的。一旦美国企业高管被迫砍掉在本土能砍掉的所有成本，他们就会发现，必须将企业迁移到一个税收比较优惠的国家，这样他们才能够继续获得最大化的投资回报率。这种行为会对世界上其他地方产生什么样的影响？对美国纳税的普通公民又会产生什么影响？

为什么没有更多企业高管站出来，告诉公众这种情况会对企业全球竞争带来严重挑战呢？没有谁仅仅想生存下去，为了共同追求的幸福，我们都必须不断创新，开发多种多样的产品和服务。

企业 CEO 和 CFO 几乎都认为国会需要对税收法律做出修改，让美国企业有与国外对手竞争的实力，而且也要承认为了让某些行业或公司获得优势的地位，代价是纳税人的数十亿美元。

这种僵局表明，大小企业都应该联合起来，推动政府修改税法，让税法能够公平公正地服务国家和企业，同时也能够为公众利益服务。

这不是一个容易的任务。企业领袖必须明白是公众授权允许他们制造和推销产品和服务、保护知识产权和不断发展企业，并在国内和国外获得警察和司法体系的保护。

现在时机已经成熟。公众对于商界和国会的印象都很差。根据博雅和美国全国广播公司财经频道的联合研究显示，人们形容企业最常用的词汇就是"贪婪"。这时提出税法修改计划应该比较简单。

新的社会契约

在我职业生涯的大部分时间里，我都在思考如何让利益冲突的各方缓和关系。当我在写这本书的时候，这是我最困惑的问题之一。同样对此感到困惑的还有数千位在美国和全球其他地方各大公司负责领导公关部门的专业人士。

考虑到先进科技和全球贸易的增长，我们比以往任何时候都更加需要大型公司。同样我们也急需小型公司，这两者之间是相互依赖的关系。在这个动态平衡过程中缺少的因素、就是企业界和其数个组成部分之间的相互理解，尤其是与员工、消费者还有媒体之间。媒体的报道，不论是传统形式还是电子形式，都会对公众的意见和态度有巨大的影响。除了在某些行业里是需求量很大的客户之外，各级政府部门在其中扮演着重要的调解者和监管者角色，同时在许多行业也扮演着最大客户的角色。

我们应该让全球的政治领导层意识到，所有利益相关方需要比过去更加紧密地联系在一起。我们可以大声呼吁和行动，做该做的事情。和平繁荣的未来正处于风险中。除非所有的利益相关方都联合起来，重新确立企业和股东之间的社会契约，在契约中明确，企业不仅仅是经济体，更是社会实体，否则和平繁荣的未来不会出现。

273

我的公关人生

要点

▶ 企业高管不能用好人好事弥补管理不善，这包括企业用社会责任项目来掩盖企业进行公关活动的事实，以弥补公司在运营上的不足。

▶ 企业领导必须沟通（说）和展示（做）他们真正对社会不断变化的期望并做出回应，而非只是单纯拖延。

▶ 企业高管和商学院教授可以考虑在社会中发起关于宣传扮演什么角色的公开辩论，最低限度在企业内部进行类似讨论。

The

Business

第十四章

公共服务是一门好生意

of

Persuasion

我的公关人生

　　每一次总统、州长或者国会议员选举的时候我都会投票，但除了为两党的候选人服务之外，我在政治活动中不算活跃。在我从军队退役之后，从政对我来说不是第一选择。由于总统候选人是由各政党的代表大会选出来的，我懒得登记为某一党，因此我就丧失了在初选中投票的资格。然后我就意识到，对一个从事公关生意的人来说，我最好在政治倾向中保持中立。虽然我大部分的高管客户都是共和党人，但也有一些忠实的民主党党员，而且我为两党的总统都提供过服务。

　　亚历克西斯·德·托克维尔在 19 世纪早期对美国志愿者精神的评价一直让我这样的人印象深刻。从开始创业，我就相信参与非营利性活动既能够承担公民责任，也是一门好生意。因此，我花费大量时间参与一些我感兴趣的领域的公益组织，除此之外还有各种致力于公共关系的组织。

　　除了二战时期在美军服役之外，我还在联邦政府担任过几个职位，包括 1981—1985 年无偿任职于美国艺术委员会，1985—1992 年担任美国新闻总署公关顾问委员会的主席，以及青年宇航员理事会执行委员会的成员。

276

第十四章/公共服务是一门好生意

肯尼迪艺术中心

自 1974 年以来，我就活跃在肯尼迪艺术中心，这座建筑是为纪念肯尼迪总统而在华盛顿兴建的。艺术中心首任主席罗杰·斯蒂文斯邀请我加入肯尼迪中心的董事会，这个董事会的目的是为原创戏剧提供资金。他之所以选择我，是因为我与企业的联系比较紧密。

在美国建国 200 周年纪念展之前，斯蒂文斯想要借这次机会筹集 300 万美元来修建梯形剧院，中心原来的规划中就有这座剧院，但后来因为缺乏资金而没有建成。在肯尼迪中心的董事会议上，我自愿承担寻找捐助者的任务。我的计划是寻找一个捐助人来承担全部资金，但这却有一个障碍——这座梯形剧院无法用捐助人的名字命名。在 20 世纪 70 年代早期，日本汽车和电子装备开始涌入美国市场，那时候日本企业家在美国的慈善行为还很少。此外，我能够接触到日本大企业的领导，所以我把目标放在日本人身上。最后日本政府和日本经济团体联合会（日本版的商业圆桌会议）慷慨出资300 万美元修建梯形剧院。

刚创建的肯尼迪中心为年轻的剧作家和特殊艺术作品（比如莫斯科大剧院芭蕾舞团）艰难地筹措资金，因为他们卖票的收入弥补不了成本。为了减少赤字，中心开始寻求企业具体赞助每一项活动，不管对肯尼迪中心，还是被寻求赞助的企业来说，这都是一个费时费力的过程。我提议建立一个肯尼迪中心企业基金会，并且与中心开发部主任吉莉恩·普尔一起寻求企业支持。1977 年，杰拉尔德·福

277

特总统宣布基金会成立，并任命唐纳德·麦克诺顿为首任主席，他既是保诚人寿保险公司的 CEO，也是著名的商业圆桌会议的主席。基金会在创立的 40 多年时间里，总共产生了 2 亿美元的收入。

我另一项筹集资金的计划是为了艾毕·福塔斯纪念基金会，用来纪念我的表兄艾毕·福塔斯，他是前美国最高法院大法官，也是华盛顿国家文化中心最热心的支持者之一。1982 年他过世之后，我们从他的朋友那里筹集到 100 万美元，用来赞助每年举行的福塔斯室内音乐节。他的遗孀卡罗琳·阿格过世后，纪念基金会接手了阿格近 800 万美元的遗产，因此有充裕的财力扩大未来几年举办的室内音乐节。

为了表示对我努力的认可，罗杰·斯蒂文斯想为我争取肯尼迪中心董事会主席一职。我们好几次都功亏一篑，因为即使我在名单前列，却总有地位更高的人出来顶替我。就在吉米·卡特的总统任期将结束时，我与考虑周到的总统助理特里·斯特劳布有过数次电话讨论，他向我保证一切已经"安排妥当"，卡特总统将会任命我为中心董事会主席。但就在正式宣布任命的前两天，一位高官插手，提出让他家族的某位成员担任该职位。所以我就这样从肯尼迪中心主席的争夺中出局，但是还有其他两个委员会有空缺，分别是美国艺术委员会和联邦监狱监管委员会。每个了解我的人都知道，我一定不会接受肯尼迪艺术中心里除了董事会主席以外的第二个职位。

美国艺术委员会

卡特总统在任期的最后一天，任命我为美国艺术委员会委员。委员会的主席是卡特·布朗，他还是美国国家美术馆备受尊敬的高级主管，我跟他在肯尼迪中心相识。我给卡特打电话咨询是否应该接受这个任命，我之所以有顾虑，是因为我对评估建筑物和纪念碑的设计等事情一窍不通。卡特鼓励我接受，他认为法律之所以设立这个委员会，是因为委员会里应该有代表公众利益的人，而不仅是建筑师、城市规划专家和其专业人士。在5年的任期中，艺术委员会的每次会议我都会参加，而且十分自豪自己对委员会的贡献：我支持修复从美国国会大厦到财政部大厦之间的宾夕法尼亚大道；并且在人们抗议林璎设计的越战纪念碑时（他们认为那更像是墓碑而非是英雄纪念碑），成功地保护了林璎的作品。

美国新闻总署的公关顾问委员会

我在约翰逊总统和卡特总统的任期里，担任过美国新闻总署企业公关顾问委员会的成员。当查尔斯·威克在里根政府时期担任新闻总署署长的时候，他任命亨利·罗杰斯担任公关顾问委员会的主席，亨利在好莱坞的公关圈里很出名。罗杰斯在里根第一个总统任期接近尾声时辞职，威克指定我接替罗杰斯担任主席，主要原因就是我是委员会里最活跃的成员之一。由于我经常要到海外出差，所以我经常在国外电话连线美国新闻署。大多数情况下，我都要去美国大使馆与商务专员和大使见面。

公关顾问委员会建议美国新闻总署制订计划，在美国与世界其他大国之间建立良好关系。当时压在所有人心头的难题是冷战，我们大部分时间都在讨论，当问题出现时，我们该如何解释美国在这些关键议题上的立场。现在，美国新闻总署已经不是一个独立的实体了，但它曾是一个强有力的沟通渠道，代表着美国和我们所捍卫的民主价值观。

经济教育理事会

20世纪70年代中期，我受邀加入经济教育理事会的董事会，当时的名字是经济教育联合理事会。这个组织的目的是促进美国初中和高中学生接受经济学教育。我们的目标是劝说州立法机构和学校董事会，在公立学校里将经济学课程列为毕业必考科目。通过各州分会，理事会还为经济学教师提供特别培训项目。

詹姆斯·奥尔森是美国电话电报公司的CEO，他从20世纪80年代起开始担任经济教育联合理事会主席，当时他为解决密西西比分会出现的一个问题向我寻求帮助。一开始理事会的成员应该有来自商界、政府和劳工的代表。由于密西西比已经通过工作权利法，所以州分会领导层不想让工会代表进入董事会。时任州长的威廉·温特是我的朋友，也是密西西比大学校友（他上大一的时候我已经上大三了），所以我主动去找他解决目前的僵局。温特州长邀请奥尔森、我，还有经济教育联合理事会密西西比分会的领导到他在杰克逊的官邸共进午餐。

那天一早，我和奥尔森就乘坐美国电话电报公司的飞机从新泽西莫里斯镇的机场起飞前往杰克逊。我们在午饭时心平气和地解决了这个问题。工会代表向我们保证，工会没有打算利用理事会作为工具来提升密西西比工会的势力。多亏了温特州长，我们才能及时解决这个问题，之后我们就回到杰克逊机场准备返程。

我们登上来时坐的飞机，一边喝着加冰的威士忌，一边等待飞机升空。但飞机在跑道加速到一半的时候，突然又减速停下。是飞机油量表发生了故障，飞机不可能带着故障的油量表起飞。奥尔森从他的座位上一跃而起，前往驾驶员座舱察看情况，他一边捶着油量表，一边打电话给公司在莫里斯镇的飞机库。他怎么可能修好油量表呢？半个小时都没弄好，奥尔森打电话给附近的子公司，询问有没有空闲的飞机可以把我们从杰克逊送回新泽西。遗憾的是，公司所有的飞机都有用处。奥尔森的下属提出去购买普通机票，有一架达美航空公司的飞机将会在45分钟后从杰克逊飞往亚特兰大，从亚特兰大飞往纽约的航班几乎每小时就有一班。我们很快就预定好前往亚特兰大和纽约的航班。但前往纽约的航班只有经济舱，我提出自己坐在中间的位置，但奥尔森坚持他坐中间，因为他认为是他的飞机出问题把事情搞砸了。在那之后，每次他见到我都要因为让我乘坐经济舱而道歉。后来，我又很荣幸地在1990—1992年之间担任经济教育理事会的主席。

总统新闻秘书和助理

从理查德·尼克松政府时期开始，我就特别重视与总统的新闻秘书和公关总监赫布·克莱恩见面，我们俩后来也成了好朋友。我跟拉里·斯皮克斯关系也很好，是密西西比大学的校友，里根总统遇刺未遂后，他接替詹姆斯·布雷迪担任新闻主管。拉里接受任命之后邀请我前往白宫餐厅吃午饭。当时里根总统最亲密的助理之一迈克尔·迪弗正坐在旁边桌子上，拉里介绍我们认识。迪弗给了我他的名片，让我下次到华盛顿给他打电话。这次相识开启了我最有趣，也是个人回报最多的友谊。

1981 年 6 月，我们再次在白宫餐厅一起吃午饭。迪弗说，他认为我在企业界有很广泛的人脉，能够为政府提供决策咨询和意见反馈。他的提议让我受宠若惊。我告诉他不论任何时候，只要他需要我的服务，我都会立刻出现。从那时起直到里根总统任期结束，我每 6~8 周就会去一次白宫。每当我穿过西北角的安检门，走 100 多码到白宫西翼的时候，我都感觉特别自豪。

有一次我和迪弗在他的白宫办公室里聊天时，迪弗接到了《华盛顿邮报》政治专栏记者杰克·安德森打来的电话。安德森劝说里根总统建立一个组织，在太空时代提高美国初中生和高中生对太空的兴趣。他已经跟美国太空总署的领导讨论过准备一些与太空有关的材料，以便分发给学生当作学习材料和课后俱乐部的讨论话题。安德森当时寻求总统支持这个提议，并任命一个三人小组负责监管这个项目，资金主要是由与太空有关的企业资助。安德森打电话给迪弗，问他能不能推荐第三个人担任小组成员，前两个成员分别是安德森和休·唐斯，唐斯是美国广播公司《今日秀》的著名主持人，对太空探索十分感兴趣。

迪弗向我简单介绍了这项计划，问我是否有意加入这个小组。我在脑海里快速思考利弊。有利的方面很多，首先我确实对太空项目感兴趣，而且这不会占据我很多时间，并且能让我与美国太空总署以及相关企业的高管建立关系，我还能与迪弗和唐斯一起工作。至于不利的方面我还没有想到。所以我表示同意，接下来 10 年时间里，我一直担任青年宇航员理事会成员。20 世纪 90 年代早期，太空工业开始合并，许多赞助的企业被兼并，导致这个理事会最终被解散。

我对迈克尔·迪弗的了解越深，就越觉得他适合加入博雅。他学习能力强，聪明，临危不乱，认识世界各地很多身居高位的人。我觉得他十分适合成为博雅的高管。但只要他还为总统工作，我就不能对他提出这个想法。他也没有向我提起过有这个念头。

当里根总统的第一个任期在 1984 年结束的时候，我十分确定迪弗不会在总统第二个任期的时候留任。在里根总统第二次宣誓就任前几个星期，当时我在芝加哥，从广播里听到迪弗已经辞职的消息，辞职将在里根总统正式第二次就任的 1 月 20 日生效。我立即给他打电话："既然现在你自由了，我打算跟你谈谈你以后的发展和博雅在这方面的作用。"我们定好那个周六在华盛顿著名的赛马俱乐部一起吃午饭。

我们一见面迪弗就告诉我："我现在在考虑到底是加入博雅还是自己创业。"我们讨论了他与我们一起工作的话会担任的职务，

我的公关人生

他早已经考虑过。他相信自己作为博雅在华盛顿的高管能立即体现自己的价值，但过几年他打算返回加利福尼亚，他觉得自己在那里同样会很有价值。我也觉得他说的有道理，所以我把话题转向薪酬，之前我已经与母公司 CEO 简单讨论过。迪弗说他想要得到"合适的报酬"，以便满足他的家庭开支和最终的退休生活。他还想要在华盛顿买一所房子。我们没有讨论具体数字，但约定一个星期之后再次见面，到时候我会告诉他具体的薪酬。

在我们下一次见面之前，我们又谈过几次，他暗示："自己创业对我十分有诱惑力，但我对你的提议还是持开放态度。"我最后拿出一份对双方都公平的薪酬方案：签约奖金 100 000 美元（用来支付房屋首付），每年 300 000 美元的年薪，另外保证两年内每年 100 000 美元的固定奖金，还有 10 年最多购买价值 100 万美元的扬罗必凯的股票期权。在 1985 年这是一份很慷慨的薪资。

除了薪酬之外，我还为他列出一个自己创业和加入博雅对比图（如包含利弊的资产负债表）。他自己创业最大的好处是"能够成为自己的老板，可能挣更多钱"，最大坏处就是"你没有机构支持，会疲于应付媒体的刨根问底和不怀好意的政客的攻击"。

"你能详细说一下后者吗，夏博新？"他问。是的，作为创业者，他将会获得比一个跨国公司高管更多的关注度，而且几乎能够完全控制资金。但是鉴于他的名声，人们将会密切关注他，等着他犯哪怕一点小错误。在回应外界批评和应对诉讼时，他将孤身奋战。他缺少我所说的机构支持。

但是最后，他还是决定要自己创业。两年之后，他碰上了大麻烦。他成为一起争议事件的主角，据说是在国会委员会举行的听证会上做了伪证。他被起诉、定罪，最后获得了假释，却丢了自己的生意。在整件事期间我一直关注他，后来我每次到华盛顿时，都会请他吃饭。里根总统曾提出过对他进行特赦，但他因为担心人们会强烈抵制，对总统造成不好的影响而拒绝了，在我得知这一切后对他更加钦佩了。

与此同时，我在白宫继续发挥作用，因为前美林证券 CEO 唐纳德·里根已经从财政部部长升职为白宫幕僚长。里根开始打电话询问我对政府一些政策的意见或反应。尤其是在伊朗门危机期间，他让我参与一个小型的白宫特别工作组，与总统助理丹尼斯·托马斯一起处理这个危机。

在 1987 年初，白宫新闻主管帕特里克·布坎南辞职了。我很好奇谁会接替这个位置，有些人正在暗中发力，但最后在背景调查环节功亏一篑。在与唐纳德·里根一起吃午饭的时候，我问他是否已经确定候选人，这位幕僚长说还没确定下来，并直截了当地问我："你想要这个工作吗？"

"你是认真的吗？"我说。

他回答："当然。"

在感谢他对我的信任之后，我告诉他我不太感兴趣。"为什么呢？"他问。

我说："我已经在白宫待了很久，知道我在这里还是太单纯了，如果担任这个职务，最后只会让我和推荐我的人难堪。如果在总统任期刚开始的时候让我担任这个职务，我可能会认真考虑，因为那时候我跟同事一样，都要从头开始学。"

里根称赞了我的直觉。我总是怀疑，他从财政部转到白宫来担任这个最有压力的职位时，也面临很大的挑战，虽然我想问他，但从来没问出口。

接替里根担任幕僚长的，是参议员霍华德·贝克，他是田纳西人，我跟他已经相识很久了。我还认识新任的副幕僚长肯·杜伯斯坦，他是华盛顿一家公关公司的合伙人，之前我们曾努力试图收购这家公司。贝克参议员到华盛顿任职几个月后，他打电话让我去见他。里根总统的任期只剩下18个月时，他的助理已经开始思考该如何捍卫里根的政治遗产了。贝克让我无偿与他的团队一起负责这个项目。坦白说，制订一个计划不是难事，想要获得机会展示一个受欢迎的总统和一个厉害的沟通者的形象也不难。虽然在最后一年的任期里，里根总统没有受到什么特殊关注，但他的成就也会被人铭记。

纽约经济俱乐部

成立于1907年的纽约经济俱乐部可以说是美国讨论政治、经济和社会问题的最有名望的公共平台。在这里发言的人包括美国总统、国会领袖、内阁成员、首相、央行行长和诺贝尔经济学奖获得者。我在1979年加入俱乐部，在1983—1989年之间担任俱乐部理事会成员，并且在2007年负责主持俱乐部的100周年晚宴。

我们举办晚宴是为了回顾俱乐部在过去的100年里对社会所做

第十四章 / 公共服务是一门好生意

的贡献。我们还希望华尔道夫酒店恢宏的宴会厅能够坐满人。理事会主席芭芭拉·哈克曼·富兰克林给了我们第三个任务，就是为俱乐部募集 100 万美元的捐助。我同意承担起募集资金的任务，但前提是必须以我自己的方式募集。我打算在俱乐部 800 多名成员中选择 100 名加入百年纪念协会，想要成为百年纪念协会的创始会员需要捐助 10 000 美元。理事会同意了这个想法，甚至在我们还没有宣布这个主意之前就已经有 40 多位会员了。自那之后，协会会员已经超过了 200 人。

我们还需要选择一位发言人，百年纪念委员会同意我的想法，决定选择一位能够代表 20 世纪的人物。我将自己认为 20 世纪影响力最大的事件列了一张表，其中包括美国人的寿命从 47 岁增长到 74 岁、两次世界大战、载人飞船登陆月球、消灭疾病和推进医疗以及进入数字时代等。我思考这里面哪个活动影响到的人群最为广泛。

当我还没有列完表单的时候答案就已经呼之欲出：为少数族裔和女性平等立法。最完美的发言人更快出现在我的脑海中，那就是康多莉扎·赖斯，她既在伯明翰市遭受过"公牛"康纳的暴力对待，也曾享受过在总统内阁中担任国务卿的最高荣光。我的想法，是让她以非裔美国人的身份谈谈在伯明翰成长的经历，国际事务可以其他时间再谈。为了设计晚会活动，博雅的同事做了一个纪录片，展示了过去百年来，从西奥多·罗斯福总统开始的众多演讲者在俱乐部发言的影像。我们随后给《华尔街日报》的主编保罗·吉戈特和《金融时报》的主编莱昂内尔·巴伯各 8 分钟时间，让他们猜测下一个百年是什么样。这是一个非常棒的晚会！

287

奥林匹克运动

自从博雅为 1984 年洛杉矶奥运会火炬接力提供服务后，我就开始有计划地接触美国奥组委，美国奥组委的内部公关专家是传奇奥林匹克体育公关大师迈克·莫兰，无偿担任奥组委主席的是艾奥瓦州得梅因市的知名律师罗伯特·赫尔米克。赫尔米克在 1985 年当选主席，我曾自愿无偿担任他的公关顾问。

在接下来的 6 年里，我总共花了数十小时与赫尔米克通电话，他还经常来纽约拜访我。我们讨论所有会对美国奥组委造成影响的议题。1991 年 8 月下旬，莫兰打电话告诉我《今日美国报》正在进行新闻调查，因为有传言称有客户通过贿赂赫尔米克来影响美国奥组委的决策，如果传言是真的话，这是严重的利益冲突。

正好第二天我要和赫尔米克见面。我直截了当地问他："传言是真的吗？"他承认曾与奥运有关的几个客户有联系，但他说绝对没有以美国奥组委主席的身份做过任何出格的事。我问他，除了《今日美国》报道的那几个客户以外，还有没有其他客户也参与了奥运活动。如果有的话，他应该立即把消息告知《今日美国报》。最坏的情况就是《今日美国报》逐渐挖出所有东西，每次披露一个其他客户的名字。赫尔米克向我保证不会再出娄子。

1991 年 9 月 6 日，也就在美国奥组委执行委员会开会的前一天，《今日美国报》刊登整版报道，标题就是《美国奥组委内部：审视其主席》，文章声称赫尔米克至少有 4 项业务存在利益冲突。正如之前预料的那样，虽然赫尔米克坚持称，他"承接的与体育有关的业务"与其奥组委主席的身份无关，但组委会成员纷纷谴责他。赫尔米克希望能够完成他的任期，在 1992 年巴塞罗那奥运会之后再辞职。执行委员会决定任命一个特别顾问来调查这件事情。

据我所知，赫尔米克在组委会内部只有几个或者说没有坚定的支持者，尤其是随着事件不断发酵，《今日美国报》陆续曝出其他参与奥运事务的客户名单之后。这种情况很痛苦。体育专栏记者和奥组委成员呼吁他立刻辞职。9 月 18 日我们在纽约见面，讨论如何应对 12 月上旬召开的国际奥组委会议。我告诉他我的想法是，他立刻辞职就是对美国奥林匹克运动最好的帮助。我把写好的辞职信交给他签字，他没有抵触我的建议，只是问："我还必须从国际奥组委辞职吗？"我觉得这是不可避免的，但建议他等待事情进一步发展，并挑选合适时机。

在瑞士举行的国际奥组委会议上，赫尔米克面临所有人的指责，尤其是欧洲媒体。我觉得陪他一起去参会只会适得其反，所以我们保持频繁的电话联系。第一次会议结束不久，他告诉我，国际奥组委内部没有人支持他。我再一次告诉他，"今天就辞职而不是等着明天被开除"对奥运活动最有利。

我真的很喜欢鲍勃·赫尔米克，也欣赏他对美国奥组委和全球奥林匹克运动的狂热喜爱，所以这次事件是我漫长的职业生涯中最不愉快的记忆之一。我确实相信，赫尔米克觉得代表私人客户与美国奥组委和国际奥组委接触最符合奥运会的利益。最后美国奥组委的调查结果是："我们没有发现明显证据，能证明赫尔米克先生影响或者企图影响美国奥组委的官员、主管和员工，以此让赫尔米克先生的私人客户获得合同或交易。"

10 年之后，据说美国奥组委主席劳埃德·沃德违背了美国奥组委的道德准则，委员会成员对他在 16 个月任期内的一些管理决策提出了质疑。对沃德的指控引起了国会的注意，国会威胁对美国奥组委的活动进行监管。《纽约时报》报道称，两位美国参议员拜访了美国奥组委总部，严厉批评了奥组委内部管理混乱、离职补偿过高、旅行费用"涉及诈骗和其他犯罪"，并威胁将对奥组委进行国会调查。

威廉·马丁是密歇根大学体育系主任，当时代理美国奥组委主席，他与我一起讨论应对策略，沃德随后辞职。2003 年我与马丁紧密合作，发表了沃德辞职的声明。

2005 年，美国奥组委特别授予我一项我个人十分珍重的荣誉，这就是"对美国奥组委有特别贡献"的奥运之盾。在我组约办公室的荣誉墙上，这个奖章占据了非常显眼的位置。

第十四章 / 公共服务是一门好生意

要点

▶ 为一个或几个公益组织做志愿服务能够丰富自己的生活。如果你是在企业工作，可以询问一下企业有没有志愿者政策，允许员工将一些工作时间献给公益事业。

▶ 不论是民事、文化、学术、科学、体育还是社会福利领域的公益组织，你可以选择参与其中一个组织的活动，这能够拓宽你的视野，给你独特的经历，扩展你的私人社交圈。

▶ 寻找机会承担更多责任，或者通过提供义务服务开发更多技能。你可以从拜访组织的办公室或者打个电话开始这个过程。

▶ 求职者必须准备好面试。尝试展示你的技能、经历和抱负。提供你与他人合作的例子，告诉别人你参与的志愿活动和爱好。

▶ 有时候比起辩护，对所有人来说，辞职是更好的选择。因为真相可能在法庭上有用，但对公众舆论却没什么影响。

第十五章

企业文化和
CEO 继任

我的公关人生

　　在 10 多年的时间里，博雅公关和马斯特勒广告公司的高管都知道，比尔·马斯特勒将在 1979 年 12 月 31 日，也就是他 65 岁的时候退休。比尔是我见过的头脑最敏锐的人之一，他患有肌肉萎缩症，在后面 20 年里病症已经在他身上显现出来。但即使跟我，他也从来没有提起过这个话题，我也从没问过他。

　　由于比尔优秀的领导力，马斯特勒广告公司成为 B2B 领域最成功，也是最受尊敬的广告代理公司。公司拥有一系列优质客户，包括通用汽车（电动汽车部门）、奔驰（英国）、罗克韦尔国际公司。还有许多 B2B 市场的行业龙头企业，比如 IBM 数据处理部门和 IBM 世界贸易公司、德州仪器（半导体）、陶氏化学、联合科技（直升机、飞机引擎）、克拉克装备公司（叉车）、安菲诺（电子连接器）、迪克公司（油印机）、芝加哥产权与信托公司（产权保险），以及英格索兰（空气压缩机）。

　　马斯特勒广告公司在消费者领域的表现也很好。事实上，纽约的电视名人堂 50 大收藏品里，有两个广告是马斯特勒广告公司制作，而且这两部作品都入选了《广告时代》有史以来最伟大的 100

294

个广告作品名单。其中一个作品是为环境保护组织"保持美国美丽"无偿创作的宣传广告。广告名为"哭泣的印第安人",里面一个穿着传统服饰的印第安人划着独木舟在河上漂流,入目所见都是人类丢弃的垃圾,看到此情此景,泪水从他脸上滑过。广告的文案很简洁:"人类开始污染,人类可以阻止污染。"这个作品还赢得两次克里奥奖,这是国际范围内的杰出广告成就奖,广告理事会认为这个作品是经典之作。

入选50大藏品的第二个广告是为达能酸奶创作的。作品是在当时苏联的格鲁吉亚拍摄的,名为《俄罗斯之子》。这个广告的主角是一个快乐的长寿老人,他说自己健康长寿的秘诀就是每天喝一些酸奶。画面里老人114岁的母亲也出现在镜头前,她将长寿的秘诀同样归因于酸奶。这件作品也赢得了克里奥奖。

20世纪70年代,法国大型汽车制造商雷诺决定进军美国市场,马斯特勒广告公司给新款汽车起名为"Le Car"(法语,意为"这辆车")。这被认为是当年最有创意的汽车广告之一。但是因为汽车设计存在缺陷、经销网薄弱以及服务网络等因素,导致新车发布失败,雷诺也从美国市场退出。几十年后,大众汽车的新的品牌广告将其品牌命名为"Das Auto"(德语,意为"这就是汽车"),我看到这条广告就会为马斯特勒广告公司感到骄傲。

但问题是,马斯特勒广告公司吸引越多的B2B客户,就会造成越多的利益冲突。虽然马斯特勒广告公司为许多消费者客户提供一流的服务,但从业界并不认可它是一家综合性的广告公司,因此就限制了公司的赢利空间。马斯特勒也知道这个问题,并尽很大努力想要收购一家"热门"的中型综合性广告公司。如果我们完成这种收购，那就可能意味着马斯特勒的管理团队将会受制于被收购的公司。这是比尔·马斯特勒无法接受的事情，他对同事的忠诚超越一切。

马斯特勒广告公司赢利下降开始拖累博雅的增长，博雅不仅需要额外的资金在国外开设新的分公司，还要拓展我们的服务范围，因为博雅正逐渐获得业界认可，客户解决困难问题时会优先选择博雅。马斯特勒的退休还会导致财务状况更加复杂，因为公司需要一大笔资金回购马斯特勒手中的大量股份。

虽然这时候与马斯特勒广告公司相比，博雅在营收和利润两方面都不错，但这些问题对我来说仍然很棘手。在过去25年里，马斯特勒广告公司的利润支撑起博雅的增长，但现在博雅的一些高管却不太愿意与马斯特勒广告公司分享自己的红利。随着马斯特勒退休的时间即将到来，两家公司之间的紧张氛围愈演愈烈。马斯特勒比我更加有权威、也更加强硬，他能掌控住局势，而且说实话我不太想处理这种问题。

我们虽然是一家员工持股的公司，但在董事会中有三位外部独立董事。1978年12月，就在比尔退休的前一年，我询问其中两人的意见，他们分别是公司创建以来就担任总顾问的威廉·麦克尼尔，以及从扬罗必凯退休的著名广告高管詹姆斯·威尔克森。这两人对公司、公司的业务以及高管层都有很深的了解。我告诉他们，我对比尔退休后局势非常担忧，包括广告公司越来越低的利润会拖累博雅的增长，两家公司高管之间的紧张关系加剧，以及马斯特勒广告公司需要成长为一家综合性广告公司，但现任管理层却不具备执行这种扩张的能力。当然，我也不觉得自己有能力完成这种改变。我相信扬罗必凯或者奥美公司有能力让马斯特勒广告公司成为一家受认可的消费者广告公司，同时保持其在 B2B 领域的地位。两位独立董事都知道前十大广告公司都尝试过要收购我们，主要是看中我们的公关实力，其中扬罗必凯是最积极的追求者。

我认为现在是时候考虑与一家财务状况良好的大型广告公司进行合并了。我相信这样做能解决我们目前面临的二元难题，博雅将会获得保持增长所需的资金（平均每年的增长超过 20%），而马斯特勒广告公司也会获得新的高管层，帮助公司在消费者产品领域实现扩张。威尔克森很快提到扬罗必凯，他知道这是我的第一选择。麦克尼尔也同意，但警告说比尔可能会反对合并，因为这会让公司丧失独立性。我也同意这一点，我估计马斯特勒广告公司的所有管理层都会抵制这个提议。然而我还是决定与比尔谈一下。我们都同意一点，那就是比尔和我将会做出最终决定。直到我们做出最终决定并执行之前，我们都不会把这一消息告诉两家公司的其他高管。

合并的理由

1979 年 1 月初，我走进比尔·马斯特勒的办公室，他的桌子上正放着一封客户来信等待他回复。比尔一丝不苟地管理信件，而且他规定自己每次只处理一件事情。他对待信件有三个选择：自己回应，转给其他人或者扔进废纸篓。不管是他的办公桌、办公室还是他的生意，他都管理得井井有条。

我告诉他我想讨论一下他退休后我们的生意该怎么办。他让我说了差不多 5 分钟，我表达了不看好公司保持独立的未来。他说我过虑了，努力说服我所有问题都会在内部得到解决。他还大力称赞公司保持独立的好处，反对向一个目标可能与我们不同的人汇报工作。比尔是一个十分有说服力的人，他详述我们创造的独特公司文化，而一个以利益为中心的管理者可能会毁掉这一切。我告诉他我不想承担起管理广告业务的责任，因为我无法解决广告公司迫在眉睫的问题，我也不想淡化自己公关的身份，而且他的广告部门的高管会抵制我。所以，虽然我不看好他手底下的二号人物，也是他的老搭档理查德·克里斯蒂安，并且认为他没有能力重塑公司，但我仍然推荐他担任马斯特勒广告公司的 CEO。比尔问我想与哪家广告公司合并，他也知道与大公司合并的好处，所以我有信心他会同意我选择的扬罗必凯。他让我再想一下这个问题，然后我们在三月底的时候再讨论。我将我们会谈的结果告诉了麦克尼尔和威尔克森，我不知道他们会不会与比尔谈这个问题，或者比尔会不会主动找他们谈。

最后他们确实跟比尔谈过这个话题。三个月之后，我跟比尔第二次会谈时，他说："我想你还是觉得我们应该与一家大型广告公司合并，尤其是扬罗必凯。"然后他的回答让我大吃一惊："我是不会选择合并的，夏博新，但如果你决意这么做，我会尽我所能帮助你。"我感谢他，然后我们再次确认在与收购公司达成协议并公之于众之前，只有我们俩知道这个消息。他给我提的第一个建议就很棒：我们不应该让扬罗必凯知道，它是我们唯一的潜在收购方。相反，我们应该在扬罗必凯和其他广告公司之间营造出一种竞争气氛。

我们又一次使用之前面临问题时常用的方法。每人一张白纸，写下我们认为能与扬罗必凯竞争的公司。就跟之前很多次一样，我们写的是同一个名字——奥美。对此我们都不吃惊，我们经常说扬罗必凯和奥美是"广告界的两大巨头"。我打电话给扬罗必凯的 CEO 爱德华，比尔打电话给奥美的 CEO 约翰·埃利奥特，分别告诉他们我们愿意讨论合并的事宜。只是我们没有告诉对方，这是一场竞争。

打量追求者：扬罗必凯和奥美

4 月中旬我们开始第一次会谈，地点位于比尔在纽约大都会博物馆对面的第五大道的公寓里。扬罗必凯方面来的是 CEO 爱德华·奈伊和 CFO 詹姆斯·莫滕森，奥美方面来的是 CEO 乔克·埃利奥特和 CFO 谢尔比·佩奇。这两家公司都是营收排名世界前五的广告公司，这次合并将是他们有史以来最大的交易。我的目标有两个，第一就是寻找一个能够允许博雅独立于广告公司运营的合作伙伴（包括代理与母公司广告业务有冲突的客户），并且继续资助我们在全球开设十几个分公司的事业。第二就是收购方能够提供管理和人才支持，帮助马斯特勒广告公司成长为一家综合性广告公司，

299

同时还能保持公司在 B2B 市场的领先地位。

当然，我们还提出收购方要以合理的价格从我们 250 余名员工股东手里回购股票。我们公司和扬罗必凯都是员工持股，公司股票十分分散，而奥美最近刚在纽约证交所上市。此外，收购价格中大概有 1/4 要以现金支付，其中一半将会用于回购马斯特勒手中的股票，剩下的将会用来购买小股东手里的股票，最后让扬罗必凯的股东数不超过 500 人，以满足美国证券交易委员会的要求。

奥美最近因为刚收购斯卡利－麦克卡布－斯洛文斯广告公司而耗尽现金流，所以它的收购方案都是股票。而扬罗必凯的收购方案包括股票和现金，而且它的股价比奥美更有优势。所以我们都选择了扬罗必凯，这是一个很简单的选择。9 月的第一个星期我们达成协议，10 月 31 日正式公布这个消息，造成了很大的轰动。《纽约时报》的广告专栏作家菲尔·多尔蒂用整版专栏报道这件事。在发布会当天他把我拉到一边问我：“你为什么会同意这个交易？”

“菲尔，”我说，“我只是受够了每年两次在网球俱乐部吃饭的时候都要拒绝爱德华。”

收购方案规定，马斯特勒广告公司的 CEO 迪克·克里斯蒂安那和我将会加入扬罗必凯的执行委员会，成为 7 名负责管理母公司的高管成员。扬罗必凯之前从没有如此认同被收购公司的创始人。在差不多 20 年后的今天，众多广告公司已经收购了前十大公关公司中的 9 家，行业杂志《公关周刊》评论说：“夏博新以平等的地位实现了博雅与扬罗必凯的合并。”杂志进一步评论说，之后再也没有人能做到这一点。

300

第十五章 / 企业文化和 CEO 继任

一个共同的目标，一种文化的契合

博雅与新东家的关系完全符合我的预期。我们的企业文化相似，服务客户是我们的首要任务，而且两家公司在这方面都比竞争对手做得要好。而且我们还有共同的目标，那就是关怀员工，我们的许多员工都是股东。我们给员工发的工资还包括分红，而且比竞争对手更多，这在行业里不是秘密。在招聘的时候我们寻找最优秀的人，为他们的服务支付可观的薪酬，并且保障他们退休后的生活。

合并后我们继续保持增长，1983 年博雅正式取代老牌公关巨头伟达公关，成为世界上最大的公关公司。我们在 1979 年被收购时营收是 28 300 000 美元，1983 年我们的营收已经达到 63 800 000 美元。从 1963 年到 1987 年的近 1/4 个世纪里，我们一直保持着两位数的增长，其中两年超过 40%，两年超过 30%，还有 10 年超过 20%。在合并初期，我们与扬罗必凯联手签下了美国邮政总局和美国军队招募处，我们还把扬罗必凯的广告老客户大都会人寿保险公司发展为公关客户。直到莫滕森在 2012 年上半年病逝为止，每年夏天他拜访纽约的时候，爱德华、莫滕森和我都会共进午餐，这在后来都是美好的回忆。

但马斯特勒广告公司在扬罗必凯经营得就没有那么好了，甚至可以说情况已经糟透了。扬罗必凯派遣数位"救火队员"进入马斯特勒广告公司，其中包括一位刚招聘的，在消费者领域有资深经验的领导。在这期间，扬罗必凯开始探索与国外的广告巨头联

301

合，想要通过这种方式减少日益严重的客户冲突问题。第一个合作伙伴是法国领先的广告公司哈瓦斯。为了新公司，扬罗必凯将马斯特勒广告公司在美国和欧洲的分公司进行合作。数年之后，扬罗必凯开始扩大合作对象，选择日本最大的广告公司电通进行合资。在这之前，电通一直在努力进入美国和欧洲市场。合资后的新公司叫HDM，其中M就代表马斯特勒，这是比尔在广告界最后留下的好名声。马斯特勒最优秀的员工很快找到了其他工作，而在不久之后，HDM作为一个运营实体也烟消云散了。

这些经历对我一直合作的老同事来说很苦涩。迪克·克里斯蒂安那早早就退休了，加入伊利诺伊州的西北大学，成为凯洛格商学院的副院长。卢·马格纳尼则选择退休，去追求自己在绘画和雕塑方面的爱好，博雅好几个分公司里有我的青铜半身像，都是他的杰出作品。

对我来说，这段经历苦乐参半。当然我对博雅的成功欣喜若狂。但这么多年之后，每当想到马斯特勒广告公司已经消失，我就感到很遗憾。我仍然深深记得马斯特勒广告公司对博雅的无私帮助和支持。没有这种帮助，博雅可能只是二战后成立又消失的几百家公关公司中的一员。

对我CEO生涯的自我评估

到1988年12月31日，我已经担任博雅的CEO 35年了，这一年我正式退休。我对自己创立和管理博雅的总体表现感到满意，可以打 A– 或 A。

实际而言，我很满意从 1953—1988 年担任 CEO 期间公司的表现。以 5 年为单位，公司的业绩增长可以证明一切。

1953 年	84 000 美元（10 个月）
1957 年	271 000 美元
1962 年	775 000 美元
1967 年	2 802 000 美元
1972 年	6 460 000 美元
1977 年	17 625 000 美元
1982 年	50 550 000 美元
1987 年	137 000 000 美元
1988 年	147 354 000 美元

在那个时候，我们是第一家年收入达到 1 亿美元（1985 年）、2 亿美元（1992 年）和 3 亿美元（2000 年）的公关公司。

但我也做过一些让我后悔的决定，有时候我也会犯错，主要是疏忽造成的。其中影响最大的，是我没有及早意识到数字科技的巨大潜力。在博雅，只有电气工程师汤姆·努南预见到这一点，意识到这种新科技将会改变通信方式和我们的业务。早在 20 世纪 80 年代初，当苹果公司在第 18 届超级碗上正式发布 Mac 电脑的时候，努南就努力说服我。我听了他的建议，但没有及时迅速地跟进。

即使到了今天我也感觉非常后悔，因为我们的业务都是建立在尖端科技之上的，正是这些尖端科技奠定了美国工业强国的地位。我们早期的客户，都是工业时代的创新者，包括化工、钢铁、合成纤维、机床、电机产品和配电系统的生产商。在前 20 年里，我们建立了一支能为高科技客户服务的员工团队，其中很多人都是工程师。现在回顾这次机会，我意识到，我们本可以及早雇用数字领域的专业人士，并建立数字服务部门，让市场知道我们是最有资格服务高科技客户的公关公司。

得益于汤姆·努南，博雅承办了早期拉斯韦加斯电脑展的媒体活动。但我却没有及时跟进建立一支合适的团队，将硅谷的初创企业发展成客户。我们没能引领这一潮流，反而在追赶这一潮流，有条不紊地获得一些优质客户，但其实我们本可以更快更早做到这一切。虽然是一个成功的追随者，我还是更喜欢成为一位领导者。

同样让我感到遗憾的还有金融服务部门。在 20 世纪六七十年代，华尔街到处都是要上市的公司，其中很多都是场外交易。在那时候，博雅以精通上市媒体关系而出名。与此同时，大型企业成为股市的宠儿。接下来 10 年，并购和其他金融交易成为报纸专栏上常见的新闻。我们的财经公关专家更喜欢投资者关系方面的业务，而不是利润更高的交易业务。事后看来，我本应该介入，并利用好这样的机会。

从做得好的一面来说，我们是第一家认识到健康医疗将成为重大市场机会的公司。我们也是第一家涉足健康医疗的公关公司，我们为药品公司发布并营销的新一代药物，现在已经成为赚取数十亿美元的常用药物。我问自己，为什么会这么迟钝，看不到数字科技的潜力呢？为什么我没有及早利用金融交易的机会呢？我的答案很简单：我预见到了公关广阔的全球市场，所以我就一心一意建立和培养我们的海外业务。我还预见到公关会成为主流商业分支，就像会计、金融和法律一样重要，而不只是家庭手工业，所以我就专心服务我们的重点客户，比如可口可乐、菲利普·莫里斯、杜邦和美林等公司。在每家公司，我都与 CEO 和公关高管建立密切联系。虽然我的关注点不在美国，但我们美国的业务增长非常快速，美国也是我们利润最高的地区。

我的管理风格和我的团队

到目前为止，我最大的成就就是建立我称之为关怀和分享的企业氛围，其标志就是公司内部在个人和团队层面都支持追求卓越。用军事术语来说，我们是二战时期的空降部队，是战争时期的特种兵。但我们不会因此而自夸，反而是让工作成果来展示我们是谁和我们怎样工作。

在增长最快速的时期，博雅进行过少量并购，金额都不大。这就是我们奉行的策略，因为我们的目标是在全球不同文化的国家为客户服务时，成为一个有凝聚力的公司。成为一个"博雅人"是一种特殊的标志，许多人即使已经离开博雅很久，也会说他们是博雅人。

我的管理风格是开放直接的，正好能反映出我的愿景，即为客户提供公关服务，帮助他们实现商业目标。早先，我定义的模范客户就是拥有一系列广泛公共关系、公共事务以及沟通需求的跨国企业。我设想的公关公司应该了解客户的业务以及企业面临的具体

305

问题。我们的管理会议——无论是全球范围的，还是区域性的会议——都经过详尽规划并且鼓励个人参与。我们各个层级的高管都可以自由表达他们的想法。博雅是一个在全球都有共同文化的、可以无缝衔接的公司。我们各个地区的分公司的经理们虽然都是这样一家公司的一部分，但也拥有很大的自主权。我们主要是通过客户的满意度来评估他们，即能不能留住客户。在大多数时间里，他们的分红都占薪资的很大一部分。

招聘环节反映了我们对客户的承诺。对 B2B 客户，我们建立起了一支拥有行业媒体背景的工程师团队。当我们在企业和金融领域扩张时，我们增加了破产和劳工法律师、金融分析师和环保专家。当我们开始服务食品公司时，我们雇用营养学专家和营养师。我们实践自己的承诺，那就是博雅拥有最聪明、最优秀的团队，博雅是最了解客户业务的公关公司。

我觉得自己需要与主要客户建立私人关系，充当他们的私人顾问。我认为自己更适合客户工作和拓展客户，而不是负责处理每天的行政事务和财务问题。这就意味着，随着公司不断发展，我需要将管理运营事务授权给信得过的同事。这方面我非常幸运，有一小群跟我价值观一致的同事，我能够完全信任他们。他们促成了博雅的增长；他们确保了我们工作的质量，践行了对客户做出的承诺。

我已经介绍过许多博雅管理团队的成员。巴克·布赫瓦尔德在1950 年加入我们，他担任博雅的首席运营官差不多 50 年。他比其他人资历都深，建立了我们的专业标准。吉姆·道林是在 1964 年从美孚石油公司公关部加入我们，并成为客户经理的。道林一来就表现出色，之后他负责我们在纽约和芝加哥的分公司，随后负责整个美国地区的运营，最后在1989年接替我担任CEO。鲍勃·利夫在1958年加入博雅，是我们的第一位实习生，他在1965年开始管理布鲁塞尔分公司，之后负责整个欧洲的业务，1973年成为国际业务CEO，在接下来20年里，他一直在主管博雅在欧洲和亚洲地区的业务运营。我先后挑选过几个人担任美国地区负责人，包括布赫瓦尔德、道林、比尔·努南、汤姆·莫瑟及管理团队的其他成员。

在20世纪六七十年代，我们开始雇用新人加入我们的高管团队。1968年，托尼·休斯从一家金融公关公司跳槽来到博雅，在这里一待就是30多年。威廉·努南之前就职于联合碳化物公司，之后来到博雅，与我们一起共事30多年，他最后的职务是欧洲地区的CEO。汤姆·莫瑟先是担任博雅纽约分公司经理，1993年调到扬罗必凯担任总经理。拉里·斯诺登在1972年从通用汽车公司来到博雅，先是担任欧洲地区的CEO，之后他接替道林成为全球CEO。詹姆斯·林德海姆可能是我们最有天赋的公关专家，他在20世纪70年代后期从杨凯洛维奇研究公司辞职加入我们，在这里已经工作25年了。

约翰·拉萨格在20世纪60年代从密歇根大学毕业后就加入了我们，之后大部分时间都担任芝加哥分公司的总经理，40多年后从博雅退休。克劳德·马歇尔是联合碳化物公司的陶瓷工程师，1963年加入博雅，他在日内瓦工作了35年，其中大约有15年担任欧洲地区的CEO。比尔·赖伦斯在20世纪70年代末加入博雅伦敦分公司，1981年负责在巴林开设博雅的分公司，然后又调到韩国，负责1988年首尔夏季奥运会的业务。之后他一直担任亚太地区CEO，直到

307

我的公关人生

2009 年。彼得·博斯托克和戈弗雷·斯科特布鲁克都是英国人，他们建立起我们在亚洲的主要业务网，此外还有戴维·米切尔，他在工作 5 年之后离开博雅，加入了世界野生动物基金会。

还有许多其他人都为博雅做出了自己独特的贡献。彼得·沃尔福德是一个英国人，他在 20 世纪 60 年代加入我们在日内瓦的分公司，1975 年成为我们第二任东京分公司总经理，20 世纪 80 年代又调到悉尼成为第一任澳大利亚地区总经理，20 世纪 90 年代初在布鲁塞尔退休之前，他还有三年时间被调到多伦多工作。在他全球调动的过程中，沃尔福德娶了马来西亚华裔雅基·陈，她之前在我们吉隆坡的分公司工作，之后被调到多伦多。

我们支持雇用女性公关人才。1967 年，我们在服务埃克森化学公司时，雇用了化学专业毕业的林恩·韦普林顿。希拉·泰特从杜肯大学毕业后加入了我们在匹兹堡的分公司，随后她被调到华盛顿，最后她离开博雅成为第一夫人南希·里根的新闻秘书，并且与人合伙建立了华盛顿特区的公关公司鲍威尔泰特公司。希拉·拉特克也加入了我们在匹兹堡的分公司，她在那里担任了 15 年的总经理，之后调去多伦多，成为加拿大地区经理。凯·布雷克斯通在华尔街工作过，一开始是一位投资关系顾问，她在博雅工作 20 年之后辞职，自己开了公司。埃莉诺·埃尔曼是西尔斯公司的总经理，我们在 1970 年收购了这家公司，在 20 世纪 90 年代退休之前，她一直负责我们的食品营销部门。西尔斯的另一个员工莎拉莉·斯隆斯凯也与我们共事超过 20 年。希拉·拉维夫也是一位在博雅工作超过 20 年的同事，她退休之前担任我们华盛顿分公司的总经理。

308

第十五章 / 企业文化和 CEO 继任

接替我担任 CEO 的人

自从我卸任 CEO 之后，有 7 个人相继接任了这个职位。其中在挑选前 4 个的时候我有发言权，但在挑选后面 3 个的时候没有发挥作用。当吉姆·道林接替我成为 CEO 时，我仍然继续与客户一起工作，并开发新业务。从业绩表现来看，这时期的我正处于巅峰期，在公司里的影响力也最大。

道林接替我的过程十分顺利。我们已经一起工作了 25 年，其中有好几年他都担任 CEO。我们俩的性格和工作风格迥异，但都非常专业，并且渴望将博雅打造成公关界的金牌标准。两个差别这么大的人在管理生意的时候却像一个人。道林就任 CEO 之后做了一些高层人事调整，鲍勃·利夫卸任国际业务 CEO 的职位，去香港分公司当了两年总经理，之后返回伦敦担任高级顾问，他在庆祝在博雅工作 40 周年的时候退休了。

道林还接替了我在扬罗必凯董事会的席位，这是我们母公司最高层的管理机构。道林担任 CEO 5 年，他的目标是退休后去佛罗里达打高尔夫球。他卸任 CEO 之后，去负责我们在拉丁美洲的业务开发。拉丁美洲的总部在迈阿密，在那里道林奠定了拉丁美洲最大公关项目的基础。

拉里·斯诺登是已经在博雅工作了 20 年的老人，他接替道林担任 CEO。之前他负责欧洲的业务，占据我们总营收的 30%。1995年，他调到扬罗必凯担任 CEO 助理。接替斯诺登的是托马斯·贝尔，他刚加入博雅时担任的是博雅华盛顿分公司总经理。中间他离

309

我的公关人生

开了两年，去湾流航空公司担任首席运营官，之后在 1995 年返回博雅担任 CEO。1999 年他成为扬罗必凯的首席运营官和 CEO。

贝尔的继任者是克里斯·科米萨耶夫斯基，一开始他来博雅是担任美国地区的 CEO，美国地区的业务占据公司总收入近一半。2000 年，也就是扬罗必凯上市两年之后，WPP 公司（原名为金属丝与塑料制品公司）收购了扬罗必凯，WPP 公司是一家上市公司，也是世界上最成功的营销和沟通集团。现在 WPP 集团的大量资源对博雅开放，让博雅能为客户提供更多服务。WPP 集团的创始人和 CEO 苏铭天爵士一直都是博雅的忠实支持者，他将博雅看作 WPP 集团这个皇冠上的一颗明珠。

2004 年，托马斯·尼德斯接替科米萨耶夫斯基担任博雅的 CEO。在约翰·麦克成为摩根士丹利集团 CEO 后，尼德斯离开博雅成了麦克的首席行政官。在瑞士信贷集团时，尼德斯就是麦克的首席沟通官。尼德斯担任博雅 CEO 的时间还不到一年。之后奥巴马总统任命尼德斯成为两名副国务卿中的一员，任期结束后他继续返回摩根士丹利集团担任副主席。

继尼德斯之后担任博雅 CEO 的是马克·佩恩，他是著名的政治民意调查专家，也是比尔·克林顿总统的亲密顾问，在希拉里·克林顿第一次谋求获得民主党提名的时候，他是主要的战略顾问。他建立了一家名为佩舒恩波兰的政治民意调查公司（PSB），也是 WPP 大家庭中的一员。现在公司的业务几乎都是以商业为主。PSB 公司主要为以证据为基础进行的沟通项目进行调研。在他担任 CEO 期间，佩恩出版一本书《小趋势：决定未来大变革的潜藏力量》。

310

6 年之后，2012 年 7 月，佩恩辞职并加盟微软。3 年之后，他离开微软创建了自己的企业咨询公司。

唐·贝尔接替潘恩担任博雅的 CEO，他曾在克林顿政府里担任白宫通讯联络办公室主任，2006 年加入博雅，担任副主席。在他就任 CEO 的消息公布之后，博雅全球的专业人才都非常支持这一决定。

过往的经历让我明白管理层的连续性对公司长期繁荣必不可少，在服务业更是如此。虽然我不指望我的继任者都像我一样能在 CEO 的位置上干 35 年，但我也不希望自我之后的 7 任 CEO 的平均任期只有 5 年。CEO 如此频繁更替的最大影响就是使博雅失去了全球最大公关公司的宝座，从 1983—2003 年这 20 多年的时间里，除了 20 世纪 80 年代中期，伟达公关收购卡尔伯尔公司的那几年外，博雅一直是全球最大的公关公司。

另一方面，博雅的专业性和能力已经获得认可，以能够在广泛的地理范围内应对高度复杂的危机情况著称，这种情况通常需要深入的战略咨询和执行。在超过半个世纪的全球扩张的过程中，博雅的员工总是能快速适应不同国情。博雅可以说拥有最庞大、最忠诚的"前员工团"。许多前博雅员工现在已经成为其他大公司的高管，他们时不时会重聚，共叙旧谊，讨论博雅的独特文化和统一的方法论。

我的公关人生

--------------------------- 要点 ---------------------------

▶ 企业文化和薪资是员工求职时要考虑的两大关键因素。在入职一
家公司之前先找机会体验一下它的文化氛围，在接受职位之前先
理解这一职位所能提供的条件。这家公司的文化有创业活力吗？
它鼓励员工实践和创新吗？还是更倾向于指挥和控制，充满等级
制度？

▶ 你的薪资能够直接反映你的付出、你的资历、你的工作成果和你
获得的客户满意度吗？它能让你成为公司股东吗？

▶ 如果公司是全球化的，在当地法律允许的情况下，它鼓励员工进
行全球范围的流动吗？如果公司提供广泛的服务，它允许员工在
需要不同技能的部门或市场之间转岗吗？

▶ 对一家全球性的公关公司来说，最困难的挑战就是在全球建立和
培养一种共同的文化。即使是在最小的市场里，全球客户也想要
获得相同品质的服务。

▶ 领导力不仅仅包括设定标准和制定政策，然后告诉下属，还包括
向每个员工做示范，而且要与世界各地的主要高管进行面对面沟
通。

312

The

Business

第十六章

不再担任CEO: 你去干什么?

Persuasion

作为博雅的 CEO，我可以安排自己的工作，做自己喜欢的事情，并把其他事情交给信任的同事处理。我很幸运能与这么多有能力又正直的同事一起工作，他们不管在工作的质量还是数量上都能达到我的最高要求。

公关最让我喜欢的地方，就在于我能够与客户一起工作。我一直都觉得，从密西西比大学新闻部和弗格森公司开始，我就十分擅长这一点。我的目标一直都是向客户展示公关的作用，在私营和公共部门为客户带来新的价值。

因此，我调整了自己的工作范围，让我能够将 2/3 的时间花在我们的客户和潜在客户身上。我用最少的时间处理公司的预算、成本和现金流等问题。我的同事巴克·布赫瓦尔德和吉姆·道林等人会以最具有职业道德、最专业的标准来处理这些问题。他们还会负责公司的日常运营，这对于像我们这样一个跨国甚至是跨洲的公司来说，是非常复杂的工作。

当我在 1988 年底卸任 CEO 的时候，我的活动都以客户业务为中心，其中既包括老客户可口可乐公司、美林公司、杜邦、强生和

第十六章 / 不再担任 CEO：你去干什么？

美国邮政总局，也包括一些新客户，如壳牌、西屋电气、联合科技、美国哥伦比亚广播公司。还有戴维·洛克菲勒，直到 2000 年前我都是他的私人顾问。

与戴维·洛克菲勒一起工作

戴维·洛克菲勒是在他把洛克菲勒中心卖给日本三菱地产并引发轩然大波之后开始联系我的。后来，他所参与的美国和欧洲企业组成的联合财团，又将洛克菲勒中心买了回来。戴维·洛克菲勒已经从美国大通曼哈顿银行 CEO 和董事长的职位上退休了。当时我们俩一个共同的朋友建议他给我打电话，谈一谈洛克菲勒家族与媒体的关系，此后三年的时间里我们经常见面。

戴维·洛克菲勒是洛克菲勒大学董事会的成员，该大学是致力于生物医学研究的世界著名大学。校长戴维·巴尔的摩是诺贝尔奖获得者，当时他正身处舆论的旋涡之中。1986 年巴尔的摩在麻省理工学院担任怀特黑德研究所所长，当时与巴尔的摩合作发表文章的一位作者在学术期刊《细胞》上发表的一篇文章涉及数据造假，著名的美国国家卫生院下属科学探究办公室与美国国会能源与贸易委员会都开始进行调查。批评者指责巴尔的摩没有尽到管理职责，不仅没有发现合著者造假，而且还为这篇文章辩护。1991 年下半年，巴尔的摩辞去洛克菲勒大学校长的职务。几年之后，他成为加州理工大学的校长。在这期间，美国卫生与公共服务部也进行了

315

调查，并做出裁决，认为科学探究办公室的 19 项指控都没有证据支持。

随后，比尔·克林顿总统授予巴尔的摩美国国家科学奖章，洛克菲勒大学也授予他最高荣誉——理学博士荣誉学位。《纽约时报》将之前的事件形容为"烟消云散的造假案"。

与戴维·洛克菲勒一起工作非常愉快。他比我大 5 岁，是我见过的最优雅、最有魅力的人之一，而且思虑周到。有一个他体贴入微的小例子：有一天他助理打电话给我，说洛克菲勒注意到，我家已经有两年没给他寄节日贺卡了。我解释说我妻子已经在两年前，也就是 2010 年去世了，我记得我已经告诉过他了。我让她告诉洛克菲勒先生，我身体很好，每天都会去办公室。挂断电话不到两分钟，我的电话又响了，戴维·洛克菲勒先生打来电话表达他的遗憾，回忆他 15 年前失去妻子时的心情，他告诉我，他一直都很期待我们的新年贺卡，因为它总是最早到的（一般在感恩节之后一两天），而且贝蒂每年都会亲手写很多祝福。我和洛克菲勒先生已经很长时间没见过面了，所以他邀请我到他在曼哈顿东区的住宅喝茶。

我们一起感慨世界变化之快，回忆我们在"二战"时期的经历。坐在他的图书馆里，看着墙上挂着价值连城的法国印象派画作，我忍不住想起我们俩不同的出身背景。我从来没想过有一天，能够与世界上最富有、最慈善的家族的一名成员一起聊天。

第十六章 / 不再担任 CEO：你去干什么？

埃克森公司油轮泄漏事件应急处理的事后评估

有人认为博雅曾为埃克森石油公司处理过瓦尔迪兹泄漏事件，但其实我们并没有参与其中。如果埃克森公司找我们的话，我们当然愿意承接这次任务。但实际上是泄漏事件发生三个月之后，时任埃克森公司首席传播官的埃利奥特·卡塔鲁拉才打电话给我。埃克森董事会要求管理层雇用独立顾问进行事后评估，分析管理层应对瓦尔迪兹漏油危机时的表现。卡塔鲁拉决定雇用我和刚从美国电话电报公司首席传播官位子上退休的爱德华·布洛克来负责这次评估。

爱德华和我被授予全权与所有埃克森的员工交流，视察事发现场，并寻求外部评价。埃克森公司的人向我们介绍了他们如何进行清洗工作，以及管理层解决泄漏造成的问题的决心。最后我们与埃克森的 CEO 和总裁交谈，还与世界著名海洋学家雅克·库斯托对话。库斯托严厉批评了埃克森公司在海滩上清洗每块岩石的做法，他认为埃克森这种做法只是为了作秀。因为在他看来，与蒸汽喷射器相比，未来两年的海水涨落潮能更好地清理石油，因为蒸汽喷射器会杀死能够分解石油的自然菌。

我和布洛克都认为，如果高管层允许埃克森内部公关团队启动危机管理程序的话，公众舆论会对埃克森更有利。我们还认为，埃克森决心清除浮油的努力很全面，很少有公司能像埃克森一样拥有这么多资源清除浮油。

317

我们最大的悲剧：为什么是托马斯·莫瑟？

在 1994 年 12 月 10 日，我接到了当时博雅的 CEO 拉里·斯诺登打来的电话。那是一个寒冷、阴沉的周六下午，我和贝蒂正在看一部经典电影《呼啸山庄》。拉里正在看电视新闻：联邦调查局称之为"邮包炸弹客"卡钦斯基的人再次出手。

在 16 年的时间里，炸弹客多次邮寄精心制作的炸弹，当收件人挪动或者打开包裹时，炸弹就会爆炸。他的目标主要是航空公司和大学教授，他制造的炸弹已经杀死一人，弄伤了十几个人。拉里告诉我，这次最新的炸弹袭击夺走了托马斯·莫瑟的生命。莫瑟是我们最受欢迎的资深高管之一，拥有非凡的活力和领导力。

托马斯之前的一周一直在出差，出事的周六早晨他正在厨房里拆包裹。当他妻子苏珊听到爆炸声后赶过去的时候，托马斯已经死亡。托马斯和苏珊是在博雅工作的时候相识并结婚的。

接下来几周都很灰暗。失去托马斯让我们都很难过，他是一位称职的丈夫、父亲，可靠的兄弟、同事和忠诚的朋友。托马斯的同事在纽约的教堂为他举办了一场纪念活动，在现场我将他称为"我们愿景的化身，我们价值观的体现"。托马斯在 1969 年加入博雅，之前他担任美国海军驻越南司令官的助理。20 年之后，他成为我们美国地区的首席运营官。1994 年上半年，他被调到扬罗必凯，晋升为全球总经理，11 天之后他就遭遇悲剧，当时他才50 岁。

为什么会是托马斯呢？这根本说不通。炸弹客之前所有的行凶

第十六章 / 不再担任 CEO：你去干什么？

目标都与森林或者树木有关。其中一个对象是珀西·伍德①，他住在伊利诺伊州的森林湖，他收到的炸弹装在一本由安博出版社出版的小说里，其社标就是一枚树叶。炸弹客写的一些假的回信地址也与树或树林有关，有一个地址是瑞文伍德，另一个是弗罗斯特格林路②。但托马斯·莫瑟住在阿斯彭大道，与树木无关。炸弹客写信给《纽约时报》，揭示这一次不合常理的行为：

> "我们之所以选中托马斯·莫瑟，是因为他是博雅的高管。博雅有许多恶行，曾在瓦尔迪兹漏油事件后帮助埃克森公司消除负面的公众舆论。但我们攻击博雅不单是因为某件具体的事情，而更多是宏观的原则。博雅是最大的公关公司，这就意味着它的生意，就是开发操控人们的态度的技能。我们寄炸弹给这家公司的高管，主要是这个原因，而不是某件具体的事情。"

我们公司确实代理过木制品行业客户，但莫瑟从来没有参与其中。他也没有参与过我对埃克森公司的评估。所以为什么是莫瑟呢？如果炸弹客想要造成更大影响，为什么不选择我呢？如果目标是我的话，他肯定会造成更大的轰动。

有一个小线索 FBI 既没有承认也没有否认，那就是那个时期出版的《美国名人录》曾收录过 4 位博雅高管的传记，包括吉姆·道

---

① 伍德的英文是 wood，树林的意思。——译者注
② 弗罗斯特英文是 forest，森林的意思。——译者注

319

我的公关人生

林、拉里·斯诺登、托马斯·莫瑟和我。其中只有托马斯的部分留下了地址。我们几个人的名字没有与树木或森林相关的内容，托马斯住的阿斯彭大道也与树木无关。

后来炸弹客的兄弟戴维·卡钦斯基指认了他，他被联邦法院判处终身监禁，不得假释。

数字时代的美国邮政服务

在我接触过的所有机构中，我认为美国邮政总局是最难管理的。在历史巅峰时期，它的营收在美国企业中排名第 11 位，每天传送的包裹超过 5 亿个。在美国，它是唯一一个每周六天接触所有人群和商业的企业。

在近 1/4 个世纪里，我与 5 任邮政总局局长合作过，他们每个人都面临大量的管理难题。在国会将其重组为国有企业之前，美国邮政总局有最多的政治任命职位，通常都是由内阁成员担任局长。但在重组之后，邮政总局局长要对许多实体进行汇报，包括美国邮政服务董事会、数个国会委员会、美国邮政价格委员会、总统、财政部、美国管理与预算办公室、美国职业安全与健康管理局和人事管理局。

最近几十年里，邮政局长的任期一般都是四五年。在我服务过的 5 任局长里，约翰·波特是最有能力的。波特的体型像华盛顿红人队的防守截锋一样强壮，头脑像哈佛大学的教授一样敏锐，拥有

第十六章 / 不再担任 CEO：你去干什么？

巴顿将军的干劲，为人灵活、坚韧，而且目标明确。

我们第一次见面的时候，波特是美国邮政局的首席运营官，向当时的局长比尔·亨德森汇报工作。作为第二代邮政人，波特一开始负责文书工作，后来成为地区经理，然后晋升为负责劳资关系的副总裁。

这个联邦政府的国有企业，要服务全国 3 000 多个郡总共 3.3 亿美国人民。与波特合作期间，我得以近距离观察两党政客给这个企业 CEO 带来的挑战。

波特在 2001 年当选为局长，邮政工会的领导对此表示热烈欢迎。但数字科技带来的挑战日益加大，而且邮政总局拥有一支庞大的员工队伍，员工总数在全美排名第二，比美军的人数都多，仅次于沃尔玛，因此邮政总局有世界上最大的养老金计划。波特给邮政工会的同事们提供一个选择，即通过大规模裁员，或者通过逐年自然减员和买断工龄来减少员工数量。最后他们选择自然减员，员工数量减少了大概 25 万人。

美国邮政总局还在亏损。邮政总局会补贴报纸、杂志和非营利组织，甚至是国会的邮件。总局拥有全世界最大的车队，有 3.5 万个站点，它的长途邮政服务主要依靠商业航班。每一趟航班，航空公司都会计算乘客、机组人员、行李和货物的总重量，剩下的地方就用来装邮政总局的包裹，有时候是 100 磅，有时候是 500 磅。如果一架飞机装不下，就顺延到下一架飞机上。

在成为局长后不久，波特就飞去孟菲斯，与美国联邦快递公司的创始人弗雷德·史密斯探讨当前的局面。当联邦快递公司的飞机

321

我的公关人生

在全国偏远地区的机场着陆时，波特想要租下所有飞机白天的使用权。波特的提议是双赢的，美国邮政总局能够提升长途邮寄的能力，而联邦快递的飞机白天和晚上都能获得收益。邮政总局的业务量将会成为联邦快递最大的客户。

后来，波特又提出一个与美国联合包裹速递服务公司和联邦快递公司三方共赢的提议。美国有1/3使用邮政编码的地区地广人稀而且基础设施落后，投资者投资的快递公司在这些地方运送包裹通常都会亏损。波特提出，两家公司可以把这类不挣钱的包裹在天亮前放到距离客户最近的邮局，邮局随后会在几个小时内把它送到客户手里。这个提议让联邦快递成为美国邮政总局最大的客户，让所有参与方都实现了共赢。

在"9·11"事件发生一周后，波特也开始遭受攻击，这时他就任局长才三个月。有人从新泽西普林斯顿寄出大量含有炭疽孢子的信件，收件人包括美国参议院多数党领袖汤姆·达施勒、参议员帕特里克·莱希、纽约市三家电视台的新闻编辑室，还有纽约的两家报社。在华盛顿西北地区的美国邮政分拣中心，有工人碰到了死亡邮件，两人因吸入毒气死亡，还有一人住院治疗。此外有两名邮局工人在新泽西邮局被感染，同样被感染的还有国务院邮件收发室的工作人员。

在这种情况下，波特迅速关闭了华盛顿的邮局，对所有员工进行体检，并与联邦调查局一起确认被污染信件的源头。这些行动让美国邮政总局损失了40亿到50亿美元，其中一半是无法开展业务的损失。波特的员工努力保持邮政服务通畅，他们采取了预防措

322

施，以避免处理其他被污染的邮件。

还是在波特任期内，国会在 2006 年通过《邮政责任加强法案》，对大部分邮政服务设定价格上限，而且严格限制邮政服务的产品开发，比如禁止美国邮政总局在各个邮局大厅内安装自动饮料售货机。

如果给予公平的竞争环境，波特认为他能够让美国邮政继续运转下去。在他任期最后两年里，波特一直致力于 4 个转机目标，其中每一个都需要国会的授权。第一，减少周六邮件配送（每年节省 20 亿美元）；第二，在现有的 3 万多个邮局里关闭其中几千个邮局（又能节省 20 多亿美元）；第三，废除要求美国邮政提前为员工健康和养老收益支付现金的法律（每年节省 55 亿美元）；第四，改变法律，允许获得定价权和推出新产品与服务。（我还建议第五条，重新签订工会合约，据说美国邮政的工作人员比其他同级联邦雇员的工资高 12%，但这次合约主要与工作条例有关，而不是削减工资。）

在我看来，最根本的问题，是国会没有意识到它给美国邮政总局造成的困难。虽然国会无所作为，但美国邮政总局在波特的领导下，多年来一直被评为最有效率的政府机构，每季度的独立调查显示，消费者满意度高达 93%。

"叛逆者"标志旗在密西西比大学校园消失

我在密西西比大学 4 年的时光里，不记得人们曾经公开讨论过种族议题，只有一个例外，就是詹姆斯·西尔弗。他从范德比尔特大学获得历史博士学位后加入密西西比大学，成为历史学教授，他会和同事以及一些学生分享他对种族隔离的看法。当时，我印象深刻的是他意识到了大部分密西西比人的紧张情绪，所以保持低调。后来几年里，西尔弗在种族议题上越来越活跃。

在我读书的时候，校园里开始兴起每年一次的宗教周活动，新教、基督教和犹太教的发言人都会发言。这个活动的目的是让我们这些学生培养对宗教生活的兴趣，让我们意识到我们怎么对别人，别人也会同样回报。偶尔，当地报纸和杂志会报道当时的第一夫人埃莉诺·罗斯福恳求人们对黑人好一点，但我们没有公开讨论过这个话题，我也没见过人们特意针对黑人的恶意行为。

在密西西比大学4年的时光里，我从来没问过自己："为什么在校园里看不到黑人学生？"因为我的成长环境，我从来没想过这个问题，也不知道原因是什么。我的父母都不是南方人，他们是从英格兰移民到美国的。我们一家从来没因为肤色而歧视过任何人。在成长的过程中我从来没受到南方的种族偏见思想的影响，但我许多童年伙伴都是在这种环境下长大的。和他们一样，我没有黑人玩伴，在公立学校上学的时候也从来没见过黑人学生。另一方面，许多能雇得起黑人女仆的人几乎都将她们当作家人对待。

那时候的密西西比州跟今天一样，黑人在总人口中占有很大比例。学校雇用相当多的黑人，尤其是男学生兄弟会和女学生联谊会，它们雇用大量黑人负责打扫宿舍卫生，比如铺床单、擦地板、洗衣服等杂务。其中有两年，我住在崭新的里维尔大厅，我跟室友认识一个叫克拉伦斯的黑人小伙子，他帮我们做这些杂务。虽然我们从没有把他当成我们的一分子，但我们会付给他不错的报酬，还会把我们不要的衣服、收音机和食物送给他。他有我们这一层 6 个宿舍的钥匙，我们都很信任他。

事后想来，南方大学里的种族环境，就和"二战"刚爆发五六个月时欧洲"虚假战争"①的氛围差不多，当时炸弹已经滴答作响，但没人愿意承认自己听到了声音。

同样，校园里也没有明显的反犹情绪。在我大学的 4 年时间里，有一个犹太学生当选学生会主席，还有一个当选年鉴的编辑，这在校园里是一份很大的荣誉。为了继续我在《孟菲斯商业诉求报》的工作和密西西比大学新闻部代理主任的工作，我拒绝了校报编辑的职务。在我入学的第四年，学校录取的 1 600 名新生中，包括我在内有 55 个人是信仰犹太教的。其中一半是密西西比本地人，他们都是州内各镇商人、种植园主、医生和律师的儿女。另一半犹太人来自纽约地区，其中我们著名的橄榄球四分卫来自伊利诺伊州。

北方人来密西西比大学上学，主要是因为便宜，密西西比大学的大学教育是最划算的，学费是最低的，而且生活费只有纽约地区的一半左右。我在大学期间经历的唯一歧视，是南方犹太学生对北方犹太学生的歧视：犹太人兄弟会只接受来自南方的犹太人（虽然他们也接纳了来自伊利诺伊州的明星四分卫），而北方的犹太人则

---

① 虚假战争，"二战"刚爆发的前几个月，英法虽然因德国入侵波兰而对德宣战，但两方并没有实际上的军事冲突，呈现出诡异的平静期，因此这段时间被称为虚假战争。——译者注

我的公关人生

没有兴趣申请加入。

战后我在纽约安顿下来，有几次我回孟菲斯探望家人的时候都路过牛津市。这些年来，我以密西西比大学代表的身份参加过许多学术活动，比如美国东北部某些小学院的校长就职典礼。密西西比大学校长或者其他高层人员会去哈佛、布朗或者威廉姆斯学院出席活动，而我则会去纽约皇后学院等地方。

但也有一段时间，密西西比大学的种族歧视开始恶化。1962年9月，联邦军队派遣3万名士兵和300名联邦法院的执行官护送詹姆斯·梅雷迪恩入学，他是学校第一位黑人本科生。在我看来，密西西比大学校长是屈服于种族观念根深蒂固的州长罗斯·巴尼特的要求，巴尼特本人出现在校园里，想要阻止梅雷迪恩入学，因此违反了联邦法院的判决。这是丑陋的一幕，也是我无法忍受的事情，事件最后造成两人死亡和200人受伤，其中包括60名执行官。梅雷迪恩正式注册入学，但他此后一年在学校里都需要大量的安全保护。梅雷迪恩以大四身份入学，于1963年毕业，随后在哥伦比亚大学获得法律学位。西尔弗教授与梅雷迪恩成了朋友，经常与格雷迪恩一起在餐厅吃午饭，而且根据梅雷迪恩的事迹写了一本备受称赞的书《密西西比：封闭的社会》。后来西尔弗教授离开密西西比大学，前往美国圣母大学任教。大约15年之后，密西西比大学学术界为了纪念西尔弗为结束种族隔离所做出的努力，以他的名字命名了宿舍区的一个人工湖，西尔弗教授曾在这个宿舍区生活了近30年。

这段肮脏的插曲让我厌恶，也让我与母校中断联系近20年。1984年，38岁的杰拉尔德·特纳被任命为校长。特纳来自俄克拉

326

何马大学，之前他是那里的副校长。他就任不久就准备发起密西西比大学第一个资金筹集活动，所以联系我咨询相关问题。我们第一次见面是在纽约，我当时就发现，他将会给密西西比大学带来新的活力。他邀请我和贝蒂作为他的客人观看校园足球赛，这是 20 年后我第一次回到母校。他作为管理者和资金筹集人的能力毋庸置疑，当他在 1995 年辞职，担任达拉斯南卫理公会大学校长的时候，学校的新生入学量达到巅峰。在将乔治·布什总统图书馆带到南卫理公会校园的活动中，他起到了关键作用。

我是特纳校长的继任者罗伯特·哈亚特的忠实支持者，在我看来他是历任密西西比大学校长中最杰出的一位。他担任校长的第二年，就寻求我的帮助——"让密西西比大学成为美国杰出的公立大学之一"。具体而言，他想要劝说著名荣誉性学术团体——美国大学优等生联谊会在密西西比大学建立一个分会。他认为，一个大学如果没有优等生联谊会，就称不上是一所一流大学。这其中最大的障碍，就是密西西比大学在内战结束 130 多年后，校园里仍然残留有南部同盟标志和对其支持的态度。最为严重的就是校园足球比赛时，有人公然挥舞反叛者旗帜。有人私下告诉罗伯特·哈亚特，只要学校里还有反叛者旗帜，优等生联谊会就不能成立。

当哈亚特校长向我寻求帮助时，我意识到这是一项重大的公关挑战。我把校长的目标告诉了博雅的同事，即让全世界都知道密西西比大学是一所欢迎所有种族、民族和性别的学术机构。校长需要做出一份正式、强硬的公开声明，表明学校坚持种族平等和机会平等，还要把所有种族歧视的标志都去除掉。他的行动将会吸引全国民众的注意，甚至有可能创造历史。

我挑选博雅的同事珍娜·杰斯塔·戴维斯和基里尔·贡恰连科一起负责此事。我们对将密西西比大学重新塑造成高水平的公立大学这件事很乐观。但我怀疑校长是否能够去掉同盟军的标志，比起我上大学的时候，现在这些标志已经逐渐成为学校文化的一部分。我们三个人与哈亚特校长和他的手下见面，他们向我们介绍了他们精心创建的计划，用来让密西西比大学的教育获得更多正面认可。其中包括成立一个优等生联谊会分会，增加学术研究的资金，提高图书馆的藏书量，扩大本科生的研究领域，进行领导力开发方面的研究。去掉校园里的反叛者旗帜只是众多举措中的一项。

他们还提出增加少数族裔师生的比例，承认非裔美国人的学生活动，提高他们的毕业率。这样密西西比大学至少能与其他南方州立大学处于同一水平。好几个黑人学生已经在校园里成为知名人物，其中两位黑人女学生在学生会选举中成为选美皇后和密西西比小姐。一位男性黑人学生获得罗德奖学金，还有一人成为学生会主席。

我们与学生会管理层、日报编辑、行政老师还有校友团体都进行了对话，他们的共识是："我们应该在学校里禁止反叛者旗帜，但我不会带头出面禁止。"许多人都说如果事情朝这个方向发展的话，他们会出一份力。

与学校橄榄球队教练汤姆·图伯威尔进行私人对话的时候，我问他："反叛者旗帜对橄榄球活动有什么影响吗？"

他应声回答："这面旗正在杀死我们，篮球活动比我们还糟糕。"

在密西西比州，许多有前途的大学橄榄球队员都是黑人。当招聘教练第一次拜访球员家庭的时候，球员全家都会对密西西比大学感到激动。但当几个月后密西西比大学的老师回访时，这份激动已经烟消云散。因为在这期间其他东南部学校的招聘老师已经来了，他们拿着密西西比大学最近比赛的视频，通常都是特意剪辑过的，让球员全家只能看到反叛者旗帜和此起彼伏的"南方佬"呼喊声。

"你想让儿子去这种环境的大学吗？"他们会问。

"当然不。"父母们回答。

"这就是为什么这么多密西西比州的黑人橄榄球运动员会出现在亚拉巴马州、田纳西州、佐治亚州，还有其他美国东南部联盟的球队里，而密西西比大学只能完成预定招生目标的10%。"图伯威尔教练说。

我完全理解他说的话，开口说："教练，你是唯一一个能够去掉那些旗帜的人。"

"天哪，"他说，"我的那些南方佬校友支持者会把我的脑袋拧下来。"

"教练，"我劝他，"你有没有想过，这样做你的那些南方佬支持者就能获得一只能够取胜的橄榄球队，而不是对一场上百年前输掉的战争的回忆。"

虽然图伯威尔教练没有完全同意肩负起这项事业，但我相信这就是将绝望转变为希望的关键。我愉快地结束了这次会面。我从心里认为教练是一个正直的人，他会做对的事情，尤其是如果1997年是对他的"反叛者"球队有利的赛季的话。在返回纽约之前，我告诉校长我们将帮助他实现目标。当我告诉他作为校长他永远无法去掉那些旗帜，只有图伯威尔教练能做到这一点时，他很惊讶。为了一个胜利的赛季，我相信他能按照我们的想法行动。

1997年3月5日，哈亚特校长正式宣布他已经雇用"由校友夏博新在1940年创建的"博雅公司，来负责一个让学校获得它应得的公众认可的公关项目。他宣布的消息在学校和校友内都引发大量争议。有些人将此举解读为，校长雇用了一个强大的纽约公关公司来摧毁密西西比大学的南方文化传统，这些传统自建校以来就存在于密西西比大学校园内。有些人认为这就是为了改变"反叛者"这个绰号，甚至是改变密西西比大学"奥莱小姐"这个绰号。最恶劣的是校长及其家人好几个月都受到威胁。

我们的目标是让反叛者旗帜的支持者认识到，校园内的反叛者旗帜对密西西比大学产生了很大的负面影响，而且我们要劝说图伯威尔教练，由他来说这些话。反叛者旗帜只是提升密西西比大学名声计划的一部分。我们开始调查方圆300英里内的学生父母和大学入学指导顾问，这个调查覆盖7个州，其中150个高中毕业生的父母为孩子申请了密西西比大学，却没有入学，还有同等数量的家长本可以为孩子申请密西西比大学，却没有这样做，此外调查人群还包括升学顾问和高中的体育教练。我们让他们将密西西比大学与北卡罗来纳州立大学、亚拉巴马州立大学、田纳西州立大学还有堪萨斯州立大学这四所州立大学做一个排名，告诉我们他们对这些大学的排名，为什么这样排名，还有密西西比大学大学可以做什么让他们更加认同。

我们分析调查结果后发现，那些将密西西比大学排在一二位的父母对密西西比大学的了解比那些排名低的父母更深。认为密

第十六章 / 不再担任 CEO：你去干什么？

西西比大学好的父母排名前三的理由是校园美丽、地理位置靠近（73%）、有过接触而且熟悉（54%），还有学术质量（54%）。对于"最能让你联想到密西西比大学的是什么"这个问题，有56个人（包括18个橄榄球教练）提到"反叛者"标志。在开放问题中，有100名受访者提到橄榄球比赛中的反叛者旗帜。非运动员父母和高中的升学顾问都对旗帜有负面看法，对学生选择大学有很大的影响。

媒体上有许多关于哈亚特校长对密西西比大学愿景的正面报道，这引发许多支持清除旗帜的人们的热情。密西西比大学的人开始认识到，校长的目标不只是清除冒犯性的标志，而是让密西西比大学成为一所更好的大学，为下一代密西西比人提供更高质量的教育。

我们一步步达成目标：密西西比大学体育项目的支持者更想要一支能赢球的队伍，而不是象征着过去战争的残余。图伯威尔教练正在帮我们实现这个目标，在后期的橄榄球比赛中，只要他的球队取得一场像样的胜利，他就准备告诉公众他私下里跟我说的话："球队主场周开始的时候，只要还有反叛者旗帜飘扬，球员就无法获得一场酣畅淋漓的胜利。"他在一场匆忙召开的新闻发布会上发表了声明。在主场比赛那天，75%的反叛者旗帜消失了，学生会派人在球场巡视，并劝说那些反叛者旗帜的忠实支持者不要举旗，中间没有发生肢体冲突。在下一场主场比赛时，只有零零散散的反叛者旗帜出现。密西西比大学进入了一个新时代。

对公关从业人员来说，最后的结果十分不错。这就像选举的时候面临非此即彼的选择，一方是执意保护内战旗帜的保守主义者，让过去的事情一直困扰着现在的人；另一方是致力于提高学校地位

331

我的公关人生

你可能已经料到，我十分自豪自己在博雅成立后的前35年中，创建和管理博雅的经历，博雅在那些年里实现了前所未有的增长和繁荣。我们成功地利用了"二战"后消费者爆发性增长的服务需求。高薪的工作让数百万美国人进入中产阶层，让拥有两个车位的车库成为普通住宅的标配。

我最自豪的，是我在全球60多个国家创造近3 000个新工作岗位。没有什么比给其他人自力更生的机会更能体现人生的价值了，自立是自尊的基石。

我必须承认，在这个过程中我得到六大洲许多人的帮助。我的角色是：第一，为全球化的业务规划愿景；第二，培养出吸引最优秀人才的企业文化和工作环境；第三，管理一项以客户需求为第一位的服务业。

没有早期在美国、欧洲和亚洲等地区加入我们的150多位为博雅奉献20~50年岁月的同事，就没有你今天看到的博雅。

认同的目的

这些年来我受到的公众认可非常多，不管是地区、国家还是国际上，我几乎囊括了所有与公关有关的奖项。在我看来，这些奖项之所以重要，是因为它们能够激励年轻人努力奋斗，并相信有效的公关咨询和执行的威力。这也就是我为什么仍然继续接受各种奖项。

对我尤其特别的，是以我的名字命名的公关教授职位。为了纪念我75岁生日，博雅公关、我的客户还有当时的母公司扬罗必凯联合为我筹集了100万美元，在波士顿大学传播学院捐资设立了夏博新公关教授职位。当知道这件事情的时候，我大吃一惊。如果我知道他们会去向客户要钱的话，我一定不会同意这么做。这笔捐助的总额已经超过了300万美元，我的老朋友唐纳德·赖特博士目前担任这一职务。在我看来，他是当今最杰出的公关学术大师。

在我获得的众多奖项里，最有价值的是那些由同行颁发的奖项，比如美国公关协会在1980年授予我金砧奖，波士顿大学在1988年授予我人文主义荣誉文学博士学位，亚瑟·佩奇协会名人堂在1991年授予我行业终身贡献奖，美国公关学会于1999年授予我亚历山大·汉密尔顿奖章（终身成就奖），国际传播咨询协会在2003年将我加入名人堂。伦敦公关中心2006年授予我艾伦·坎贝尔·约翰逊奖，以表彰我在国际公关方面的成就，还有美国公共关系协会的慈善基金会于2012年授予我帕拉丁奖。

我的公关人生

许多大学的传播学院也授予我各种荣誉，先是密苏里大学新闻学院于1975年授予我公关奖，尤迪卡学院（现在属于雪城大学）在1983年开设夏博新杰出课程，上海复旦大学新闻学院在1999年授予我荣誉教授称号，利兹城市大学在2001年聘请我为客座教授，中国人民大学在2003年也聘我为客座教授，米兰马兰戈尼学院现代语言系在2006年授予我终身职业奖。

1999年10月18日这一天既让我大吃一惊又十分难忘。这一天行业杂志《公关周刊》宣布其调查结果，将我称为"20世纪最有影响力的公关人物"。《公关周刊》写道：

> 博雅今天已经成为世界上最大的公关公司，不管从哪方面来说，董事长夏博新都居功至伟。他在整合营销这个概念出现的几十年前就开始使用这种方法，他以平等的地位将公关带入扬罗必凯（再也没有人实现这一点）。他开发的培训项目成为行业标杆，其他公司最近才赶上来。他个人赞助和支持各类项目、行业团体、大学和慈善组织，来改善这个行业。他培养的人才已经掀起一股前博雅员工的公关创业热潮。他创造的独特的博雅公司现在仍然能够凝聚前员工。最后，他个人的咨询服务给许多《财富》100强企业和全球大公司董事会高管带来了启发。

虽然这个描述基本上就是我职业生涯的写照，但"20世纪最有

340

影响力"这种字眼还是让我敬畏。我认为自己独特的贡献就是将公关看成一项全球的事业，能让跨国企业在全球发出同一种声音。博雅成功地将公关从一个边缘行业，提升为一个受人尊敬且必不可少的专业服务行业。

做生意的方式在改变

过去70年里，商业环境发生了怎样的改变？以前，公关在个人和财务领域更多都是看质量而不是数量。美国证券交易委员会甚至希望最有名望的上市公司也要每个季度披露营收。两个季度之间的衡量标准就是同比增长，但许多周期性的公司，是以三年为一个循环周期。专业从业人员更加重视机构记忆、客户关系还有管理层过渡的连续性。今天的董事会希望新CEO有自己的章程，实质上就是抛弃前任制订的规章制度。

员工的想法也和以前不一样了。博雅一开始成立时，求职者希望雇主能提供终身职位，雇主也乐意这样做。而近些年来，进入职场的人则没有这种想法，他们认为这份工作就是下份工作的垫脚石，离职变得很频繁。即使是在管理最完善的公司，其激励机制也会刺激最有能力的员工离开：为了获得大幅加薪，他们必须从一家公司跳到另一家公司。

宏观局势

上面说的话题又让我想起现在的宏观局势，也就是美国如何治理的问题。虽然我对美国未来的长期发展比较乐观，但我十分担忧现在和未来几代美国人的生活水平可能会下降。从现实来说，我们的政治已经变得非常多极化，导致美国变得几乎难以治理。人们选出来的代表也无法真正代表选民的意愿。

现在选举存在的根本问题是不断增长的成本，每一次选举结束就要重新开始下一轮。一个中等州的参议员，如果想在6年后再次当选，那么他在职期间就必须每周筹集5万美元以上的竞选资金。本来应该用来处理立法问题的时间，他们却在等候会见捐资人。

而且不久之前，企业被禁止向竞选联邦公职的候选人直接捐款，个人捐款的数额也有限制。但2010年美国最高法院对公民联合会诉联邦选举委员会案的裁决改变了这一点。现在企业可以向候选人捐献任意数额的资金，而且在许多情况下都没有公开他们的身份。在这种情况下，主要的受益人都是那些监管某个行业的国会委员会成员，尤其是那些负责监管某个具体领域的委员会成员。所以国会代表该向谁负责呢，是代表那些提供竞选资金以确保他们连任的人，还是代表那些支持他们并为他们投票的人呢？

作为一个长期为"大公司"利益代言的人，我不是对游戏规则愤世嫉俗。相反，我相信我们的立法者有责任开发（或者回归到）一个制度，让立法过程不被腐蚀。国会应该采取措施保护我们的民主遗产。当这个制度无法让一个代表绝大多数选民利益的总统候选人当选时，我们为什么要继续支持这样的制度呢？我们的国父会预见到出现这种情况吗——参议院里只占20%的人却控制了40%的投票权？或者容忍选区被重新划分，让州立法者通过不公平划分选区偏袒执政党？在给予国会两院各自制定标准的权力时，他们是否考虑过60位参议员（总数为100）需要就程序问题进行投票吗？或者一个参议员就能让参议院的事务陷入僵局？或者美国最小的两个州艾奥瓦和新罕布什尔州，虽然他们在全体美国人面前没有代表性，却能否决最有资质的人获得所在政党的提名？

作为资本主义，也就是市场经济的长期信徒，我听到许多商界的人嘲讽美国是穷人的"福利国家"，即使是他们在游说政府在农业、矿业和其他行业进行补贴和税收减免。这时我会问自己，工商业是否应该成为这个制度的最大受益人？

公关的未来

在过去1/4个世纪里，公关环境发生了巨大变化，和商业大环境的变化差不多。在工业发达的经济体中，公关已经是被广泛认可的商业类别，在大多数管理良好的大公司里，首席传播官都是直接向CEO汇报工作。我们公关人不用再恳求别人的倾听，相反现在人们会主动寻求我们的意见，而且不仅局限于发生紧急情况或危机的情况下，更是当作日常运营的参考。

343

这 70 年来我对公关的定义也在进化，现在的观点更加综合：

> 公关是一门应用社会科学，让机构或个人的行为能够
> 与社会的期待或利益和谐一致。当我们有效沟通，改变、
> 创造或者强化对方的意见或态度时，就会激励目标人群采
> 取一系列行动。

在传播学院，现在公关专业的学生人数已经超过了广告和新闻专业的学生，其中 80% 都是女性。新时代的数字科技作为一种传播方式加速了这一增长。科技不能代替公关，它也不能代替广告，它只是另外一种传播信息的方式。由于其速度快、价格低而且能够全球覆盖的优势，数字科技成为一种用途广泛而且高效的信息传播渠道，比电视、广播、报纸或杂志更加有用。就像我们可以用传统的媒体做正面或负面的事情，我们可以正当或错误地使用数字科技。

就像 20 世纪五六十年代的公关从业者必须适应电视机和有线电视网络一样，今天的公关人也必须适应数字时代，广告公司和数以千计的小型专业公司也是如此，他们可能只有一些年轻的人才。激增的数字媒体、爆发式增长的信息量（其中信息有真假，会产生正面或负面的影响）已经在供应商和客户、政客和选民，各类沟通者和他们的目标人群之间产生一种令人兴奋的新活力。

这种新型媒介产生的一大问题就是，一方面，与其他传播源相比，它可以作为真实内容的信息源；另一方面，它又可以同样轻易

后记：家庭的角色

在写这本书时，我觉得我忽视了自己的家庭：我的妻子贝蒂，我的两个儿子和儿媳，分别是斯科特和温迪，马克和埃伦，还有我的5个孙辈，其中艾莉森和埃丝特是斯科特的孩子，温、霍利和凯利是马克的孩子。当我回想自博雅成立以来的这60多年岁月时，我意识到在50多年的时间里，我有一半时间没有陪伴我的家人。虽然我尽量每个周末都待在家里，出席孩子学校的重要活动，但我一年大概有45周的时间都在出差。我到欧洲出差的次数大概有100次，通常每次都在10~14天左右；我到亚洲出差的时候，通常最少会待两个星期。我之所以这样做，不仅是为了培养与客户和媒体的关系，更重要的是培养与当地员工的关系。

由于我经常出差，只能让贝蒂承担起照顾家庭、抚养两个儿子、照顾我的西高地白㹴犬的责任。贝蒂从没有因此而抱怨，她明白事业对我的重要性。时机不对让情况更严重。20世纪六七十年代，当我们在欧洲和亚洲扩张的时候，我几乎一直都在出差。那个年代社会动荡，越南战争、毒品，还有性别和种族平等的紧张冲突让青少年的父母操碎了心。

在我不在时，贝蒂成功地管理好了一切。她自己在斯卡斯代尔女性俱乐部里也很活跃，是这个俱乐部董事会的成员。贝蒂还加入了两个保龄球联盟，保龄球也玩得很好，能拿到 150 分。多亏了贝蒂的悉心教育，我们两个儿子的学业也很优秀，斯科特考上了康涅狄格州米德尔顿的卫斯理大学，随后又考入芝加哥大学的法学院。马克从南加州大学获得了新闻学本科和硕士学位。我的两个儿子都娶了自己的大学同学，他们的婚姻在 30 年之后还十分稳固。

如果我知道我跟贝蒂会怎样走到最后，我的生活会有什么不同吗？贝蒂会希望我改变吗？不，如果我改变了，我就不是现在的我了，也就是说我就不是自己渴望成为的夏博新了，也就不是贝蒂爱上的那个夏博新了。所以贝蒂完成了她的诺言——在婚姻生活里让我自由飞翔。我们的婚姻还差一个月就要到第 63 年了，每个晚上睡觉前我们都会聊天。

带着敬畏之心回顾自己的生活，我才意识到自己是多么幸运。除了人生的前 15 年比较贫困之外，我不管在身体、精神还是财富上都没有吃多大苦。"二战"时期我从欧洲战场上活着回来了，付房租或者给员工付工资的时候也从来没缺过钱。我的父亲活到了 63 岁，我的母亲去世时还差一个月就 90 岁了，我的两个妹妹分别活到了 68 岁和 80 岁。

贝蒂·福斯特·博新（1925—2010）

发现贝蒂的病情是从一个拥挤的停车场里的一场小剐蹭开始

后记：家庭的角色

的，我们给对方赔了钱，然后就把这件事抛到了脑后。但事情其实并没有过去，几天之后贝蒂又发生了车祸。第二起车祸跟第一起一样，车身右边蹭到了停在旁边的一辆车的左侧。我让她打电话给眼科医生，医生说让她第二天，也就是3月17日早上去看看。我以为她只是周边视觉出现问题，配副新眼镜就能解决。

但检查结果确认她右眼的大部分周边视觉已经消失，这已经不是眼部的问题了。眼科医生敦促我们马上去看神经科医生。我们预约好第二天去看神经科。我在华盛顿还有一个董事会会议，但我提出陪她一起去看病。她却让我去开会，由我们的老管家开车带她去看病。

会议中午休息的时候，我们的医生（也是好朋友）打电话给我说，核磁共振显示贝蒂脑部有一个不能动手术的脑瘤。我立马离开会场返回纽约，在医生的办公室见到贝蒂，一起计划我们心里知道会是她剩余时光的日子，计划我们剩余的日子该怎么过。

大约一周之前，我们才在曼哈顿的格莱美西酒店庆祝了她85岁生日，当时在场的只有几位好朋友，我们唯一的孙子温，他是帕森斯设计学院的学生，还有我们住在加利福尼亚的小儿子马克。我们当时都说她一定能够活到90岁。她当时很开心，许了生日愿望，想让天气暖和一点，这样就能减轻哮喘的症状。贝蒂的经历就是一个明证，即使超过命定的70岁已经15年，但生活仍然是一场欢乐的冒险。

在贝蒂的病情确诊之后，我们全家都聚到一起，贝蒂还安慰我："我已经85岁了，我的两个儿子也58岁和55岁了，我还有5个可爱的孙辈，我们结婚也有62年半了，我已经去过许多地方、

353

做过许多事情、见过许多有趣的人了。85 岁是很长的一生了。"

关于贝蒂的治疗方案，我、贝蒂还有我们的三位医生一起做了两个决定。第一就是我们不会采取徒劳的措施来延长她的生命。3月 25 日的活组织切片检查已经证实了最初的诊断结果。我们不会采取化疗和放疗等治疗手段，短暂的住院使她的身体变得很虚弱。但 3 月 30 日回到家后，她感觉好多了。医生判断她还有 3 到 5 个月的时间。

我的目标跟医生一样，就是让她剩余的日子能够尽可能过得舒服一些。看护人员昼夜不停地照顾她，我们在曼哈顿的三个医生总共上门出诊 15 次。她很幸运，在人生最后 6 个月里没有遭受痛苦。第一个月她还能移动，对我们全家来说，那个月都很美好，因为我们都在一起。住在东海岸和西海岸的两个儿子每周会轮流来斯卡斯代尔探望我们，我们一起回忆过往，表达我们对彼此的感情，观看我们 60 年来攒下的照片。贝蒂和我一起讨论我们的过去还有将来，主要是我以后的日子。她从来没有表现出愤怒、自怜或对死亡的恐惧。她对自己一辈子的生活感到满意，已经准备好接受命运的安排。她曾经说过，她可以在狗临死的时候帮它减轻痛苦，却无法减轻自己死亡的痛苦，这是多么讽刺。

现在回想起来，我将贝蒂最后的日子用衰退的平稳期来描述。一开始她右眼完全失去视力，然后是左眼部分视力开始下降。两个月之后她右边的胳膊和腿都无法活动，右侧身体完全瘫痪。第三个月，她一夜醒来丧失了说话的能力。她能听明白我们对她说的话，但只能咿咿呀呀地回应我们。虽然无法用语言沟通，但我们用一些基本的动作来进行交流，比如眨眼、点头和摇头。我开始理解一个人的眼睛能够传达出其内在的感情。从某种意义上来说，那是我人生最糟糕的一段日子；从另一种意义上来说，也是我人生中最美好的一段日子。我无法描述出我们的亲密，但我们都能感觉到它。我们不用说话就能感觉到彼此。最后一段日子里，她开始经常一睡就是几个小时，就好像她正在为以后的长眠做准备。最终时刻几乎正好是她确诊之后的第 6 个月。在去世之前 24 小时，她突发癫痫，接下来还有好几次痛苦的折磨。后来她陷入昏迷，然后再也没有恢复意识。9 月 16 日下午 5 点，贝蒂咽下最后一口气。我、我们的儿子马克和斯科特、我们的管家纳迪亚、一位护理还有医生陪伴了她最后一程。

贝蒂曾问我有没有为她准备什么追悼活动。在我回答之前她就说："我更喜欢欢乐而不是泪水，请不要流泪。"我倾向于通过家庭成员和好友的话语来展示我们多彩的生活，以此纪念我们近 63 年的婚姻。她说："就以香槟祝酒结束吧。"

直到贝蒂确诊脑癌之前，我都没有意识到，贝蒂对我的事业和博雅的成功有多么大的帮助。我思念她。当我自己觉得难过的时候，我就会想起她的机智和幽默。在她失去说话能力的前几天，我坐在床边摸着她的胳膊。

"你是温暖的。"我说。

"是啊，我还没死呢！"她回应道。

这些话会一直陪伴我到最后，到我人生的尽头。

我对西高地白㹴的迷恋

了解我的人都知道我对一种叫西高地白㹴的犬种的热爱。我对白㹴的兴趣是从 1970 年开始的。我曾经养过一只叫谢丽的法国小型狮子犬 12 年，后来我想养一只真正的狗，那种不用觉得餐桌上也要有它一席之地的小狗。我们的大儿子斯科特当时刚从高中毕业，他承担起寻找能满足我具体要求的狗，这种狗体型要小但要强壮，不能掉毛，没有异味，温顺而且脾气好。而且不能像谢丽，要乐意接受自己是一条狗的命运。斯科特经过一番搜寻之后的建议是"养一只西高地白㹴吧"，当时我对这种狗几乎一无所知。

报纸上的一则广告让我来到康涅狄格州一个白㹴养殖户家里。她训练白㹴用于展览，由于家庭悲剧现在想要为这只狗找一个新家。这只狗的名字叫桑尼，我第一眼就喜欢上它并买了下来。虽然桑尼还是只幼犬，它却向我们展示出了白㹴的不凡之处。它觉得自己虽然体型小却是一只大狗。作为它的主人，我们从来没有把它当作理所当然。它与我们所有人都保持活跃关系，比如它会拖着骨头走，扔球再捡回来，或者躺在地上等着人摸它的肚子。它有一种尊严感，我必须赢得它的尊重。它有自己的想法，还有一双善于表达情感的眼睛：我能从它的眼睛里读到赞同或反对。跟狮子狗不一样，桑尼养起来没有那么麻烦，我一周给它刷几次毛，给它喷苏打粉，用铁梳子梳它两边的毛发，但经常给它洗澡比较麻烦。

当桑尼 11 岁的时候，它开始流鼻血。当地的宠物医生建议我们带它去纽约的动物治疗中心。诊断的结果是桑尼得了不能动手术的鼻癌，我和贝蒂同意兽医安乐死的建议。我让贝蒂负责，因为我没有勇气面对桑尼死亡的场景。

我们很快就有了第二只白㹴，我给它起名安格斯。它有美国育犬协会的认证，但没有名贵血脉。安格斯的性格跟桑尼不同，它一点也不冷漠，总是想要被关爱。它与我们的邻居以及斯卡斯代尔街上遛狗的人都很友好。在它13岁的时候，我注意到它每天要喝很多水。几天之后我们带它去看兽医。诊断的结果是严重的糖尿病，非常难治疗。兽医又一次建议我们对狗进行安乐死。这是贝蒂第二次看见我哭，第一次是1953年我父亲去世的时候。

在安格斯去世之后，我发现自己对狗倾注了太多感情，所以我想尽可能获得品种优秀一些的狗。买第一只白㹴的时候我们就参观过在麦迪逊花园广场举行的威斯敏斯特养狗俱乐部展览，认识了一个白㹴评分师。他给我介绍5个顶级养狗人，每个人都说要等一年才能有幼犬出生。我再次给评分师朋友打电话，他问我要不要考虑一只16个月大的小狗。我现在对养狗人和狗已经有了足够了解，所以问他："这只狗怎么了？"他说养狗人会向我解释，还说狗妈妈可能是"威斯敏斯特展览中展出过的最好的白㹴母犬"。

我打电话给位于马萨诸塞州的养狗人，她坚持要先知道我们的生活方式、我的家庭成员，还有我养狗的历史。我们必须满足她的标准才行，她说她的狗无法参加展览，所以即使它是她养过的最优秀的白㹴犬，她也不想养了。我再次问她："所以这只狗到底有什么毛病？"

她说："它只有一个睾丸，所以被取消了参加展览的资格。"

357

我的公关人生

的进步主义者，为更多人提供教育机会来应对当今世界的挑战。在内战旗帜和胜利的球队二者之间进行选择，人们对此的取舍非常明确，令人激动。密西西比大学学术圈的人更想要一个伟大的公立大学，而不是一个过去的残余。

是的，最后密西西比大学成功地开设了优等生联谊会分会，相关调查显示，学校距成为一所一流的公立大学越来越近。到1997年，学校的入学人数已经达到2万人，其中州外学生人数增加的比州内多。在"性价比最高的大学"排行中，密西西比大学排名前列。这种改变是罗伯特·哈亚特带来的，他是一个正直且可以信赖的人。从进入密西西比大学读书到成为校长，他一直都在为这所学校奉献。现在他已经退休，但仍然为这所被大学景观管理人员协会称为"美国最美丽大学校园"的学校发挥余热。现在密西西比大学已经能在全国竞争最激烈的大学橄榄球联赛中获得胜利。

美国革命博物馆

2000年以后的大部分时间里，我都在担任美国革命博物馆的董事会成员。我与许多美国人聊过这个话题，没有人注意到我们缺少一个纪念美国革命的博物馆，而这是我们国家历史上影响最深远的事件，也是对全世界的民主发展影响最大的事件之一。我们的目标是在费城的独立广场上建立并运营一座博物馆，能够配得上这个具有历史开创意义的重大事件。

第十六章 / 不再担任 CEO：你去干什么？

我对美国历史的兴趣始于高中。我十分庆幸成为一个美国人，也同意富兰克林·罗斯福所说的，我们美国人"有与命运交汇的机会"。我一直都相信《独立宣言》的 56 位签署者和宪法的 55 位制定者（还有 39 位签署者）都是品格高尚的人，他们一生的目标就是创造一个新的政府，让生存、自由和追求幸福成为现实。我还相信美国过去在世界事务上发挥了独特的作用，以后也会继续如此。

成立这样一个机构的想法源自可敬的爱德华·伦德尔，他在世纪之交的时候担任费城市长。这么多年来，福吉谷历史协会一直想建立一个美国革命博物馆。博物馆一开始的地点选在福吉谷国家历史公园里，这个公园本身就是一处历史遗迹。在经过一系列选址问题以及设施安装问题的讨论之后，时任宾夕法尼亚州州长的伦德尔先生让美国革命中心从国家历史公园管理处手中买下独立广场内一处未充分利用的建筑。新博物馆将由著名建筑师罗伯特·斯特恩设计。这个项目在 2005 年 H. F. 蓝菲斯特先生成为董事会主席的时候焕发生机，他是费城的著名企业家和慈善家。伦德尔结束州长任期后加入董事会，我在 2009 年进入董事会，但之前几年也参与其中。

博物馆在 2017 年 4 月 19 日正式对外开放，展示美国革命时期的物品，其中还包括乔治·华盛顿将军的行军帐篷。博物馆更伟大的使命，是教育年轻人自美国建国以来就存在的民主价值观，这个国家的宪法是历史上使用时间最长的宪法，为其他许多民主国家立宪提供了参考。学校外展项目主要用来强化美国学生的历史知识。

调查显示，美国高中生和大学生对美国革命时期的事情知之甚少。在很多时候，学生们对美国建国的这段历史只知道乔治·华盛顿而已。

333

仍然去办公室

在世纪之交的时候，我已经 80 岁了（虽然我觉得自己像 60 岁一样），朋友和已经退休的同事开始问我："你还会工作吗？"我通常的回答都是（现在仍然是）："是的，我还会去办公室。"坦白说，办公室对我来说好像从来不是工作。我从来没有把生意当作工作，上班或者出差在我看来是理所当然的，就好像晚上睡觉白天醒来一样自然，每个工作日的早上和一年中几乎每个星期都是如此。

这些天我在干什么？呃，我几乎什么都做。过去三年里，我一直都在创作这本书，一开始写的时候杂乱无章，后面就变得有条理了。我还会出席自己称之为纪念性或行业机构的活动。我总会与来我们办公室的客户见面，他们好像也很高兴看见我。就算到九十五六岁的时候，我还会拜访我们国内和国外的分公司。每一年都会有五六个国家的经理邀请我出席活动，通常都是分公司的周年纪念活动。我的出席好像能吸引更多客户和媒体代表。

我还是公司的资料记忆库。几乎每周都会有人问我类似问题："我们服务过几个自行车制造商""我们曾经试图说服社区居民接受一个新机场吗""你手里有 CEO 被辞退的新闻稿的案例吗"等等。

虽然我是公司管理层的一分子，但我更多的是一个倾听者而不是提供管理智慧的指挥者。我的时代已经过去了，我也不会喜欢一个怪老头告诉我他半个世纪之前是怎么做的。我喜欢客户或者员工询问我对公关问题的意见。当我从小道消息那里听到一个同事说"夏博新一点也不糊涂"的时候，我感到莫大的快乐。

第十六章 / 不再担任 CEO：你去干什么？

要点

▶ 在过去 1/4 个世纪里，一些即将退休的 CEO 都会询问我退休后的安排："我怎么才能在公司再活跃几年？"我通常会问他们三个问题：第一，你确定你还在公司会让新 CEO 感到舒服吗？第二，当新管理层犯错的时候，你能管住自己的嘴巴，置身事外吗？第三，你能保证不向任何人吐槽新 CEO 吗，哪怕这个人是你最亲密的朋友？

▶ 确定一个能让你与行业保持联系的领域，最好是你还没有发挥作用的地方。早先，我会与辞职的员工进行离职面谈。我将自己从人力资源部和其他高管那里学到的东西告诉他们。我还会了解有前途的新员工，邀请他们一起吃午饭。

▶ 让整个公司的人都知道，你会接受邀请出席那些纪念性或行业机构的活动，包括周年庆祝、新公司开业、客户晚宴、新员工欢迎会及其他行业活动。

335

第十七章

领导一个全球化的公司

地传播错误或者破坏性的信息。不像传统媒体，数字媒体的内容缺乏编辑的过滤，也没有人对瞬间就能传遍全球的信息进行监管。由于有数以千计的假记者和评论员，快速回应破坏性攻击就变成当务之急。企业和其他机构正在对人员、程序等基础建设进行投资，从而及时、有效地做出回应，快速减少问题造成的破坏。

由于公关专业人士的命运取决于客户的支持，我毫不怀疑在未来，公关业务会继续增长。在企业层面，公众对大企业的支持率正处于历史新低，尤其是对大型银行、其他金融服务提供商，以及最近的制药行业。记者们正用移动设备日夜不停地在网上发布耸人听闻的故事，新问题也一天 24 小时层出不穷。标准模板的信件无法再承载人们的抱怨，今天不满的消费者正在寻求对话方式，这也就是公关人员发挥作用的地方。

今天，即使是单独一个行动或者偏远地区发生的事情也能一夜之间对大公司的声誉产生严重影响。CEO 们也知道这一点，许多企业都已经将公关职能纳入了核心管理层。通常公司里负责公关事务的人都是工资很高的高管，同时还是公司管理委员会的成员，每天都与 CEO 保持密切接触。

然而，公关公司也面临诸多挑战。公关行业内部正在兴起竞争，大型法律事务所和全球审计公司都开始提供公关服务。人力资源顾问开始竞争员工内部沟通项目，管理咨询公司也开始涉足以前全都是公关公司经营的地盘。

如果你认同我之前所说的首席传播官应该向 CEO 汇报工作，那么接下来的问题就是公关大师要有什么样的资历才能获得 CEO

的认可？我的观察是，CEO 寻找的是我们称之为"十项全能的男人（或女人！）"。CEO 想要的公关大师应该是一个流动的知识信息源，这种人才总是供不应求。事实上，对这种人的需求不断增长，但这种人却越来越少。我知道，你们可能认为我是为过去辩护，但半个世纪之前这种人比今天更多。

造成这种现象主要有几个原因，第一就是现在各公司对专业化的重视（我们公司也是如此）。刚入门的员工不能像过去的员工一样获得各种不同的岗位经验。第二个原因是行业发展和公关教育没有同步，这两者之间没有足够的沟通，导致大学教的公关课程无法满足雇主的实际需求（在大多数情况下，雇主都缺少让新人步入正轨的培训和导师资源）。

另一个与教育有关的因素，就是传播学院在招生的时候，有没有足够严格的挑选程序。

还有一个让人担忧的问题，就是公司付给公关新人的工资是不是能吸引到最优秀、最聪明的人才。对这样一个充满活力、需求旺盛的管理行业来说，这是一个值得严肃思考的严峻问题，而过去这些年来这个问题一直都没有得到足够的重视。

公关行业还面临缺少优秀写手的问题。尤其是社交媒体兴起后，为了减轻人们打字的负担，简化语言出现了，导致这个问题更加严重。这会造成年轻人减少阅读图书、报纸和杂志材料的时间，降低了他们进行深度思考的能力。

虽然公关行业面临上述问题，但我还是看好公关行业。可以说公关行业已经证明自己的价值。未知的问题是，今天在公关行业里的这些专业人才将来能不能掌握这个行业。

我对有抱负的 CEO 的建议

说实话，我从来不是一个整天空想人生意义的人，我认为人生的意义就是每天身体力行地做好事，从情感、身体和经济上都是如此。我是带着人生只有一次的想法在生活，从来没有指望人生能够重来一次。我的父母给我树立了基本的人生行为准则，我们家称其为"黄金法则"，即我们想让别人怎样对待我们，我们就应该以同样的方式对待别人。由于早年生活贫困，所以我总是同情那些陷于贫穷、疾病和暴政的人。我相信每个人——不仅是美国公民——都有不可剥夺的生存权、自由权和追求幸福的权利，这一切的基石就是一套稳定的支持系统，还有与时代相适应的教育体系。只有通过适当的教育，一个人才能够在人生起决定性作用的时刻抓住这个机会。

活得足够长的话，你就会发现人生就像是个骗子。智慧会随着岁月沉淀而产生，当你获得足够智慧去做真正正确的事时，剩下的时间却不多了。此外，你无法重回过去，让以前做的那些愚蠢的决定消失。生活好像颠倒了。大多数发展成熟的社会都期望你，甚至是要求你在事业最巅峰的时候退休。而此时的你对业务或者行业都了解最深，认识很多重要人物，人们会给你回电话，你与他们的关系也更加稳固和深厚。有句话说得很有道理，"65 岁

我的公关人生

是新生的 45 岁"。

人到了高龄（比如 90 岁），你就会发现，再次焕发的精力已经开始悄悄减退。新一代——好像都是孩子——已经代替了你认识的那些大人物。如果你还依靠"罗乐德斯"[①]（如果你知道这是什么东西的话），你就会发现它不像过去那样装满名片了。或者如果它仍然装满名片的话，那只是你没有在看完某人的讣告之后，把他的名片拿出来，或者把他的电子邮箱从地址列表里删除。虽然你努力锻炼，每天健康饮食，小心翼翼地捏起葡萄，每年都做身体检查，但总有一天你会走得没以前快了，没办法一下子从沙发上起来，下楼的时候也会更加小心。

现在我已经快 100 岁了，我认为人生最重要的就是身体健康，当然也有人身体不健康或者有缺陷，却取得很高成就。我衷心为这样的人欢呼，因为他们承受了很大的压力。我自己就很幸福，从来没患过大病。我觉得这一部分是因为遗传，一部分是因为我健康的生活方式。当有人问我长寿的秘诀时，我会回答："秘诀就是我每天吃的药和一支很好的医护团队。"

我在半个多世纪的时间里接触过上百位 CEO，我观察他们，发现成功的 CEO 都有一个共同的特质，那就是他们都有能力建立一支团队一起工作，而且团队成员之间都互相信任。这些 CEO 还有勇气和信心将最重大的任务下放给团队成员。他们会合理地分派任务，让自己有时间思考。这么多年来，他们会了解那些虽然身处低

---

① 罗乐德斯（Rolodex），一种名片管理夹。

348

位，却拥有管理层思维或特质的人。他们开始了解这些人，其中许多人最后都晋升为高管，还有人甚至成为 CEO。这么多年来，我对 CEO 们的职业生涯进行过研究，他们成长的道路千差万别。但这条路比你想象的艰难，直到高管发现他们的才华并且拉他们一把，他们才走上职场快车道。通常他们都会证明自己的价值，其中许多人都没有著名大学商学院的 MBA 学位！

我的公关人生

要点

▶ 把时间压缩一下，你可以比以前更快地实现想要达到的目标。上次做的事情，这次用同样的时间你就会觉得太慢，要准备好快速应对一种状况可能出现的两种截然不同的局面。

▶ 记住，老员工和管理委员会的前成员（还有客户）都是你的重要资源。如果他们真热爱他们的工作，重视客户关系的话，他们在退休后会很乐意时不时为你提供建议。如果他们的出现或反馈会吓到你，那么你可能选错了职业。

▶ 通过你自己的平台或者领英等在线工具来更好地使用公司的员工网络。或者自己进行退休员工的离职面谈，或者将这项重要的责任授权给信得过的经理。这些退休员工很可能会告诉你，他们觉得公司存在的很严重的问题或者是他们选择退休的原因。

▶ 考虑利用老员工的具体技能，来开发新人才或者让他们当兼职导师。正值壮年的经理可能既没有时间也没有经验来指导刚毕业的大学生。

▶ 公关从业者也是人。如果有人在时间不多、信息不足或者没有高科技支持的情况下，成功完成不可能完成的任务，那么你应该对那个人说："谢谢，做得好！"

350

我的公关人生

养狗人计划下周在维斯切斯特郡展出另一只狗，到时候会带着那条只有一个睾丸的白㹴。在检查过我们的房子，又一起喝了一壶茶之后，她终于给我看了杰弗里。杰弗里是为比赛训练的狗，举止就像自己是王者一样，一副它拥有整个世界的派头。我已经忍不住马上要拿出支票簿买下它了。

很快杰弗里就成为我们家社区最出名的狗，不仅每个遛狗的人都知道它，连我们遛狗途经的每条路上的人们也认识它。它唯一的问题，也是所有良种白㹴的通病——皮肤过敏，有时候严重到皮肤会出血。在尝试了兽医推荐的各种药膏之后，我带它去维斯切斯特郡的一个犬科皮肤病医生那里看病。她看了杰弗里之后夸赞了它仪表堂堂的神气，然后说："它是皮肤过敏。"医生开了一种常用的抗生素。我遵照她的医嘱给杰弗里用药，从此它就不再皮肤过敏了。

当杰弗里 13 岁的时候，它患上关节炎，爬上爬下的能力严重下降。我们家有两层，它上楼时很费力，下楼的时候也会显露出恐慌的神情。在杰弗里最后的日子里，我也 80 岁了。我告诉贝蒂我不想再养狗了，我受不了跟狗之间"谁先死"的伤感。贝蒂却不这样认为。她觉得我没有白㹴会不快乐。所以她跟我之前的同事，也是白㹴爱好者的鲍勃一起计划找了一只新白㹴。鲍勃的白㹴是从邻居那里买来的，他的邻居有一只母白㹴，时不时会把幼犬卖给朋友。幼犬都有美国育犬协会的证书，但从养狗人的角度来说，它们的血统都很普通。

有一天我回家的时候惊讶地发现有一只邋遢的小白㹴出现在我面前，小狗三个月大，有长长的腿和又长又卷的尾巴，恰好是最糟

358

糟的白㹴品种。不像杰弗里一样有一身厚密、毛茸茸而且华贵的皮毛，这个小家伙很瘦弱，一身毛发细长稀疏而且杂乱，看起来就像是流浪儿童。我们给它起名叫罗比，刚开始的一两天里杰弗里很抵触，但罗比的坚持使两个家伙最终睡到了一起。当贝蒂推测杰弗里正承受痛苦的时候，她带它去这么多年里一直照顾它的兽医那里。当兽医让它安乐死的时候，贝蒂抱着杰弗里的头。那天晚上下班回家之后，我感到如释重负。我连想到它正承受痛苦的时候都受不了，更别提让它承受痛苦慢慢死去。我觉得杰弗里对我的态度肯定也一样。

过了一段时间，罗比的腿开始发育。一两年之后我发现，罗比可能是我们养过的四只白㹴里最聪明的一只。它与贝蒂、我以及管家一起生活，但对待每个人的方式都不一样。我对它最温和，所以当食物准备好的时候它总是来到我脚边。贝蒂对它最严厉，但当它遇到问题的时候贝蒂也会温柔地安慰它，这可能是因为它刚来我们家的那几天晚上都是贝蒂安慰抚摸它。当贝蒂看电影的时候，罗比总会依偎在她身边。当我专注看电影，没有给它想要的关注时，它就会去旁边房间的沙发上睡觉。

贝蒂确诊患上无法治愈的脑癌之后，罗比表现得很奇怪。它拒绝走进贝蒂在最后 6 个月里住的病房。我们必须把它抱进病房才行，而且当它靠近病床的时候，它会表现得非常不安。兽医说它可能是能闻到疾病散发出的气息。

现在，在与狗一起生活 50 年之后，我没有狗了。我搬回曼哈顿住，不忍心让罗比离开熟悉的城郊到城市里来。此外，我也不希望在城市里养狗。罗比与我们的管家在维斯切斯特县度过了4年快乐的生活。它偶尔会来探望我，但一直都不适应曼哈顿熙熙攘攘的生活，这里的人和噪声都太多。每次它刚看到我的前90秒都很高兴，然后它就会坐在门边等着回到城郊。罗比14岁的时候双眼失明，而且关节炎让它开始瘫痪。即使我们相隔很远，我也不忍心让它承受这种痛苦。我提出让它接受安乐死，但自己没有在现场。

最后的感谢

在这本书里，我希望自己已经写清楚，我所取得的所有成就都源自我职业生涯早期积累的人脉关系。我所说的那些关键时刻都是我遇到生命中的一些贵人，他们的建议和兴趣推动我实现更大的成就。但我却没有认识到，还有许多人对我的成功有所帮助，我要对这些人表达歉意和愧疚。虽然写书的这三年来我有很多记忆和资料可以回顾，但我不能说写下的东西都绝对正确。

我特别想感谢温斯罗普集团的德博拉·谢伊，她30多年来一直在帮我实现以前的一个想法。这个想法很简单，就是创建两个文件柜，一个是博雅的档案，一个是夏博新的档案。我相信这些档案是公关界最全面的资料，而且我得知波士顿大学传播学院已经同意在我死后收藏夏博新的档案资料，这让我受宠若惊。这些文件将向波士顿大学的学生以及所有对公关感兴趣的学者开放。

我很早就开始接触商业界，在我人生的前35年里，我一直都与各行各业的人打交道，这些人的年纪都比我大很多。现在大部分人都已经去世，去世最早的就是我早期跟随的商业领袖哈罗德·弗格森先生，他敢于信任一个20岁的孩子，给这个孩子指出一条实现自己梦想的道路，之后弗格森先生的儿子金斯利·弗格森也给予了我莫大的帮助，直到他最后在49岁时英年早逝。

从我1946年开始创业起，我在纽约公关圈子里就结识了许多优秀的人才，其中一些我已经在上文提及过，此外还有菲利普·莫里斯公司的詹姆斯·鲍林，卡尔·拜奥尔合伙人事务所的卡尔曼·德鲁克，MSL集团的法利·曼宁，《公关新闻》的丹尼·格里斯沃尔德，卡尔·拜奥尔合伙人事务所的乔治·哈蒙德，自己创业的爱德华·彭德雷，德士古集团的凯琳·金，伟达公关的约翰·希尔、伯特·戈斯、理查德·达罗和威廉·德宾，还有美国公关协会的雪莉·史密斯。

如果我没有提及我三任行政助理和秘书的话，简直就是莫大的疏忽，因为我们取得的成功至少有一半要归功于她们的努力。我的第一任秘书是多萝西·罗威茨·米勒，那时是20世纪50年代早期博雅刚刚创建的时候。贝蒂刚怀上我们的大儿子斯科特，所以她在《纽约时报》的分类广告里为我招聘秘书。多萝西担任我的秘书、行政助理、办公室经理的角色，负责所有行政系统和程序的处理，可以说当老板出差的时候她就是办公室的老板。

我的第二任秘书叫戴安娜·罗斯，她是牙买加人，是在博雅蓬勃发展的20世纪70年代加入我们的。实际上，在担任我的秘书前，她已经在博雅工作三年了。当她的前任离开时，我决心提拔内部的人跟我一起工作。我在内部高级秘书里进行投票，而戴安娜是得票最高的人选。当时我经常出差开展我们的国际业务，一开始是去欧洲，后来也去亚洲。我离开办公室的时间基本没有少于 10 天的时候，有时候甚至三周不会去办公室。我很少打电话给戴安娜，我相信如果她不知道答案，或者问题超出她权限的时候，她会给我打电话。

我在 1989 年卸任 CEO 之后，一开始十多年的时间里换过很多助理。担任前任 CEO 的助理没有那么高的要求，一开始的工作内容主要是安排我与其他人的午餐日期和其他见面日期。在早些年还包括许多出行安排，一开始戴安娜不清楚我与我要见面的人关系怎么样，这就导致日程要重新进行安排。有个同事评论我说："让戴安娜改一下日程，她就会让你觉得好像她是帮了你一个大忙一样。"不久之后戴安娜的丈夫去世，她的两个孩子也结婚了。她觉得该回归家庭生活了，所以她在与我共事 22 年之后离开我回到博卡拉顿。

我的第三任助理是伊夫琳·莫拉莱斯，她给我做助理的时候，我已经 90 岁了。所以除了安排工作之外，她还要频繁帮我预约看医生的时间，同时也要安排来回的交通。她也是调整日期安排的高手，包括午餐和检查时间。我十分感激她，每次我病痛的时候，她都会非常关心！ 7 年之后，她在获得了一个更好的工作机会后离开了，与待在一个近百岁的老人身边，在我死后就无处可去相比，这份工作薪水更高，而且发展空间更广阔。

我还要感谢我的医生玛丽安娜·莱盖托博士，还有她召集起来为我服务的一支专家医疗团队，尤其是我的心脏病专家本杰明·刘易斯博士、肠胃专家路易斯·施耐德博士、纽约长老会医院胸外科主任乔舒亚·索尼特博士，还有理疗师芭芭拉·贝尔和罗伯特·狄丽罗。他们是我主要的医护力量。

最后，我还要感谢辛西娅·列堡，她是我儿媳温迪·列堡·博新的姐姐，也是法国巴黎图书出版商贝克街公司的老板。她在我写这本书的时候为我提供了建议和鼓励。她介绍我认识了一位优雅迷人的绅士亚瑟·克莱巴诺夫，亚瑟毕生致力于出版商业图书，几乎是我认识的说话反应速度最快的人。他在不到一天的时间里就告诉我，我写的这本书非常值得出版。他很快把我介绍给柯尔斯滕·桑德伯格，我要感谢她在后期为我提供的高效的编辑支持，还有罗塞塔图书出版公司的汉娜·本内特。

在结束之前，我还要感谢一下这本书英文版封面漫画的作者阿尔·赫什菲尔德。这幅漫画是1983年博雅成为世界上最大公关公司时，我们母公司扬罗必凯的董事们送给我的礼物。这么多年来，它给我带来了很多欢乐。